U0924071

黑龙江省普通高等学校
优秀学术著作出版资助项目

农业上市公司经营绩效影响因素研究

NONGYE SHANGSHI GONGSI JINGYING JIXIAO YINGXIANG YINSU YANJIU

李红星　孙明琦◇著

黑龙江大學出版社
HEILONGJIANG UNIVERSITY PRESS

图书在版编目(CIP)数据

农业上市公司经营绩效影响因素研究 / 李红星，孙明琦著. -- 哈尔滨 ：黑龙江大学出版社,2012.8
ISBN 978-7-81129-498-9

Ⅰ. ①农… Ⅱ. ①李… ②孙… Ⅲ. ①农业企业-上市公司-经济效果-研究-中国 Ⅳ. ①F324

中国版本图书馆 CIP 数据核字(2012)第 125538 号

农业上市公司经营绩效影响因素研究
NONGYE SHANGSHI GONGSI JINGYING JIXIAO YINGXIANG YINSU YANJIU
李红星　孙明琦　著

责任编辑　安宏涛　林召霞
出版发行　黑龙江大学出版社
地　　址　哈尔滨市南岗区学府路 74 号
印　　刷　哈尔滨市石桥印务有限公司
开　　本　720×1000　1/16
印　　张　15
字　　数　202 千
版　　次　2012 年 8 月第 1 版
印　　次　2012 年 8 月第 1 次印刷
书　　号　ISBN 978-7-81129-498-9
定　　价　39.00 元

前　言

农业在国民经济发展中始终处于首要位置,它是人类生存的基础,也是国民经济其他部门进一步发展的基础。三农问题一直是国家经济工作的重中之重,没有农村的发展、农民的富裕生活、农业产业的现代化,社会的稳定、经济的发展、整个国民经济的现代化就无法保证。

在农业的发展问题上,农业龙头企业肩负着不可推卸的责任。农业上市公司是农业产业化的支柱,它的发展规模及发展水平决定着整个农业产业链的规模和水平。农业上市公司可以提高农业产业的组织化程度,对农业生产具有市场化引导作用。此外,农业上市公司还连接了国内与国际市场,提高了信息的利用水平和效率。

但是,就中国农业上市公司的发展情况来看,农业上市公司应起到的作用没能有效地发挥出来。近年来,尽管中国农业生产效率有所提高,农产品产量部分增长,但是农业上市公司对农业的带动作用并没有发挥出来。由于农业上市公司对信息掌控不及时,管理中存在漏洞,没有有效利用补贴,精力分散到非相关产业的发展中,从而使农业的整体绩效没有得到有效提高。同时,农业易受自然灾害、动物疫情等多种不可预见和控制的风险的影响,农业的天生弱质本性没有因为农业上市公司的发展而被消除掉,因而农业整体经营绩效的低下表现得更加明显。我国加入 WTO(世界贸易组织),农业全面开放后,世界经济形势更是复杂多变,2008 年的金融危机给全球经济带来了重创,股市更是出现了极度膨胀后的低迷状态。在这种恶劣的环境下,农业上市公司应该调整发展战略,改变产业结构,提升产品科技含量,从而消除影响农业上市公司绩效的不利因素,增强农业上市公司的国际竞争力,带动整个产业的可持续发展。

本书的核心目标是通过对农业上市公司数年基础数据的分析,找出影响农业上市公司经营绩效的各种不利因素,并提出相关建议,从而提高农业上市公司的整体绩效。

为了实现上述研究目标,笔者通过阅读大量的相关文献,并参考其他学者的研究成果,收集整理了大量的资料,并利用案例分析、因子分析、均值分析、线性回归分析等方法,以我国加入 WTO 农业全面开放的经济环境为背景,从农业上市公司的非农化经营、财税补贴政策、股权结构、高管激励政策、资产重组并购、贸易壁垒等方面出发,研究总结了影响农业上市公司经营绩效的若干因素,并提出了相关建议。

本书从农业上市公司的财务数据分析出发,通过实证分析得出了影响农业上市公司经营绩效的财务指标,进而对引起各影响指标的宏观政策加以分析,找出其存在的问题,借鉴国外的经验,提出相应的建议。在研究中,笔者对农业上市公司的概念进行了重新界定;在数据分析中,首次在 WTO 背景下,对农业上市公司 2006—2008 年的数据进行实证分析。在政策建议中,笔者提出了农业补贴应部分倾向于向农业企业投入资源的其他产业的建议,指出了农业上市公司现阶段应该采取资源共享型的多元化发展模式。

作者

2012 年 3 月

目 录

导 论

一、农业及农业上市公司的作用

（一）农业在国民经济中的作用

社会生产的发展始于农业，在农业发展的基础上才有工业的产生和发展，只有在农业和工业发展的基础上，才会有第三产业的发展。农业作为第一产业，是国民经济的基础，农业的健康发展在一定程度上意味着经济、政治和社会的稳定发展。农业的基础作用具体表现在以下几个方面：

1. 农业是国家立国之本

一个国家的自立能力在相当程度上取决于农业的发展。如果农副产品不能自给自足，而过多依赖进口，必将受制于人。一旦国际政治格局有所变化，势必会陷入被动局面。因此，农业的发展状况关系到人民的切身利益、社会的安定和整个国民经济的发展，也关系到一个国家在国际竞争中的地位。

2. 农业是人民生存之本

农业是国民经济中最基本的物质生产部门，是工业等其他物质生产部门和一切非物质生产部门存在与发展的必要条件。重工业中的橡胶工业、汽车制造业等所用的原料来自农业；轻工业中的食品工业、纺织工业、皮革工业、烟酒业等所用的原料也来自农业。同时，农业通过以农产品为原料的轻工业间接为国家积累了相当多的资金。随着农业的发展，农村中的剩余劳动力日益增多，这些剩余劳动力被充实到了国民经济的其他劳动部门。此外，农业也是出口物资的重要来源,虽然在出口商品的构成上,工业产品的出口比重逐年上升,但农副产品仍然占有重要地位。

3. 农业是社会安定之本

农业能否稳定发展,能否提供与人们生活水准逐渐提高这一基本趋势相适应的农副产品,关系到社会能否安定。“民以食为天”,粮食是人类最基本的生存资料,农业在国民经济中的基础地位,突出地表现在粮食的生产上。如果农业不能提供粮食和必需的食品,那么,人民的生活就不会安定,生产就不能正常发展,国家也将失去自立的基础。从这个意义上来讲,农业是社会安定的基础。

各国政府历来都十分重视农业的发展,把农业的发展看做是其他行业发展的基础。我国加入 WTO,对农业的有利作用是显而易见的。我国加入 WTO 后,可享有 WTO 现有成员的无歧视贸易待遇,可以降低农产品贸易谈判成本和交易成本,并获得解决农产品外贸问题的规范“渠道”,改善我国农产品出口环境;使我国参与世界贸易组织的活动由“被动遵守纪律”转变为“主动制定规则”;有利于我国进口资源密集型产品,出口劳动密集型产品,包括畜产品、水产品等具有比较优势的农产品,从而进一步调整国内农业产业结构和农产品进出口结构;有利于引进更多的国外资金、技术和管理经验。但是随着农业市场的日益开放,那些资本雄厚、管理经验丰富、科技发达的国际农业企业组织将逐渐充斥我国市场,我国农业必将经历一个艰苦、漫长的奋斗过程。这主要是因为我国主要农产品(尤其是粮食)生产成本较高,近年来以年均10%以上的速度递增,国内价格已高出国际市场价格,不具备商业竞争优势。同时,目前我国农村存在的农产品出售难、农民收入增长缓慢、农村劳动力转移受阻等问题,随着我国加入 WTO、市场的开放,将有可能在一定程度上表现得更为突出。农业上市公司是现阶段我国农业先进生产力的企业代表,是实现农业产业化经营的重要形式。在未来艰苦奋斗的过程中,农业上市公司必将担负起实践农业产业政策,领导农民走产业化道路,实现农业、农村、农民的发展,参与到和世界农业强国的竞争中并与其抗衡。

从我国农业发展现状来看，自我国广大农村普遍实行家庭联产承包责任制以来，农业生产条件大大改善，农副产品产量大幅度增加，农民生活水平显著提高。但我国农业的基础地位仍然比较脆弱，农业的发展速度仍然相对滞后，农业仍然是制约国民经济发展的薄弱环节。我国人口众多，如果农业发展上不去，面对国际竞争，我国经济势必会遭受一定的打击。

（二）农业上市公司在农业发展中的作用

农业上市公司是农业和上市公司的结合体，一方面连着农业的投入，为农业提供生产工具、生产资料等；另一方面又连接着市场。其特殊性决定了它在我国农业发展中的重要地位。我国的农业人口较多，如何通过农业产业化转移农村劳动力，推动农业发展一直受到社会的关注，而农业上市公司的发展聚集了众多关注的目光。但很多农业上市公司没有按照既定的方向前进，为了追逐高利润，而导致了一系列问题的产生，如背农现象、虚假财务等，这些问题的出现，使关注农业发展的学者也在不断探索影响农业上市公司经营绩效的因素。我国是个农业大国，也是个农业弱国，农民在全国人口总数中占有绝大比例，农民的平均生活水平在全国还处于低层次。农村的发展问题错综复杂，许多偏远山区的发展相当落后。但是，随着农业产业结构的调整，农产品商品化程度的不断提高，农业已经基本脱离了纯粹的传统农业，逐步向现代化农业过渡。

农业上市公司对农业发展起着重大作用。它不仅将市场需求信息反馈给农民，激起农民的生产热情，同时将资金投入到农业生产中，积极开拓市场，建设基地，调整产业结构。此外，农业上市公司对农业的规模化发展、集约化发展起着积极的推动作用，它把农民从土地上解放出来，推动土地转让承包，使农业逐渐实现规模化生产，为农业现代化的实现打下基础。农业上市公司本身也随着基础性的传统农业的发展及市场的多样化需求而逐渐发展。

从大农业的角度出发，农业上市公司所在行业涉及农、林、牧、渔业，所在区域也由传统种植业发达的地区向传统农业不发达地区扩展。不发达地区的突破口主要集中在加工、养殖、贸易等领域，随着农业服务体制的建立以及流通成本的降低，各地专业性大型农贸市场也发展起来了，为消费者提供了丰富而廉价的生活用品及原材料。而纵向出现了农民本身同样需要在市场上购买农产品的现象，这是专业化发展带动商品化发展的结果。随着生活水平的提高，越来越多的方便型食品的需求量迅速增大。食品行业越来越注重食品的保鲜，各种保鲜手段的运用对食品的远程运输和延长保存时间都起到了重要作用。由此，促进了与之相关产业的发展，如食品加工、储藏保鲜、运输和食品贸易及销售等企业。于是，农业便逐步发展成为集产前、产中、产后等诸多环节为一体的产业体系，这就是传统农业在纵向上不断深化的变革过程。

农业上市公司要起到带头作用就必须不断提高它的营利能力、市场竞争能力。农业上市公司的发展状况，直接体现了我国农业的发展状况，并决定了我国未来农业产业化的发展道路。只有农业上市公司发展起来了，才能真正为农业产业化发展找到出路。历经30多年的改革开放，我国农业已经进入了一个新的历史发展阶段。目前，我国农业产业结构调整的重点是全面提高农产品的质量、增加产品种类、提高生产效率。我国加入WTO之后，为了增强农业的国际竞争力，促进农业产业结构升级，实现传统农业由粗放经营向集约经营的转变，进而实现农业产业化经营，国家需要不断地制定出更多的惠农政策，推进我国农业由传统农业向现代化农业过渡。此外，还需要利用逐渐完善的资本市场，以乡镇企业带动传统农业，以农业上市企业带动农业的市场化发展，以工业企业带动农业上市企业的科技发展，逐步把农业上市企业的管理模式转化成工业企业的管理模式，促进农业产业化发展。因此，农业上市公司的发展情况直接影响着整个农业产业的发展。

二、研究农业上市公司经营绩效的目的及意义

鉴于农业上市公司在国民经济发展中的重要地位，本书专门对阻碍农业上市公司发展的各项因素予以分析，找出制约其发展的因素，

以期使农业上市公司能够顺利、健康地成长。本书以农业上市公司各项经营指标为基本出发点，运用农业的产业化理论、绩效评价理论、农业弱质性等理论，从不同角度对农业上市公司各项经营指标进行描述，对农业上市公司经营绩效作出了全方位、准确、客观的评价，为更进一步的研究及政策制定奠定了基础。此外，本书还采用因子分析、线性回归等具体分析方法，揭示了影响农业上市公司经营绩效的各种因素，并进行实证检验。

农业上市公司在国民经济发展中占有重要地位。农业是第一产业，而农业上市公司是农业与企业的结合体，是连接农民和市场的桥梁。农业上市公司发展得好，意味着农业的发展找到了出路，因为农业上市公司可以为农业提供信息、原材料等；能把工业型企业的管理模式带到农业管理模式中，提高农业生产效率。然而，由于我国农业改革还不是很彻底，这就决定了农业上市公司在摸索中前进必然会遇到问题。背农现象、经营绩效大幅度下滑、虚假财务、股市中的走势弱于大盘等问题的出现，使得系统地分析我国农业上市公司的经营绩效，找出影响其发展的因素已迫在眉睫。本书通过对我国农业上市公司历年数据的比较和分析，从中找出影响农业上市公司经营绩效的因素，以期能为我国农业上市公司的发展提供一定的理论支撑。尽管近年来对农业上市公司的经营绩效也有相关的论述，但是自发生国际性的金融危机以来，农业所表现出来的特殊性还没有人阐述过。对影响农业上市公司经营绩效的各种因素进行分析，对未来新入市的上市公司大有益处。同时，农业上市公司还肩负着带动农业机械化发展、转移农村剩余劳动力、实现农业的现代化的责任。所以，提高农业上市公司的经营绩效并使业绩持续增长，具有重大的现实意义，而且也符合经济发展的需要。

三、对农业上市公司经营绩效的相关认识

（一）国外学者对农业上市公司经营绩效的认识

关于企业的经营绩效问题，国外学者很早就对其展开了研究。

Jozef Konings 和 Ana Xavier 于 2002 年以斯洛文尼亚这个从计划经济向市场经济转型的国家为例，从企业层面出发，以雇员人数、剩余企业的比例为指标，找出了影响与两项指标相关联的企业成长和企业存续的主要因素。在此研究中，笔者首先对计划经济时期的企业绩效、运营模式进行了考察，然后统计哪些类型的企业能存续下来，其中哪些企业在转型过程中实现了良好的绩效，以此建立起一个企业成长的基本模型。在此模型中，企业绩效被看做是一个受企业初始规模、资本集中度等诸多因素影响的函数。

20 世纪西方资本主义市场经济进入了稳步发展的时期。美国是开展绩效考核较早的国家之一，其政府的绩效考核基本上开始于 20 世纪初期。一直到 20 世纪 80 年代，美国政府的绩效评估基本上都是以投入—产出的成本—收益分析为核心的效率评估。对于从事多种经营的企业来说，为了能更好地掌握企业的经营状况，也大多采用绩效考核制度。

伊查克·爱迪思在《企业生命周期》一书中提出了企业生命周期理论，他认为企业和生命个体一样会经历出生、成长和死亡过程，具体分为企业产生、成长、衰退、消亡的过程。弗朗西斯·高哈特和詹姆斯·凯利在《企业蜕变》一书中，也把企业视做一个有机体，把影响企业的各种因素看做是基因和染色体。作者认为一个企业能够不停地运转下去的理由就是它要有能力带动全体系统同步转型，重新从成长走向成熟。那么无论从何种角度来看待企业，延长企业的寿命，加强企业的效率管理，对企业“生命”来说都是至关重要的。

美国的杜邦公司是由多个独立的单一经营公司合并而成，为了进行综合性企业的管理，以及在如何有效地将资本投向利润最大的经济活动中，杜邦公司制定了很多重要的经营、预算和绩效管理指标。其中使用时间最长的就是投资报酬率（ROI），ROI 既为企业的整体经营业绩，也为其各部门的经营业绩提供了评价依据。此后，杜邦公司又创立了净资产报酬率指标及财务分析体系，使绩效指标更加丰富，由此综合的财务业绩评价体系形成了。亚历山大·沃尔在其著作《信用晴雨表研究》和《财务报表比率分析》中提出了信用能力评价的概念，他选择了七种财务指标比率并加以权重，然后用线性关系把它们结合起来，借此来评价企业的信用水平。杜邦公司对美国的绩效评价体系的研究作出了巨大的贡献。

国外针对企业绩效的研究在20世纪中后期就已经很成熟了，同时，针对企业绩效检验方法的研究也进入了全新的阶段，其中平衡计分卡理论在绩效管理方面发挥了重大作用。平衡计分卡理论是由卡普兰和诺顿提出来的，他们的论文《平衡计分卡——业绩衡量与驱动的新方法》，专著《平衡计分卡：化战略为行动》、《战略中心型组织：实施平衡计分卡的组织如何在新的竞争环境中立于不败》，是关于平衡计分卡理论的标志性文献资料。

平衡计分卡是将企业战略目标逐层分解转化为各种具体的相互平衡的绩效考核指标体系，并针对这些指标的实现情况进行考核，从而为战略目标的完成建立坚实的执行基础的绩效管理体系。

平衡计分卡兼顾三个平衡：长远和近期的平衡（治本和治标的平衡、财务指标和非财务指标的平衡、结果和过程的平衡）；治事和育人的平衡；内部和外部的平衡。具体衡量指标是从以下四个方面获得的：财务方面、客户方面、运营方面、学习成长方面。这四个方面主要是回答考核项目如何确定的问题，确定了项目之后，再根据战略目标的逐层分解确定各个项目的目标值。

平衡计分卡的优点主要是克服了财务评估方法的短期行为；使整个组织的行动能够保持一致，服务于战略目标；能够有效地将组织的战略转化为各组织层面的绩效指标和行动；有助于各级员工对组织目标和战略的理解；有利于员工的学习成长和核心能力的培养；能够提高组织的整体管理水平。

总体来讲，国外对企业绩效评价的研究已很成熟，但关于农业类上市公司经营绩效的专项研究资料还很匮乏。因为大多数企业的经营管理是相似的，企业绩效的衡量也具有相似性，所以我们可以借鉴国外对企业经营绩效研究的丰硕成果来综合评价农业企业的经营绩效,这也会为我国农业上市公司的发展作出一定贡献。

(二)国内学者对农业上市公司经营绩效的认识

国内学者在企业经营绩效方面也进行了深入的研究。刘淑蓉(2000)对上市公司进行利润包装的若干手法进行了研究;朱美燕、梁方楚(2001)运用模糊综合评价方法对影响上市公司营利能力的各项指标进行了分析;李宏英(2002)从公司利润变化、营利能力和公司现金支付能力等方面分析了上市公司的投资价值;管军、李文华(2002)通过分析影响企业营利能力的因素,建立了因素关系树,从而得出了企业综合绩效评价值;黄桐城和杨健(2002)研究发现了边际成长流量比可以科学地反映上市公司在现行股票市价条件下的投资价值;李宝仁和王振蓉(2003)利用主成分法对销售净利率、销售毛利率、资产净利率、净资产收益率四个指标进行综合评价,得出了企业营利能力与资本结构的关系。

林乐芬(2004)通过因子分析对农业上市公司经营绩效及影响绩效的因素进行了实证分析,指出农业上市公司处于负增长状态,并且农业上市公司总体经营绩效低于总体上市公司的平均绩效,从而推出了导致农业上市公司经营绩效较差的原因;何宜强(2005)运用因子分析方法,对农业上市公司经营绩效进行了全面彻底的分析,但对农业上市公司本身的特点和农业产业本质方面的分析还不够深入;刘伟(2007)提出了 DEA 模型及基于 DEA 模型的二次相对评价模型,对农业上市公司绩效及系统进行了全面评价。

林万龙和张莉琴(2004)主要探讨了财税补贴优惠政策对农业上市公司经营绩效的重要影响;冷建飞(2007)运用线性回归方法对农业上市公司财税补贴政策带来的绩效影响作了全面分析。

许彪、侯丽薇、周建中、黄海、王怀明、杨贞艳、林乐芬、彭熠、冷建飞等深入地研究了农业上市公司的股权结构特点,并提出了相关理论。

徐洲红、江农、张广花、林乐芬、孙丽、董菊红、丁竹、陶建平、刘伟等人的主要研究对象为我国大部分农业上市公司中存在的非农化经营现象，他们对产生这种现象的原因作了进一步剖析，总结出了影响农业上市公司经营绩效的各种因素，并提出了相应的解决方法；易红以新闻调查的形式指出了在农业上市公司中进行非农化经营的公司占2/3之多的现状，并将其原因归结为靠农业争取优惠而靠副业赚钱等；徐洲红对农业上市公司非农化经营现状及原因作了总结，发现农业上市公司的非农化经营结果不是很理想，其原因主要是农业上市公司介入其他产业的时间短、深度不够等，基于以上原因作者提出了农业类上市公司新的经营思路和理念；林乐芬、丁竹等对农业上市公司经营绩效进行实证分析之后，指出了非农化经营对农业上市公司经营绩效的影响。关于非农化经营对农业上市公司经营绩效的影响这一研究，上述许多观点都具有借鉴意义。农业上市公司多元化经验少，并不能说明它们在未来的发展中永远弱于其他行业，所以这些成果大多停留在总结原因、理论探讨阶段。

刘现武（2003）、王凯（2006）、冷建飞（2007）等人对农业上市公司并购的动因和特点进行了总结与分析，指出并购、重组为农业上市公司改善经营绩效提供了契机，因此应当大力支持农业上市公司利用各种优势，对现有农业资源进行整合，从而推动农业上市公司的发展。

除了上述研究之外，陈柳钦（2003）从融资结构方面分析了上市公司解决融资问题的对策；汤新华（2003）分析了财税补贴对农业上市公司业绩的影响；葛永波、张文兵（2004）对农业上市公司的各项财务指标进行分析后，发现了财务指标之间的内部联系，从而揭示了经营中存在的问题；葛永波和周倬君（2005）运用模糊数学和泛函分析方法，建立了农业上市公司风险即时监控模型，并对这一模型进行了实证分析，发现这一模型能较好地反映企业经营状况、存在的风险程度；张敬明（2006）通过对农业上市公司的股权结构的分析，指出股权集中度指标、股权制衡度指标与经营绩效均表现出显著的倒U形关系，国有股比例与经营绩效在三个年度内的表现关系并不明确，法人股及流通A股在比例较低的时候会对农业上市公司经营绩效有阻碍作用，但是随着持股比例的变化，其阻碍作用也会随之变化；王翠春（2008）以农业上市公司财务质量评价为理论基础，运用对比分析、因子分析方法得出了影响农业上市公司财务的各种因素，并提出了相关建议。

朱丽莉、王怀明运用因子分析方法在农业上市公司经营绩效指标的评价基础上，对农业上市公司进行了排名，这为农业上市公司经营绩效的相关研究提供了参考；王琴、张锦华对我国农业上市公司的行业和区域分布特点、资产、股权特征及经营状况进行了分析，并对农业上市公司在发展中存在的若干问题提出了相关建议。

国内学者从不同角度对农业上市公司经营绩效所作的研究，对农业上市公司的经营有着重要的作用，同时也对其他相关领域的研究有着铺垫和启发作用。

第一章　农业上市公司经营绩效理论基础

本章对影响农业上市公司经营绩效的因素作了详尽的阐述。首先,对农业上市公司的概念作了重新界定。目前,农业上市公司的范围越来越大,随着农业产业的延伸,产品精细化加工的程度越来越高,相关行业的新型企业不断出现,因此重新界定农业上市公司对研究农业上市公司经营绩效的影响因素具有重大意义。其次,阐述了与农业上市公司经营绩效影响因素相关的若干重要理论,为后面的分析作了理论铺垫。同时,本章还建立了影响农业上市公司经营绩效因素的体系图,为以后的相关研究打下了基础。

第一节　农业上市公司经营绩效的基本理论

一、农业上市公司的内涵

农业上市公司是农业企业及上市公司的综合体,因此首先阐述的是农业企业的概念,其次是由农业企业的上市融资引出的农业上市公司的概念。

关于农业企业的概念,《中国企业管理百科全书》认为,农业企业是从事农、林、牧、采集等生产经营活动的企业,在这个概念里主要强调了农业最原始的种植、养殖、生产等活动。《中国农业百科全书》认为,农业企业是以经营农业为主或为农业生产服务,实行独立核算的生产经营单位,这就把为农业企业的生产提供服务的企业也划入了农业企业范畴。管理学认为农业企业是在一定的地点,集合劳动、土地、设备、资金等生产资料，从事农业生产经营及为农业生产提供服务，实行独立经营核算、自负盈亏的组织。

在美国，农业企业由一套复杂的组织组成，这套组织包括农场、农业材料供应公司、农业服务公司、产品销售公司等。美国不再把农业仅仅看做是农产品的生产部门，而是已经把农业企业分成了两部分：一部分是以农场生产为中心的农业生产部门；一部分是为农业企业提供服务的公共性服务企业，不仅包括为农场生产提供原材料供应的上游企业，也包括为农场生产提供出口的销售、加工型企业。因此美国的农业企业已经不再是一个进行简单农业生产或服务的部门，而是一个把农业生产的上下游集合在一起的农业经营单位。

我国学者大多是根据农业生产过程的不同阶段来界定农业企业的。于光远提出了“十字形大农业”的概念，把整个农业企业按照产前、产中、产后的不同阶段来进行划分，产前指的是为农业提供生产资料的企业；产中包括农、林、牧、渔环节中的生产型企业；产后指农产品储藏、加工、运输、销售等企业。所有这些与产前、产中、产后企业直接或间接有联系的企业都被认为是农业企业，但是为了统计及研究的方便，许多学者也总结出了许多小农业的概念，即只把大农业中产中阶段的企业看做是农业企业。

本书采用的是大农业的概念，笔者认为现代农业企业的产前、产中、产后环节无法明确分割开来。许多企业已经向多元化发展，不再单纯地经营某一类业务。农业企业正在向多元化发展，它以市场为导向，以经济效益为中心，以农业资源开发为基础，在现有农村生产力水平和经济发展水平的基础上，把分散经营的农民组织起来，把分散的经营部分整合起来，优化资源配置，全面提高农业生产力，全面提高农业企业的经营效益。

为了扶持农业企业的发展，国家为其发展提供了诸多政策支持。在政策的支持下，农业企业得以在宽松的环境中上市融资，许多农业企业经过股份制改革，发展成为农业上市公司。为了解决农业企业的融资问题，提高农业企业的竞争能力，国家批准一些农业企业通过上市来解决自身的困难和实现农业产业结构的优化升级。到2008年年底，根据我国证监会的法规，农、林、牧、渔业以及相关的服务业符合规定的农业上市公司有54家。在这54家中不包括一些食品饮料加工及乳制品、糖业等11家上市公司，但它们属于农业企业的延伸部分，包含在农业企业范畴内，同时也会直接受到种植业、养殖业等效益结果的影响，与农业发展密切相关。在“大农业”的范畴之内，54家农业类上市公司以及11家与农业类相关的上市公司成为本书的研究对象。

二、经营绩效与经营绩效评价的内涵

绩效是成绩、效益的意思。在经济管理中，绩效是经济管理活动的成效，是在一定时期内的投入产出情况。组织为实现其目标而展现在不同层面上的有效输出即为组织绩效，是组织期望的结果，我们强调的是经营绩效。经营是指整个企业的运营情况，包含很多内容。绩效可以针对个人，也可以针对企业，但经营绩效是针对企业的。

企业经营绩效（Performance of Enterprise）是指经营期间的企业经营效益和经营者业绩。企业经营效益水平表现在企业的营利能力、资产运营水平、偿债能力和后续发展能力等方面。经营者业绩一方面通过上述指标反映出来，另一方面则在于企业的内部管理效率。本书只探讨企业经营效益，不讨论经营者业绩。有了企业经营绩效的概念后，经营绩效评价便随之产生。随着绩效评价的发展，绩效评价的重要性越发凸显出来。历史上最初的小单元生产比较简单，不需要绩效管理。而到了资本主义社会初期，生产的组织形式逐渐变得复杂起来，管理理论开始萌芽。随着生产力的发展，资本主义的产业革命开始，简单的手工劳动逐渐被机器生产取代，人员开始出现分工，生产规模扩大，生产过程及生产技术开始复杂，于是要求的管理水平越来越高，相应的管理思想便开始出现，管理理论逐渐形成。管理思想传入我国之后引起了众多管理者及学者的重视，并使其得到了进一步发展。因为需要衡量管理的水平及效果，于是绩效及绩效评价理论便随之产生了。

西方的绩效评价大致经历了三个阶段,即成本绩效、财务绩效、绩效创新。学者喜欢把后期对财务评价的补充发展看做是绩效评价的创新时期,但目前它还没能形成一套公认的评价体系。第一阶段的成本绩效评价是以商品经济单纯的赢利为目的的,它以成本控制为目标的成本计算作出绩效评价。相应的评价指标也就变得很简单,只是以生产中的材料成本、人工成本为指标就可实现,但是最初的成本控制均是以事后控制为主,只能反映出经营的最终结果,根本无法实现控制的功能。随着生产过程越来越复杂,资本逐渐融入到企业中,资本家为了攫取更多的利润,便把事前的成本控制运用到管理中,这基本上实现了成本控制的目的。第二阶段的财务绩效评价是运用财务上的指标体系,在原有简单的财务指标基础上,重新组合形成财务管理指标,把这个指标作为绩效评价的依据,如利润率、投资回报率等。财务绩效的评价是在生产综合化、复杂化的基础上发展起来的。原有的成本绩效评价已经无法满足日益复杂的生产管理、人员管理、销售管理评价,越来越复杂的管理过程要求评价指标的覆盖面要广,并能真实全面地反映企业绩效。显然这一时期的绩效评价以美国杜邦公司的评价体系为代表,杜邦公司的评价体系成为这一时期普遍使用的评价方法。第三阶段为绩效评价的创新时期,这一阶段的特点是在财务评价体系中加入了非财务指标的评价。因为许多重要的非财务指标在企业管理中同样重要,只是无法量化,无法通过明确的计算而使其一目了然,但是为了公正地评价企业的运作、公平地对比企业之间的运营效果,非财务指标应该应用到企业评价当中,非财务指标包括产品的市场占有情况、人员的变动情况、客户满意情况等。财务信息只能僵化地反映企业状况,无法动态地进行管理,从而控制企业的发展,并且随着经营环境的变化、经营内容的变化、经营产品的多样化、人员管理的复杂化,原有的财务绩效评价也常常会出现误判,而不能真实地反映出企业现状及变化趋势,所以非财务指标应用得越来越广泛。最具代表性的评价方法为平衡计分卡绩效评价,它从企业的财务、运营、客户、学习与成长四个方面来建立指标评价体系。

我国企业绩效评价是从国外的企业绩效评价借鉴过来的，并且多采用财务绩效评价方法。为了统一评价指标，1992 年财政部颁布了《企业财务通则》，制定了一套财务绩效评价指标体系；2006 年国家又根据市场的变化修改了原有的《企业财务通则》；1995 年财政部发布了《财政部企业经济效益评价指标体系》；1999 年 6 月财政部、国家经贸委、人事部、国家计委联合颁布了《国有资本金绩效评价规则》。

在 2006 年的《企业财务通则》中，原有的企业财务制度体系被更新，这对规范企业管理、依法协调各种利益关系、公正地评价企业绩效起到了重要作用。同时，这也说明了我国的市场经济体制正在不断完善，但是目前我国仍然没有统一的非财务指标评价标准。

我国的市场经济体制以及企业经营绩效的表现结果，将最终反映在财务状况上；另外，我国非财务指标没有统一的量化标准，而且它也很难量化。因此，为了避免本研究结果影响行业绩效评价，本书把基于因子分析所得出的反映企业各项财务指标的"综合绩效得分"作为企业绩效的代表，而以各"公因子绩效得分"来反映我国农业上市公司的资产负债绩效、企业成长绩效、主营业务收益绩效的状况。

为了能够更准确地反映农业上市公司的经营状况，本书从不同角度选取了农业上市公司三年的多项经营指标，从横向、纵向对农业上市公司的经营状况进行了分析。

第二节　农业上市公司经营绩效研究的理论基础

一、产权理论与现代契约理论

产权概念包含着主体及客体。首先必须有客体，如商品、房产等，没有客体的存在就没有产权的概念。其次是主体。产权包括所有权、支配权、收益权等。在企业运营中，产权理论认为产权人享有利润占有权，只有这样产权人才会不断地为企业创造更多的利润。所以在利润激励上,私有企业比国有企业强。

法国学者巴斯夏认为,产权是以价值为基础的一种关系,它是在追求利益平等的过程中逐渐形成的一种关系。美国学者加里·D. 利贝卡普则认为产权是一种社会制度,在特定的制度下,人与物才出现了一种特定的关系。尽管经济学界对产权含义的描述不完全相同,但总体来说,产权是不同于对物的所有权的狭隘理解的,而是法定主体对开放性财产所拥有的各项权利的总和。产权的功能在于它能够确定产权主体有权利对客体采取相应的处置,同时有获得处置结果带来的收益及损失的权利。

产权理论有效地激励了企业的拥有者,但在英国经济学家马丁和帕克的一项研究中却发现,在英国企业私有化初期,产权理论对私有企业的发展起到了巨大的推动作用,可是随着产权制度的完善,激励作用却越来越不明显;后来在竞争比较激烈的市场上,企业私有化后,企业效益又明显提高了;在垄断阶段,企业私有化产生的效益又不突出了。所以总的来说,竞争激烈的阶段,产权理论的激励作用最大,能给企业带来较高的利润。

国家土地管理局于 1995 年 3 月颁发了《确定土地所有权和使用权的若干规定》。农民土地归农民集体所有,国家对农民土地的流转制度也作了详细规定,意在使农民成为土地的拥有者,从而激励农民有更高的热情从事农业生产,增加他们的收入。在目前国内竞争激烈的环境下,产权理论刚好为绩效评价研究提供了强大的理论支持。在市场经济条件下,公司之间的竞争日趋激烈,尤其是农业上市公司,作为行业的龙头企业面临着巨大的经营压力。为了提高农业上市公司的管理能力,增强其竞争力,国家推行了"国有股减持"政策。

对于我国的农业上市公司来讲,它们的股权结构不是很合理,这在一定程度上阻碍了企业的发展,也使企业无法按照正常的市场竞争规则运作。本书引入股权结构的变化等指标,就是为了发现这一因素对我国农业上市公司经营绩效的影响程度,使农业上市公司能够处于公平竞争的环境中,积极提高农业企业的运作效率。

“契约”,《中华字典》的解释为“两人或两人以上相互间在法律上具有约束力的一种协议”。协议是契约的核心,各方的责任以自由同意为基础。东罗马帝国皇帝查士丁尼一世下令编写的《查士丁尼法学阶梯》将“契约”解释为“由双方意愿一致而产生相互间法律关系的一种约定”,这是契约概念的基础。后来的法学秉承了这一概念,认为契约是具有法律效力的双方或多方当事人的合意。

根据契约形成的特点,经济学家罗斯提出了委托—代理人概念,这是根据契约中相互的法律关系提出来的。同时契约又具有不完全契约特点,将其称之为不完全契约主要是因为它的不可描述性。契约中的部分内容只能由第三方或权威仲裁机构观察但没有办法证实。契约的不完全性和不完全契约是完全不同的概念,不完全性是可以避免的,是由人的有限理性造成的;而不完全契约与人的理性有限性无关,是不能避免的,在这个概念里,出现不完全契约是由仲裁者的有限理性造成的。经济学家桑福德·格罗斯曼、经济学教授哈特特别强调了不完全契约和剩余控制权在确定企业管理范围方面的作用。在企业中,所有的责任及权利均不能清楚地表述出来,所以管理者无法实施剩余控制权。在我国,农业上市公司面临的问题尤为突出,主要是国家占有着农业上市公司中的大部分股权,给予管理者的权利多数是在国家主导思想范畴下的经营权利,缺乏自主性。由契约理论带来的有限理性概念,引发了对于交易成本的争论。无论理论上如何变迁,契约理论都将使企业的经营管理朝着更理智的方向发展,企业的绩效评价理论也将随着契约理论的发展而发展。

二、发展极理论

发展极理论最早是由法国经济学家佩鲁提出的,其认为有创新能力的企业或行业在一些地区聚集,将使这些地区得到优先发展,并形成一种资本与技术高度集中、具有规模经济效益、自身增长迅速并能对邻近地区产生强大辐射作用的“增长极”或“发展极”。

发展极相当于普通意义上的区域经济。如香港,最初是由金融、贸易企业带动了整个香港的发展，因此构建一定数量、不同层次的发展极，是推动区域经济整体发展的有效措施，有利于技术的创新和传播、资本的积累与投放等。

发展极不仅会促使资本和高素质劳动力向同一地区集中，也会使企业具有较强的创新能力。建立发展极的条件是必须存在有创新能力的企业群体和适当的软硬环境等，因此选择最有潜力的地区构建区域经济圈，将有利于企业的快速发展。缺乏建立发展极条件的区域将无法得到各种资源的支持，也就无法建立发展极。但是发展极理论运用不妥，也会产生负面影响。

贡纳尔·缪尔达尔的地理上的二元经济结构理论主张，要充分发挥发展极扩散效应的作用，使先进的技术及丰富的资源向其他区域扩散，以发展代替失衡。

我国通过经济特区的建设、经济圈的建设建立了发展极区域，尤其是温州商圈，它已实现了发展极区域经济的高速发展，现正在将发展极的积极效应通过政策导向向不发达地区扩散。就杜能在《孤立国同农业和国民经济的关系》（简称《孤立国》）中提出的著名的孤立国理论来讲，假设各个地区之间是孤立的，但都市和它附近的乡村是相连的，都市所需要的农产品由乡村提供，而都市又为乡村提供加工品。在这种假设下，杜能提出了都市外围按距离远近划成的六个环带，各种产业分布在不同的环带上。第一个环带为自由农作区，距离都市最近，主要种植蔬菜、水果等，由此向外，随着距离的逐渐变远，运费便随之增加。如果第一个环带生产农产品不如生产其他产品利润高，那么这个环带将会转变为其他生产区。假设粮食生产没有木材加工利润大，第一个环带将成为林业带，为城镇提供木材。在第一个杜能环内如果没有发展林业，则是因为农产品生产比林业有更大的利润，于是因资源竞争排挤而使林业退出了第一环带。类似的，各个区域的产品选择都将在资源竞争中各自获取自己所想要的。按照利润的分配原则，离都市越近，地租越高。发展极理论完全是根据利润的不同分配原则，在区域内产生了不同的相互支撑的产业，使发展极区域优势越来越大。

按照缪尔达尔的理论，发展中国家的经济结构不能自然、自动、均衡地将经济增长的效益普及各个地区，自发的区域经济增长所带来的巨大差异是低效率的，所以构建发达的区域经济必须有政府的干预，因为政府干预会使自发过程变成引导、刺激发展的过程。当区域经济高速发展后，仍然需要政府的干预将发展极效应扩散到其他区域。因为当区域经济足够发达后，优质资源不仅不会自动远离此区域，相反还会向此区域聚集，所以扩散效应一定要由政府来参与才能实现。

目前，农业的区域性发展还没有真正建立起来，根据发展极理论，国家已经建立了不同的生产基地。但是在不同地区应该聚集何种资源，如何使区域生产优势突出，农业上市公司如何依靠本地农业以及相关产业的优势而发展成为区域的农业上市公司集群，还有诸多问题没有解决，发展极理论在农业上市公司发展中没有得到良好的应用。针对以上问题本书将提出相关建议，在政策的引导下使农业上市公司真正成为依靠农业而发展起来的企业，整合农业的优势资源，提高发展极建设效益。

三、农业产业化的绩效管理与市场融资理论

农业产业化是指在生产力高度发展的情况下，以现代农业生产为基础的农业产业链的延伸及向农业规模化、市场化、集约化发展的动态过程。它将农业生产的产前、产中、产后环节连接为一个完整的产业系统，以提高经济效益为中心，实现产、供、销一体化经营，从而提高农业的增值能力和比较效益。农业产业化的有效发展能够对农业资源进行有效配置，从而实现规模经济效益。从国际经验来看，合作博弈使农业产业化较早地出现在了欧美国家并使其获得了稳步发展，此外，农业产业化也与这些国家较早地培育与发展市场经济有着密切关系。农业产业化带来生产、加工、销售、服务一体化，这样既能提高运行效率，又能节省管理费用；使信息共享贯穿于农业产业化的全过程，如农产品的生产经营和市场供求信息，会带动其他市场信息的生成，

能够促进整个市场体系的建立;进行规模生产和专业化生产,提高了生产效率,降低了单位成本、销售成本。农业产业化对绩效的提升从以上几个方面的描述中就可以看出。

农业产业化绩效的提高本着系统化的原则,将各个环节联系在一起。首先,以整体利益最大化为目标,不忽视生产链上的任何环节。从整体出发,体现了"利益共享,风险共担"的原则,它包括兼顾企业初级农产品生产者的利益。其次,需要保持农业产业化的有序性,利用整个体系的有序性来促进现有状态向高级有序状态发展。再次,建立开放型的农业产业化系统,从外部获取信息。除上述几点外,还有以下几点需要注意:农业产业化组织应适时对生产经营的各个方面和各个环节进行变革,不断创新;农民的主体意识不够强,参与竞争能力差及获得的信息失真程度大和获得渠道不畅通,因此要注重保护农民的共同利益;同类型的农业企业扩散要适度,否则会加剧竞争,反而使绩效下降;重视农业产业化的技术基础,技术进步是促进生产力发展、提高劳动生产率最重要的因素。农业产业化,必须让其成为农科教相结合的主阵地,改变生产经营技术低的状况,使农业产业化在各个环节的经营绩效得到充分提高,这样,整体绩效的提高才会有保障。

尽管我国农业整体发展水平不高,农业落后导致的低利润与资本市场追逐高利润的本性存在矛盾,但是农业产业化的发展与资本市场仍然存在互动。在我国,大部分的农业企业向着产业化进程迈进,大量的技术投入、设备投入需要更多的资本力量支持,这势必会为资本运营企业带来良好的发展前景和赢利空间。所以这种相互依赖性为农业产业化与资本市场的良好结合提供了条件。结合对两者的发展都有重要意义。

在农业产业化发展过程中,龙头企业的培育是一个关键环节,它是整合各类农业企业和农业经济组织的关键,它可以将农业生产、加工、流通等各环节紧密地连接起来。因而,龙头企业的发展必须以大量的资金投入为支撑。同时农业产业化经营的实现和农业经济效益的提高必须依靠科技的进步,科技的发展还有助于提高农产品的品质和知名度。因而,科技含量高的农业企业也需要大量资金的投入。

纵观目前多家农业上市公司,凡农业龙头公司及科技含量高的农业上市公司均有大量的资本投入。当这些企业带动整个农业产业发展的时候,资本的利益追逐性将会使资本偏向整个农业企业。

农业产业化将农户利益和农业公司利益联系在一起,有利于避免分散的小农户经营。但是也有不利之处,当农产品价格波动影响农业公司绩效的时候,农户利益无法得到很好的保障。这类农业公司如果进入资本市场融资,也会面临类似的风险。

因此,本书重点强调的是在农业产业化的进程中需要国家政策的积极引导,使资本能够更青睐于农业上市企业,使农业企业的发展进入良性循环。

第三节　方法与测度指标

一、因子分析思想、模型及步骤

1. 因子分析思想

因子分析的概念起源于 20 世纪初 Karl Pearson 和 Charles Spearrnen 等人关于智力测试的统计分析,但是由 Thurstone 在 1931 年首次提出。近年来,随着计算机技术的快速发展,人们将因子分析方法成功地应用于多个领域,使因子分析的理论和方法也得到了进一步的发展。

因子分析的基本目的就是用少数的因子去解释许多指标或因素之间的关系,因子分析方法的特点是通过对变量之间的相关关系进行分析,将原始变量进行分类,即把关系比较密切的几个变量归在同一类中。同一类的变量可以看做是因受到了某个共同因素的影响才高度相关的,每一类变量代表一个因子。运用这种研究方法,可以满足各种实际要求。因子分析法就是以相关性为基础,从相关性矩阵及协方差矩阵入手,将变量归结为少数几个公共因子的统计分析方法。实际上，每一类变量就代表着一个公共因子，所以因子分析法也就是寻找这些公共因子的模型分析方法。

2. 因子分析模型

因子分析法从研究变量内部的相关关系出发，将一些具有错综复杂关系的变量的影响因素归结为少数几个综合因子的统计分析方法。实践中，就是用最少的不可观测的公共因子的矩阵模型与特殊因子之和来描述原来观测的每一个分量。

用数学模型表示为：设原有 p 个变量 $x_1, x_2, x_3, \cdots, x_p$，且每个变量（或经标准化处理后）的均值为 0，标准差均为 1。现将每个原有变量用 $k(k<p)$ 个因子 $f_1, f_2, f_3, \cdots, f_k$ 的线性组合来表示，则模型为：

$$\begin{cases} x_1 = a_{11}f_1 + a_{12}f_2 + a_{13}f_3 + \cdots + a_{1k}f_k + \varepsilon_1 \\ x_2 = a_{21}f_1 + a_{22}f_2 + a_{23}f_3 + \cdots + a_{2k}f_k + \varepsilon_2 \\ x_3 = a_{31}f_1 + a_{32}f_2 + a_{33}f_3 + \cdots + a_{3k}f_k + \varepsilon_3 \\ \cdots \\ x_p = a_{p1}f_1 + a_{p2}f_2 + a_{p3}f_3 + \cdots + a_{pk}f_k + \varepsilon_p \end{cases} \tag{1}$$

式（1）是因子分析的数学模型，也可用矩阵的形式表示为 $X = AF + \varepsilon$。其中 $f_1, f_2, f_3, \cdots, f_k$ 称为因子，由于它们出现在每个原有变量的线性表达式中，因此又称其为公因子。因子可理解为高维空间中互相垂直的 k 个坐标轴。A 称为因子载荷矩阵，$a_{ij}(i=1,2,\cdots,p; j=1,2,\cdots,k)$ 称为因子载荷，是第 i 个原有变量在第 j 个因子上的负荷。如果把变量 x_i 看成 k 维因子空间中的一个向量，则 a_{ij} 表示 x_i 在坐标轴 f_i 上的投影，相当于多元线性回归模型中的标准化回归系数。ε 称为特殊因子，表示原有变量中不能被因子解释的部分，其均值为 0，相当于多元线性回归模型中的残差。

3. 因子分析步骤

因子分析的基本步骤和解决思路是围绕着如何构造因子变量，如何对因子变量进行命名展开的，其步骤为：确认待分析的原变量是否适合作因子分析；构造因子分析；利用旋转方法使因子变量更具有可解释性;计算因子变量得分等。

(1)因子旋转

旋转的方法有很多,正交旋转和斜交旋转是因子旋转的两类方法。因子旋转过程中,因子对应轴相互正交,则称为正交旋转;因子对应轴相互间不是正交的,则称为斜交旋转。最常用的方法是最大方差正交旋转法。进行因子旋转就是要使因子载荷矩阵中因子载荷的平方值向 0 和 1 两个方向分化,使大的载荷更大,小的载荷更小。

建立因子分析模型的目的是找出主因子,知道每个主因子的意义,以便对实际问题进行分析。求出主因子解后,如果各个主因子的代表变量不是很突出,则还需要进行因子旋转,通过多次旋转后得到满意的主因子。

(2)因子得分

因子分析模型建立后的作用是应用因子分析模型去评价每个样本在模型中的作用,例如上市企业绩效的因子分析模型建立后,需要将公因子用变量的线性组合来表示,即用企业绩效的各项指标值来估计它的因子得分。

设公因子 F 由变量 x 表示的线性组合为:

$$F_j = u_{j1}x_{j1} + u_{j2}x_{j2} + \cdots + u_{jp}x_{jp} (j = 1, 2, \cdots, m)$$

该式称为因子得分函数,由它来计算每个样本的公因子得分。若取 $m = 2$,则每个样本的 p 个变量代入上式可算出每个样本的因子得分 F_1 和 F_2,同时将其在平面上做因子得分散点图,进而对样本进行分类或对原始数据进行更深入的研究。

因子得分函数中方程的个数 m 小于变量的个数 p,因此不能精确计算出因子得分,只能对因子得分进行估计。常用的估计方法有回归估计法、Bartlett 估计法、Thomson 估计法。

回归估计法

F = Xb = X(X ¢ X) – 1A ¢ = XR – 1A ¢(这里 R 为相关阵,且 R = X ¢ X)。

Bartlett 估计法

Bartlett 估计因子得分可由最小二乘法或极大似然法导出。

F = [(W - 1/2A) ¢ (W - 1/2A)] - 1(W - 1/2A) ¢ W - 1/2X = (A ¢ W - 1A) - 1A ¢ W - 1X

Thomson 估计法

在回归估计法中,实际上是忽略特殊因子的作用,取 R = X ¢ X,若考虑特殊因子的作用,此时 R = X ¢ X + W,于是有:

F = XR - 1A ¢ = X(X ¢ X + W) - 1A ¢

这就是 Thomson 估计的因子得分,使用矩阵求逆算法(参考线性代数文献)可以将其转换为:

F = XR - 1A ¢ = X(1 + A ¢ W - 1A) - 1W - 1A ¢

(3)因子分析的计算过程

①将原始数据标准化,消除变量间在数量级和量纲上的差异;②计算标准化数据的相关矩阵;③计算相关矩阵的特征值和特征向量;④计算方差贡献率与累积方差贡献率;⑤确定因子:设 $F_1, F_2, \cdots, F_p$ 为 p 个因子,其中前 m 个因子包含的数据信息总量不低于 80% 时,可取前 m 个因子来反映原评价指标;⑥因子旋转:若所得的 m 个因子无法确定实际意义或实际意义不是很明显,这就需要将因子进行旋转以获得明显的实际含义;⑦用原指标的线性组合求各因子得分:采用回归估计法、Thomson 估计法、Bartlett 估计法计算因子得分;⑧综合得分:以各因子的方差贡献率为权,由各因子的线性组合得到综合评价指标函数,$F = (w_1F_1 + w_2F_2 + \cdots + w_mF_m)/(w_1 + w_2 + \cdots + w_m)$,$w_m$ 为旋转前、旋转后因子的方差贡献率;⑨得分排序:利用综合得分可以得出得分名次。

二、测度指标

本书选取了主营业务利润率、总资产利润率、净资产收益率、每股收益率、资产负债率、流动比率、速动比率、总资产周转率、存货周转率、应收账款周转率、总资产增长率、主营业务收入增长率、净利润增长率、每股净资产、每股公积金等 15 项指标，作为因子分析的测度指标，这 15 项指标能够充分反映出农业上市公司在各个方面的经营状况，从而找出农业上市公司存在的不足。

第四节　影响因素的体系建立

影响农业上市公司的因素很多，外部环境与企业内部环境均对农业上市公司的经营产生一定的影响。总体来说，内部环境包括企业中的人力资源管理、营销管理、市场管理、安全管理、生产管理、财务管理、库存管理、薪酬管理等，每个环节的管理均会影响农业上市公司的经营绩效。

外部环境包括国内的财务政策、审计政策、补贴政策、税务政策、上市公司股权政策、国家针对农业出台的相关支持政策、国际贸易政策、不同行业的利润获取难易情况、相关产业的国家间贸易协定等，任何政策的变化都会对农业上市公司的经营绩效产生影响。

从农业本身的弱质性、比较利益低等特点来看，对农业上市公司经营绩效产生较大影响的是国家出台的相关农业政策。每一次政策的变动，都会引起农业上市公司的经营调整，如农业税取消时，众多的非农业企业投入到农业种植业生产中；海洋捕捞禁止近海作业后，迅速出现了大量的海产品养殖企业。因此国家政策的变化对农业上市公司的经营绩效影响最突出。影响农业上市公司经营绩效的因素分析，如图1－1所示。

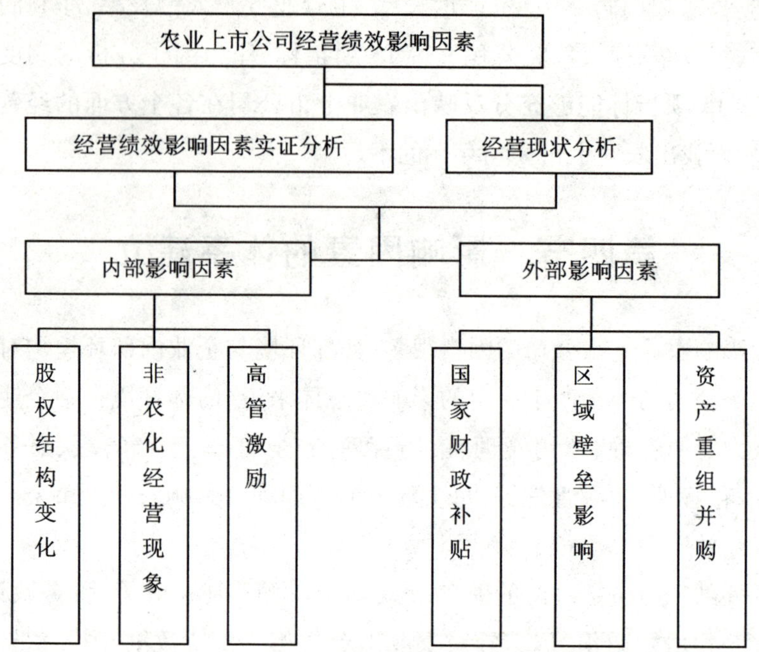

图 1－1　农业上市公司的经营绩效影响因素分析体系

第二章　农业上市公司基本情况分析

对农业上市公司基本情况的分析，有助于我们对农业上市公司经营中出现的问题进行思索。农业上市公司经历了我国股市的巅峰时期和低谷阶段，它是随着大盘一同涨落，还是超前或滞后于大盘，这需要我们作进一步探讨。本章主要是从农业上市公司的上市时间、主营业务、上市区域分布、收益情况、偿债能力、抗风险能力等方面描述了我国农业上市公司的经营现状，同时也对农业上市公司与全部上市公司的净资产收益情况进行了对比描述，最后对我国历年的农业政策作了总体介绍。本章对农业上市公司基本状况的介绍为实证分析奠定了基础，以便更透彻地分析影响农业上市公司经营绩效的因素，从而提出相关建议。

第一节　"入世"后农业上市公司基本状况

一、农业上市公司环境状况

我国加入 WTO 后，市场局面发生了变化，我国农业开始在国际统一政策的要求下不断开放。我国农业进入全面开放阶段之后，之前对农业有利的因素将随着市场环境的变化逐渐消失，一些深层次的不利因素正在显现，我国农业经济的发展将面临着巨大压力。

我国农业面临的竞争压力越来越大。一方面，国外成熟的农业产业体系、高端科学技术将会对我国农业产生巨大压力；另一方面，技术性贸易壁垒也会制约我国农业的发展，我国每年约有 90% 的农业及食品出口企业受到国外技术性贸易壁垒的影响。为了充分增强农业企业的竞争力，特别是增强龙头企业的竞争力，我们已经别无选择，发展农业上市公司势在必行。从国外的发展经验来看，提高智力性投入，树立自己的品牌，建立顺畅的渠道，作好资本运营，形成体系化发展模式是提高农业上市公司经营绩效的关键。

由于长期受计划经济体制的影响，龙头企业主要靠内部资源的整合来促进自身的发展，因此造成企业分散，彼此孤立的局面。从目前面临的市场环境来看，龙头企业未来将沿着这样一种趋势发展：从单纯企业的发展向综合企业发展；从单纯的生产向产、加、销、贮、运一体化发展。农业发展的趋势，对农业上市公司提出了更高的要求，这需要不断调整自身的运作方式，以适应日趋激烈的市场竞争。

二、上市公司农业产业化数量统计

农业产业化（Agriculture Industrialization）是以市场为导向，以经济效益为中心，以主导产业、产品为重点，优化组合各种生产要素，实行区域化布局、专业化生产、规模化建设、系列化加工、社会化服务、企业化管理，形成种养加、产供销、贸工农、农工商、农科教一体化经营体系，使农业走上自我发展、自我积累、自我调节的良性发展轨道的现代化经营方式和产业组织形式。它的目的是要对传统农业进行技术改造，以推动农业科技的发展，这种经营模式从整体上推动了传统农业向现代农业的转变。我国农业产业化的分布情况如下：

表 2－1　农业产业化数量统计

行业	2001 年	2002 年	2003 年	2004 年	2005 年	2006 年
全国总计（家数）	5 107 015	5 170 849	5 214 144	5 323 235	5 647 823	6 068 912
农、林、牧、渔业（家数）	171 526	170 953	156 033	156 033	68 800	78 205
农、林、牧、渔业占比	0.033 6	0.033 1	0.029 9	0.029 3	0.012 2	0.012 9

资料来源：《中国统计年鉴.2008》

由表 2－1 可知,2001—2003 年农、林、牧、渔业企业逐渐减少,2004 年与 2003 年的数量相同,到 2005 年出现低谷,2006 年又有所增加,而全国企业总数却连年增加。2001 年农、林、牧、渔业企业总数占全国企业总数的 3.36%,2005 年只有 1.22%,比例相当小。2004 年以前国家大力推行农业企业的各种优惠政策,可是一直没能真正解决农业企业的融资问题,尤其是民营的农业企业融资问题。结果出现部分民营农业企业转营其他项目,部分民营企业倒闭。而自 2006 年国家彻底取消了农业税以后,以种植业为主的农业企业又重新多了起来。国家也开始解决中小企业的融资问题,积极搭建民间资本进入农业企业的平台。

三、农业上市公司的上市时间分布

在 65 家农业上市公司中,1993 年上市 2 家,1994 年上市 1 家,1995 年没有公司上市,1996 年上市 5 家,1997 年上市 7 家,1998 年上市 8 家,1999 年上市 4 家,2000 年上市 12 家,2001 年上市 4 家,2002 年上市 4 家,2003 年上市 3 家,2004 年上市 9 家,2005 年上市 1 家,2006 年上市 2 家,2007 年上市 3 家,2008 年没有公司上市。农业上市公司的上市时间分布见图 2－1。

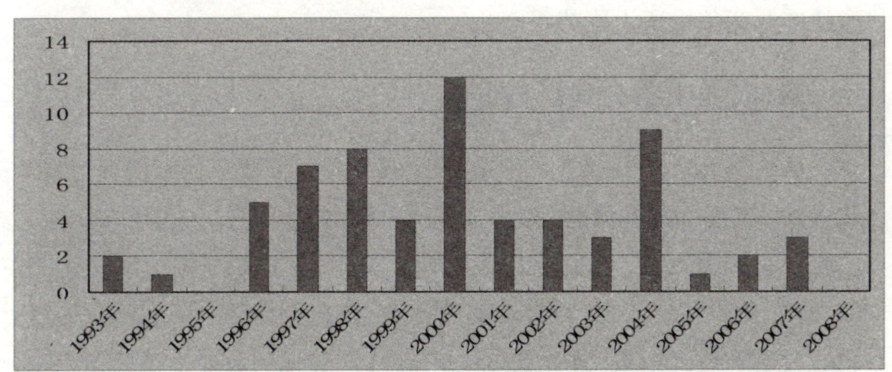

图 2－1　农业上市公司的上市时间分布

由图 2－1 可以看出,1993—2000 年农业上市公司上市数量基本呈上升趋势,2000 年后进入调整阶段,2004 年是 2000 年后的一次上市高峰,2005、2006、2007 年的农业上市公司的上市数量虽呈增长趋势,但 2008 年却没有公司上市。2000 年后上市公司数量总体上少于 2000 年前的上市公司。

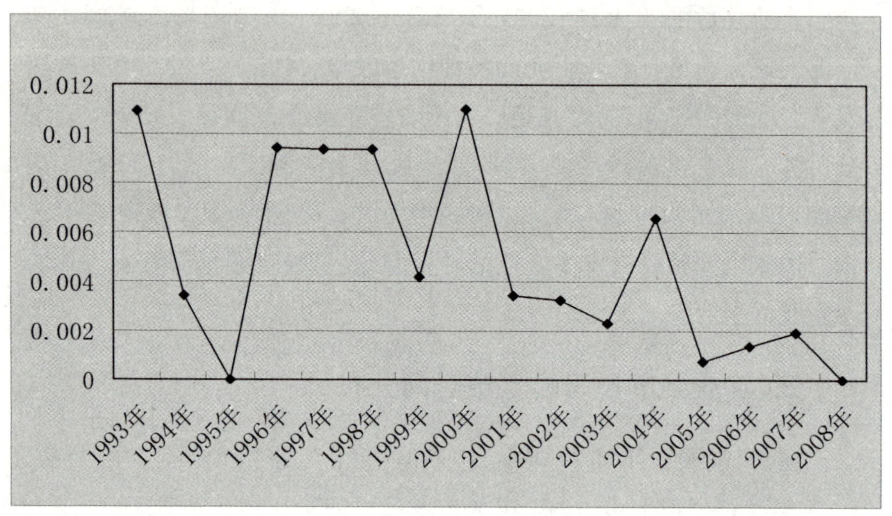

图 2－2　历年农业上市公司与全部上市公司数量占比

由图 2－2 可以看出,农业上市公司的数量比较少,2000 年为农业上市公司数量最多的一年,但是占比约为 1.1%。100 家上市公司中只有 1 家是农业上市公司,农业上市公司的整体力量比较薄弱,在激烈的产业竞争中所占优势很小。

四、农业上市公司区域分布

从整体上来看,农业上市公司的区域分布很分散。分布情况为:福建、吉林、贵州、海南、河北、湖北、辽宁、内蒙古、重庆各 1 家,广东 2 家,广西 3 家,河南 2 家,黑龙江 2 家,江西 2 家,上海 3 家,云南 2 家,浙江 3 家,山东 5 家,湖南 6 家,甘肃 4 家,新疆 5 家,北京 5 家,四川 3 家,安徽 4 家,江苏 5 家。山东、湖南、新疆、北京、江苏等地的农业上市公司占全部农业上市公司的 40%。农业的生产与加工和地缘有着不可分割的关系。只有遵循市场规律,发展深加工产业,将高科技应用于农业,才能突破固有的模式。农业上市公司区域分布,如图 2－3 所示。

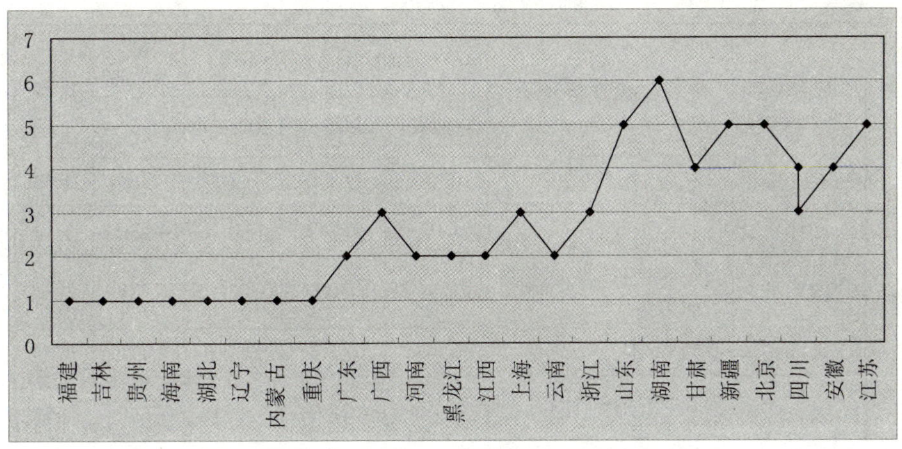

图 2－3　农业上市公司区域分布

第二节　农业上市公司的经营情况分析

除 ST 的农业上市公司外，其余 65 家农业上市公司成为本书的研究对象。这 65 家农业上市公司的主营业务主要分布在农、林、牧、副、渔等各个领域。表 2－2 列出了我国农业上市公司的主营业务、每股收益和区域分布等。

表 2－2　农业上市公司的主营业务、每股收益和区域分布

序号	股票名称	主营业务	每股收益（元）			国家股及发起人股占比	区域
			2008 年	2007 年	2006 年		
1	昌九生化	尿素等	0.037	0.036	0.043	45.44%	江西
2	赤天化	化工产品	0.54	1.17	1	43.43%	贵州
3	大成股份	化工产品	－0.42	0.05	0.07	30.54%	山东
4	北大荒	种植业	0.36	0.33	0.32	70.48%	黑龙江
5	北海国发	藻类、贝类、甲壳类等海洋生物系列产品的生产和销售	－0.62	0.01	－0.11	6.90%	广西
6	大湖股份	生物制药等	－0.310 7	0.036 4	0.040 2	11.92%	湖南

续表

序号	股票名称	主营业务	每股收益(元)			国家股及发起人股占比	区域
			2008 年	2007 年	2006 年		
7	大江股份	食品业、饲料	0.01	0.04	0.03	2.53%	上海
8	丹化科技	化工业	-0.033 5	0.142	-0.2	14.98%	上海
9	敦煌种业	农业生产服务、农业科学研究	0.074 8	-0.078 3	0.070 5	46.70%	甘肃
10	福成五丰	畜牧养殖	0.07	0.07	0.06	37.80%	河北
11	冠农股份	棉花、水稻等种植、加工与销售	0.09	-0.04	-0.18	56%	新疆
12	国投中鲁	浓缩果蔬汁的生产和销售	0.41	0.5	0.24	46.80%	北京
13	好当家	海水养殖	0.24	0.32	0.24	60.61%	山东
14	禾嘉股份	金属材料、化工原料、化工产品的进出口	-0.175	0.008	0.012 4	50.89%	四川
15	湖南海利	化工高新技术及农药、化肥等	0.014	-0.91	0.03	50.00%	湖南
16	华阳科技	化工原料的生产、销售	-0.48	0.07	0.04	40.00%	山东
17	吉林森工	林业及人造板	0.13	0.16	0.19	45.89%	吉林
18	江山股份	农药	1.52	0.55	0.26	64.00%	江苏
19	金健米业	粮油制品、粮食包装品等	-0.365 2	0.023	0.008 7	20.62%	湖南
20	金种子酒	白酒生产、销售	0.09	0.1	0.07	25.18%	安徽
21	景谷林业	脂松香、脂松节油等	0.07	0.26	-0.21	24.42%	云南
22	莫高股份	葡萄酒制造	0.314 1	0.206 5	0.047	44.84%	甘肃
23	钱江生化	生物农药、酶制剂	-0.283	0.118	0.109	51.00%	浙江
24	荣华实业	以玉米为原料的农产品加工	0.01	0.08	-0.52	13.75%	甘肃
25	通威股份	养殖及养殖技术开发	0.153 6	0.250 4	0.243 7	59.86%	四川
26	万向德农	种子、化肥等农产品的零售	0.2	0.23	0.13	62.14%	黑龙江
27	新安股份	化工原料等	5.893 2	5.738 7	1.176 1	0.00%	浙江

续表

序号	股票名称	主营业务	每股收益(元)			国家股及发起人股占比	区域
			2008 年	2007 年	2006 年		
28	新农开发	棉花种植等	-0.26	0.08	0.09	40.79%	新疆
29	新赛股份	农作物种植等	0.044 9	0.091 3	0.091 2	56.00%	新疆
30	新五丰	生猪养殖及出口	0.05	0.1	0.14	42.04%	湖南
31	亚盛集团	高科技农业新技术、新品种	0.047 3	0.040 8	0.012 2	30.80%	甘肃
32	扬农化工	化工类产品的制造、加工和销售	1.565	0.94	0.48	36.67%	江苏
33	云天化	化工原料及产品的生产、销售	1.23	1.27	1.09	60.81%	云南
34	芭田股份	复合肥产品的研发、生产和销售	0.38	0.45	0.54	39.84%	广东
35	登海种业	农作物生产、销售	0.014 8	0.043	0.032 4	0.00%	山东
36	东方海洋	水产新技术、新成果的推广、研究	0.38	0.44	0.37	55.80%	山东
37	丰乐种业	农作物、专用肥	0.129 4	0.157 4	0.12	32.70%	安徽
38	丰原生化	生物工程的科研开发	0.056 3	0.026 7	-0.35	15.28%	安徽
39	红太阳	农药化学原料及化学制品的制造	0.039 1	0.067 4	0.104 5	27.00%	江苏
40	华星化工	化工产品的生产、销售	1.12	0.42	0.21	15.00%	安徽
41	建峰化工	化肥及其他化工产品	0.88	0.73	0.52	71.30%	重庆
42	隆平高科	农副产品深加工	0.174	0.196	0.15	25.10%	湖南
43	罗牛山	农业开发、农副产品销售	0.09	0.42	-0.12	1.31%	海南
44	农产品	开发、经营、管理农产品批发市场	0.13	0.44	0.15	41.60%	广东
45	沙隆达	化学原料及化工产品的制造和销售	0.29	0.07	0.09	21.00%	湖北
46	顺鑫农业	种植业、养殖业及其产品的加工和销售	0.504 1	0.36	0.25	51.80%	北京

续表

序号	股票名称	主营业务	每股收益(元)			国家股及发起人股占比	区域
			2008 年	2007 年	2006 年		
47	天邦股份	饲料的研发、生产、销售与服务	0.65	0.17	0.21	52.19%	浙江
48	新希望	生态资源开发、农副产品等	0.3	0.4	0.29	45.70%	四川
49	新中基	浓缩番茄酱、番茄制品、番茄红素胶囊	-0.158	0.18	0.18	5.58%	新疆
50	永安林业	木(竹)林采伐、加工,水果种植	0.02	0.13	-0.1	23.69%	福建
51	獐子岛	海珍品的育苗、养殖	0.55	0.74	0.91	53.32%	辽宁
52	正邦科技	农业、化工业、食品业、畜牧业	0.15	0.17	0.17	45.41%	江西
53	正虹科技	饲料的研制、生产、销售	0.04	-0.38	0.11	20.68%	湖南
54	中水渔业	水产品捕捞、加工	-0.060 9	0.023	0.008 1	0.00%	北京
55	光明乳业	乳制品的生产、加工、销售	-0.27	0.2	0.15	35.18%	上海
56	恒顺醋业	食醋、酱菜、酱油等	-0.387	0.242	0.367	53.19%	江苏
57	华资实业	制糖业、乳业和金融业	-0.3	0.14	0.06	54.30%	内蒙古
58	莲花味精	味精	0.011 7	0.011 6	0.009 8	37.12%	河南
59	三元股份	农牧业为主,农工商多元化经营	0.06	0.03	0.01	7.28%	北京
60	维维股份	豆奶系列产品、非酒精饮料	0.07	0.13	0.11	34.61%	江苏
61	中粮屯河	粮食收购、境外期货业务	0.33	0.3	0.18	55.59%	新疆
62	中牧股份	动物保健品、疫苗等	0.415	0.403	0.32	58.46%	北京
63	贵糖股份	食糖、纸、酒精及轻质碳酸钙的制造和销售	0.22	0.21	0.08	23.78%	广西
64	南宁糖业	制糖业、纸浆制造业	0.09	0.49	0.76	38.55%	广西
65	双汇发展	食品加工,生猪、活牛屠宰	1.153 3	0.927 2	0.910 4	0.00%	河南

一、主营业务分布

主营业务涉及农业种植的公司有9家；从事畜牧养殖、畜产品加工及饲料生产的公司有8家；从事农药化工生产的有17家；从事奶制品及食品的公司有9家；从事林业的有3家；从事糖业及作料加工的有4家；从事农业研究、批发等的有15家。农业上市公司主营业务行业分布，如图2-4所示。

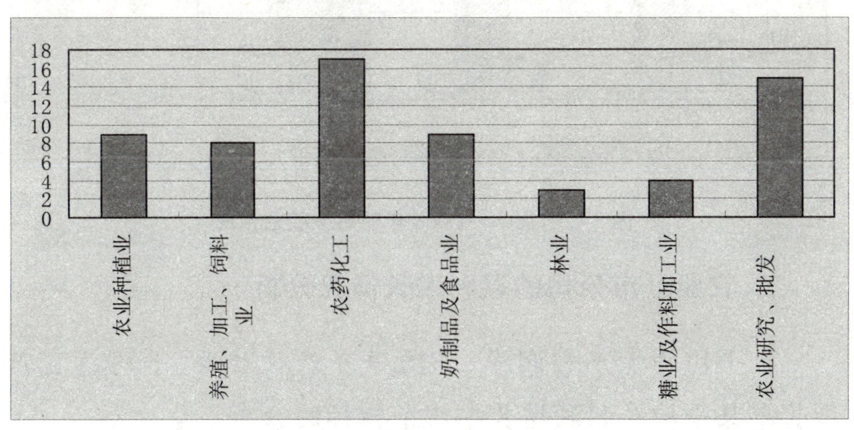

图2-4 农业上市公司主营业务行业分布

二、农业上市公司收入情况分析

从每股收益来看，2006年平均每股收益为0.283 3元；2007年平均每股收益为0.312 8元；2008年平均每股收益为0.266元。2007年每股收益最高，这和整个上市公司的平均收益波动相似。2006年最低，主要是受整个经济环境的影响。从农业上市公司2006—2008年的每股收益情况来看，2008年每股收益为负值的有14家，大于等于1元的有6家，在0—1元之间的有45家；2007年每股收益为负值的有4家，收益大于等于1元的有3家，在0—1元之间的有58家；2006年每股收益为负值的有8家，收益大于等于1元的有3家，在0—1元之间的有54家。2006—2008年的每股收益情况，如图2-5所示。

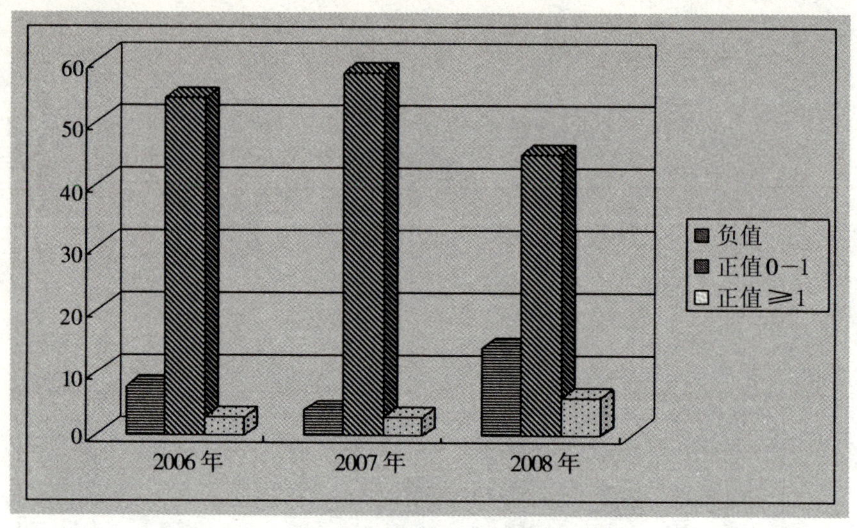

图2-5　2006—2008年的每股收益情况

三、农业上市公司的赢利增长情况分析

1. 平均总资产利润率、平均净资产收益率、平均总资产增长率及平均净利润增长率四个指标的分布

根据上市公司的数据可知,2004、2005年的平均总资产利润率与平均净资产收益率均低于2006年。2006年的平均总资产利润率及平均净资产收益率分别为0.046 797 145、0.097 596 755,这说明2006年的收益情况有所改观,这与国家政策有极大的关系。2007年整个产业包括股市都在膨胀式发展,而农业上市公司的平均总资产利润率为0.035 422 164,平均净资产收益率为0.083 770 814,没能超越2006年的收益情况,这与其他产业的发展带来的农业成本上升有关,从另一层面来讲,农业与国家政策的变动是息息相关的。2008年农业上市公司的平均总资产利润率为0.018 847 797,平均净资产收益率为0.030 158 997。2006年后这两项指标呈逐年下降趋势。全球性金融危机爆发后,国家没有出台对农业有利的相关特殊政策,所以收益方面逐年降低。从增长指标来看,从2004年开始,数据显示是逐年上升的。尽管收益情况在下降,但是数值为正,所以每年总资产在增加。

2007 年的平均总资产增长率约是 2006 年的 2 倍，平均净利润增长率同样也约为 2006 年的 2 倍，尽管这一指标目前仍为负值，但到 2008 年平均总资产增长率达到了 2.176 22，是上一年的很多倍，平均净利润增长率达到 0.230 082，远远超过了 2007 年。这一变化与 2007 年的经济膨胀存在着一定的关系，我们会注意到这样一种现象，当其他产业迅速发展的时候，农业则处于低迷阶段，而当其他产业消沉时，农业则有所发展。农业上市公司与其他行业上市公司之间也存在着这一规律。这一事实告诉我们，农业还是一个弱质行业，利润低、收效慢，易受环境、政策的影响。2007 年在各行业快速发展的时候，农业上市公司的经济增加值没有迅速增长，还保持在负值水平，而到了 2008 年，经济增加值迅速增长，一方面与 2007 年的收益基数有关，另一方面就是经济低迷时，食品等生活必需品的赢利能力显现了出来。于是 2008 年的平均总资产利润率和平均净利润增长率均得到了快速增加。图 2－6为四个指标在 2006—2008 年的数值分布情况。

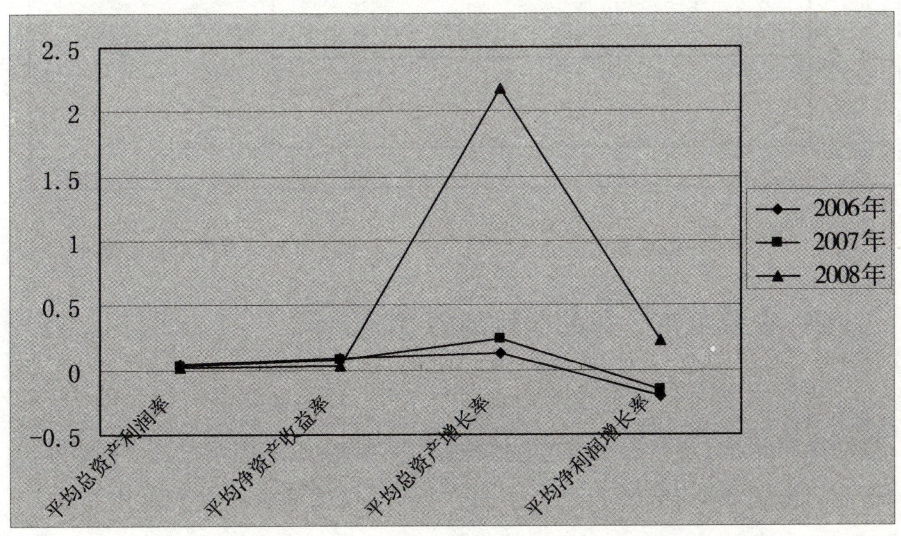

图 2－6　2006—2008 年农业上市公司收益及增长指标情况

2. 农业上市公司与全部上市公司的经营状况比较分析

从净资产收益率、资产负债率、总资产增长率、总资产周转率与整个上市公司的状况加以比较分析，以充分了解农业上市公司在整个上市公司中的经营状况及所处位置，图 2－7 描述了农业上市公司及全部上市公司 1996—2008 年净资产收益率情况，该指标是反映经济效益的重要指标。1996、1997 年，我国农业上市公司的净资产收益率指标低于全部上市公司的净资产收益率，而从 1998 年开始到 2005 年，农业上市公司的净资产收益率始终略高于全部上市公司的数值。但 2006—2008 年农业上市公司的指标又低于全部上市公司的平均水平。

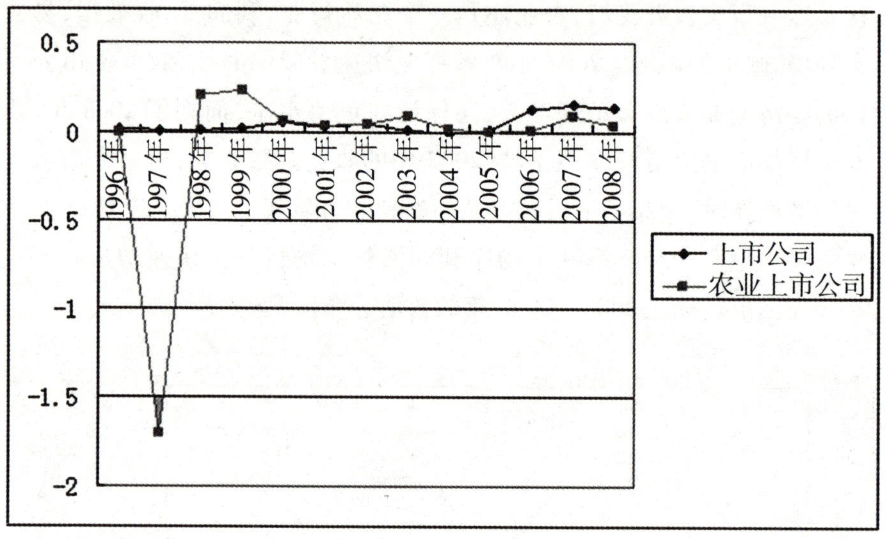

图 2－7　1996—2008 年农业上市公司与全部上市公司的净资产收益率情况

四、农业上市公司的偿付能力状况

流动比率代表上市公司以流动资产偿还流动负债的综合能力。流动比率越低，意味着企业短期偿债能力越弱；如果比率过高，则说明企业可能不善举债经营，经营者过于保守，这将导致企业短期资金的利用效率较差。

速动比率代表上市公司以速动资产偿还流动负债的综合能力。速动比率比流动比率更能表现一个企业的短期偿债能力。一般经验认为流动比率在 2 左右比较适当，速动比率则在 1 附近较为合适。

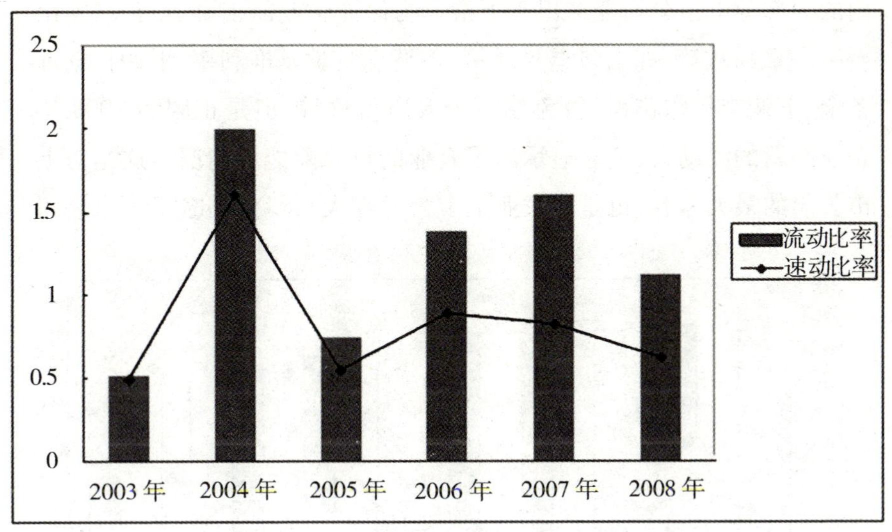

图 2－8　2003—2008 年农业上市公司的流动比率、速动比率情况

由图 2－8 可以看出，2004 年的流动比率数值最理想，速动比率偏高。2006、2007、2008 年的变化不是很大，2006、2007 年是整个产业快速发展的两年，流动比率、速动比率均保持良好的数值，这说明农业上市公司的整体经营状况比较好，但也有个别公司处于风险的边缘。2006 年荣华实业的流动比率、速动比率均最低，分别为 0.318、0.309。2007 年流动比率最低的是南宁糖业（0.061），速动比率最低的是丹化科技（0.218）。2008 年流动比率最低的是隆平高科（0.179），速动比率最低的是恒顺醋业（0.004）。这说明这些上市公司面临的风险很多，在外部环境不稳定的情况下，尤其是金融危机发生时，如果国家没有有效的应对措施，它们将可能陷入困境。最近几年里，流动比率、速动比率高的上市公司也很多。2006 年渔业的两个指标均达到了 7，2007 年荣华实业的流动比率竟然达到了 15，2008 年流动比率最高的是獐子岛，达到了 2.6。从以上数据可以看出，农业上市公司的经营状况很不稳定，受政策、整个经济环境，以及其他行业的影响非常明显。

五、上市公司农、林、牧、渔板块的抗风险能力分析

2008 年是上市公司经营波动最大的一年，受全球经济的影响，国

内的大部分上市公司业绩出现下滑。为保证企业的正常运营，国家出台了一系列政策，如出口退税政策、下调存贷款基准利率、下调存款准备金、下调交易印花税、暂免储蓄个人所得税等，但是正因为2008年企业经营的波动大，这才显示出了企业的抗风险能力情况。这是对上市公司的最大考验，也是对农业上市公司在大环境变动时于上市公司

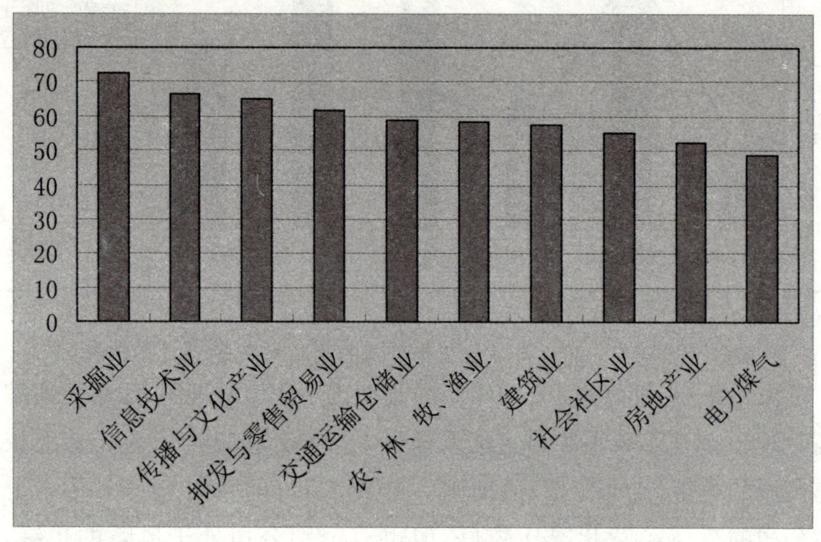

图2－9　2008年农、林、牧、渔业抗风险能力排名

资料来源：《中国上市公司业绩评级报告(2009)》

中所处位置的一次测试。由图2－9可以看出，农、林、牧、渔业在抗风险指标上处于各行业的中间位置。农、林、牧、渔业中的种植业、养殖业属刚性需求，受外界影响小，而农药化工类受外界影响要大一些。石油价格的波动，作为化肥之类的下游企业会受到成本的影响而产生波动。农、林、牧、渔业中如果保留种植业、养殖业、乳品业，它的抗风险能力会进一步增强。因此在受金融危机影响的几年里，很多非农多元化的上市公司积极调整了发展战略，将主营业务转移到农业等相关业务上，以保持公司的可持续发展。

第三节　中央政策对农业的支持

我国在1982—1986年间发布了以三农为主题的一号文件，对农村改革和农业发展作出了具体部署。2003年，中央一号文件再次回归农业。2003年中央农村工作会议提出，要积极探索对农业和农民实行补贴的各种有效办法，加大国家对农业特别是粮食主产区的扶持力度。从当时的情况来看，通过国有粮食企业以保护价对农民进行补贴，已经不能适应经济发展的需求，必须进行改革。

2004年一号文件《中共中央国务院关于促进农民增加收入若干政策的意见》正式公布，这是时隔多年后中央再次把农业和农村问题作为一号文件来下发。作为中央一号文件的配套措施，出台了粮食直补、良种补贴、购置农机补贴等惠农补贴政策，当年中央财政安排支农资金1 500亿元，达到了历史最高水平。国家从粮食风险基金中拿出100亿元，直接补贴给粮食主产区的种粮农民；中央财政安排数亿元，用于种粮农民的良种补贴。2004年，国家全面放开粮食收购市场，积极稳妥地推进粮食流通体制改革。国务院正式公布了《粮食流通管理条例》，这标志着我国在建立统一、开放、竞争、有序的粮食市场体系方面迈出了坚实的一步。

2005年，《中共中央国务院关于进一步加强农村工作提高农业综合生产能力若干政策的意见》作为中央一号文件发布，要求继续对种粮农民实行直接补贴，有条件的地方可进一步加大补贴力度，中央财政继续增加良种补贴和农机购置补贴资金，地方财政也要根据当地情况和农业发展实际安排一定的良种补贴和农机购置补贴资金，继续对短缺的重点粮食品种在主产区实行最低收购价政策，逐步建立和完善稳定粮食市场价格、保护种粮农民利益的制度和机制；搞好农业生产资料供应和市场管理，继续实行化肥出厂限价政策，通过税收等手段合理调节化肥进出口，控制农资价格过快上涨，严厉打击制售假冒伪劣农业生产资料等各种坑农、害农行为。

2006年,《中共中央国务院关于推进社会主义新农村建设的若干意见》又作为中央一号文件对外公布,要求继续稳定、完善和强化对农业与农民实行的"三减免、三补贴"和退耕还林补贴等政策,以及适应农业生产和市场变化的需要建立与完善国家对农业和农民的支持保护体系。2006年,粮食主产区将种粮直接补贴的资金规模提高到粮食风险基金的50%以上,其他地区也要根据实际情况加大对种粮农民的补贴力度,增加良种补贴和农机具购置补贴,增加测土配方施肥补贴,继续实施保护性耕作示范工程和土壤有机质提升补贴试点等。

2007年,《中共中央国务院关于积极发展现代农业扎实推进社会主义新农村建设的若干意见》作为中央一号文件对外公布,要求健全农业支持补贴制度。文件指出,近几年实行的各项补贴政策,深受基层和农民欢迎,要不断巩固、完善和加强,逐步形成目标清晰、受益直接、类型多样、操作简便的农业补贴制度。各地用于种粮农民直接补贴的资金要达到粮食风险基金的50%以上。加大良种补贴力度,扩大补贴范围和品种。扩大农机具购置补贴规模、补贴机型和范围。加大农业生产资料综合补贴力度。

2007年初,根据财政部在全国人民代表大会上作的报告可知,各项支农惠农财税政策进一步强化,继续增加了各项农业补贴:中央财政安排良种补贴55.7亿元,农机具补贴12亿元,分别比上年增加14.2亿元和6亿元;科学改进补贴政策和方式,进一步完善粮食直补、农资综合直补办法,探索建立粮食综合补贴机制;落实完善粮食最低收购价格政策,稳定农民种粮收益,增加政府一般服务投入,中央财政安排经费用于农业技术推广;完善民办公助机制,支持小型农田水利设施建设;推进农业结构调整,安排专项经费支持农村劳动力转移就业培训和新型农民科技技能培训,提高农业生产经营者的素质,创新财政扶贫机制,增加扶贫支出;促进深化农村金融改革,中央财政安排试点地区农村信用社保值贴补利息资金19.56亿元,支持深化农村信用社改革,安排农业保险费补贴资金10亿元,选择部分农业保险基础较好的农业大省,支持开展政策性农业保险试点。

2008年,《中共中央国务院关于切实加强农业基础建设进一步促进农业发展农民增收的若干意见》作为中央一号文件对外公布,要求继续加大对农民的直接补贴力度,增加粮食直补、良种补贴、农机具购置补贴和农资综合直补。扩大良种补贴范围。增加农机具购置补贴种类,提高补贴标准,将农机具购置补贴覆盖到所有农业县。认真总结各地开展政策性农业保险试点的经验和做法,稳步扩大试点范围,科学确定补贴品种。全面落实对粮食、油料、生猪和奶牛生产的各项扶持政策,加大对生产大县的奖励补助,逐步形成稳定规范的制度。根据保障农产品供给和调动农民积极性的需要,统筹研究重要农产品的补贴政策。

2009年,《中共中央国务院关于2009年促进农业稳定发展农民持续增收的若干意见》作为中央一号文件对外公布,强调要较大幅度增加农业补贴。2009年要在上年较大幅度增加补贴的基础上,进一步增加补贴资金。增加对种粮农民的直接补贴。加大良种补贴力度,提高补贴标准,实现水稻、小麦、玉米、棉花全覆盖,扩大油菜和大豆良种补贴范围。大规模增加农机具购置补贴,将先进适用、安全可靠、节能环保、服务到位的农机具纳入补贴范围,补贴范围覆盖全国所有农牧业县(场),带动农机普及应用和农机工业发展。加大农资综合补贴力度,完善补贴动态调整机制,加强农业生产成本收益监测,根据农资价格上涨幅度和农作物实际播种面积,及时增加补贴。按照目标清晰、简便高效、有利于鼓励粮食生产的要求,完善农业补贴办法。根据新增农业补贴的实际情况,逐步加大对专业大户、家庭农场种粮补贴力度。

2010年,《中共中央国务院关于加大统筹城乡发展力度进一步夯实农业农村发展基础的若干意见》发布,这也是连续7年出台以“三农”为主题的一号文件。文件主题是加大统筹城乡发展力度,进一步夯实农业、农村发展基础,其基本思路是稳粮保供给,增收惠民生,改革促统筹,强基增后劲。文件指出,2010年国家将对农民增加良种补贴,扩大马铃薯补贴范围,启动青稞良种补贴,实施花生良种补贴试点。同时扩大农机补贴、家电下乡补贴的范围，提高补贴的力度。与此同时，文件提出，拓展农业发展银行支农领域，大力开展农业开发和农村基础设施建设中长期政策性信贷业务。进一步明确政策性农业保险补贴的标准。一号文件把支持农民建房作为扩大内需的重大举措，采取有效措施推动建材下乡，从而使“绿箱”补贴的力度进一步加大。全国各省根据中央2010年一号文件的精神，结合本地区的实际情况，对涉农各项农业补贴又作了具体规定，从而使中央一号文件的精神更为具体化、制度化和规范化。

从农业的实际发展层面来看，“十一五”时期我国农业总体上具有良好的发展环境，但制约因素仍然存在，突出表现在资源环境约束加剧、农业基础比较薄弱、市场竞争压力加大、农民增收难度增加等方面。

近年来，我国农业产业化加速发展，在各类农业产业化组织中，龙头企业占45.1%，达到61 268个；中介组织占46.4%，达到62 914个；专业市场占8.5%，达到11 543个。各类产业化组织固定资产总额达9 785亿元，产业化组织从业人数达3 419万人。从数据上看，尽管产业化的发展速度很快，但是农业上市公司的数量还远远不够。目前，农业类上市公司的数量还不是很多，而且从2008年的创业板上市来看，一家农业上市公司也没有，这说明农业产业化规模不够，质量不高。2008年新安股份每股收益达到16元，像这样业绩的农业上市公司很少。

2008年，中国投入了5.6亿元支持农业发展，这就强有力地给出了政策性信号，引导广大农民积极发展农业。金融危机导致通货膨胀压力增大，但是从国家的政策来分析，农业将会得到国家更大力度的支持，农业产业化进程将会加快，农业上市公司的竞争能力将会进一步提高。

第三章　农业上市公司经营绩效实证分析

本书通过对农业上市公司经营绩效因子的分析，考量各个指标对绩效的贡献值，以此分析对经营绩效产生影响的因素。通常对上市公司的绩效评价多集中于人为选取指标，然后对各指标赋权，计算出总的得分值，继而评价各上市公司经营的优劣状况，或者就某些指标单独作出评价。这些方法均带有主观性，而无法客观地反映公司的经营状况。本章采用因子分析的方法，从众多的财务指标中归纳出对经营绩效起着关键作用的公因子，由公因子计算各个公司的绩效得分，从而进行深层次的综合评价分析。

为了对农业上市公司经营绩效的变化作统计分析，笔者分别对2006—2008年的财务数据样本进行了分析，以掌握各指标的变化情况。

第一节　2006年农业上市公司经营绩效因子分析

农业上市公司的绩效评价指标需要选取能反映企业营利能力、偿债能力、周转能力、成长能力的指标，因此必须遵循一定的选取原则。

本书遵循科学性、统一性原则，结合专家建议，选取了15项指标，力求能够全面地反映农业上市公司经营绩效的真实情况。这15项指标是主营业务利润率、总资产利润率、净资产收益率、每股收益率、资产负债率、流动比率、速动比率、总资产周转率、存货周转率、应收账款周转率、总资产增长率、主营业务收入增长率、净利润增长率、每股净资产、每股公积金。

一、经营绩效因子分析过程

(1)样本与数据选取

从65家农业上市公司中选取了58家,ST企业及数据不全的公司除外。这58家农业上市公司基本上代表了全部上市公司的整体特性,涵盖了农业类主营业务的各个分支。农业上市公司的财务数据来自各上市公司的年度财务报表,数据真实可靠。

作为研究对象选取的58家农业类上市公司分别为:昌九生化、赤天化、大成股份、北大荒、北海国发、大湖股份、大江股份、丹化科技、福成五丰、冠农股份、国投中鲁、好当家、禾嘉股份、湖南海利、华阳科技、吉林森工、江山股份、金健米业、金种子酒、景谷林业、莫高股份、钱江生化、荣华实业、通威股份、万向德农、新安股份、新农开发、新赛股份、新五丰、亚盛集团、扬农化工、云天化、光明乳业、恒顺醋业、华资实业、莲花味精、三元股份、维维股份、中牧股份、贵糖股份、南宁糖业、登海种业、东方海洋、丰乐种业、丰原生化、红太阳、华星化工、隆平高科、罗牛山、农产品、顺鑫农业、天邦股份、新希望、新中基、永安林业、獐子岛、正虹科技、中水渔业。

(2)2006年农业上市公司样本数据的统计性描述

表3-1　2006年农业上市公司样本数据的描述性统计

要素名称	N	Minimum	Maximum	Mean	Std. Deviation
主营业务利润率	58	-0.405 3	20.753 9	0.575 1	2.765 7
总资产利润率	58	-0.131 5	0.556 0	0.046 8	0.111 1
净资产收益率	58	-0.192 3	1.369 5	0.097 6	0.248 3
每股收益率	58	-0.521 0	4.676 5	0.330 5	0.723 0
资产负债率	58	0.003 1	0.739 0	0.485 9	0.175 4
流动比率	58	0.318 1	7.995 3	1.390 4	1.371 4
速动比率	58	0.004 6	6.439 5	0.892 4	1.119 5
总资产周转率	58	0.002 5	2.063 7	0.630 8	0.412 6
存货周转率	58	0.004 7	72.106 6	5.733 7	10.896 0
应收账款周转率	58	0.132 3	107.673 1	18.421 9	20.112 8

续表

要素名称	N	Minimum	Maximum	Mean	Std. Deviation
总资产增长率	58	-0.235 3	1.286 4	0.127 4	0.266 7
主营业务收入增长率	58	-0.998 9	1.390 6	0.076 4	0.375 0
净利润增长率	58	-21.091 4	20.779 3	-0.206 5	4.335 7
每股净资产	58	0.243 9	9.442 1	3.071 8	1.837 6
每股公积金	58	0.005 7	6.072 6	1.242 3	1.095 9

将15个样本指标的数据通过Spss处理后，得到了表3-1的统计数据。从上述统计结果可以看出，主营业务利润率的平均水平为0.575 1，这说明企业发展状况良好，标准差适中，各个公司的差距不大。总资产利润率、净资产收益率、每股收益率、资产负债率4个指标的平均水平为0.046 8、0.097 6、0.330 5、0.485 9，这表明收益情况较好，资产负债率状况良好，这4个指标的标准差较小则说明各个公司的4项指标数据差异不大。流动比率、速动比率均值偏小，但两个指标在公司间差异不大。总资产周转率均值较小，各公司差异不大。应收账款周转率、存货周转率均值较高，说明企业的资金回笼较快，经营状况良好，但标准差较大，有些企业的这两项指标相对过小，周转次数远远低于1次。总资产增长率、主营业务收入增长率、每股净资产、每股公积金指标均值属正常范围，而且各公司间差距不大。净利润增长率均值出现负值，净利润较2005年下滑，标准差增大，这说明部分公司的净利润下滑情况比较严重。

（3）原始数据的标准化处理①

因为原始数据的单位不同而造成了数据的不一致性，在数据分析中无法进行对比分析及总结，所以为了消除变量之间在量纲和数量级上的差异，以使各类变量处于同等地位，在进行因子分析之前，需要先对数据进行标准化处理，使标准化后的变量均值为0，方差为1。

---

① 数据的标准化也就是统计数据的指数化，数据的标准化处理主要包括数据同趋化处理和无量纲化处理两个方面。

表 3－2　2006 年指标数据变量的标准化处理

公司简称	主营业务利润率	总资产利润率	净资产收益率	每股收益（元）	资产负债率	流动比率	速动比率	总资产周转率	存货周转率	应收账款周转率	总资产增长率	主营业务收入增长率	净利润增长率	每股净资产	每股公积金
昌九生化	-0.198 1	-0.299 3	-0.269 3	-0.391 7	0.417 6	-0.481 0	-0.273 6	0.797 9	0.466 5	-0.265 7	0.932 6	-0.154 3	0.062 7	-0.833 3	-0.742 0
赤天化	-0.083 0	0.464 5	0.115 2	0.931 0	-1.557 2	0.965 6	1.110 2	-0.336 7	-0.285 1	1.970 7	-0.006 4	-0.268 8	0.067 5	2.656 5	1.475 6
大成股份	-0.198 7	-0.336 1	-0.275 6	-0.362 8	1.081 5	-0.487 9	-0.430 6	-0.443 8	-0.327 6	-0.418 1	-0.323 2	0.090 4	0.129 2	-0.398 6	-0.149 5
北大荒	-0.095 9	0.077 6	0.149 5	-0.004 8	0.585 8	-0.313 7	-0.383 4	-0.353 7	-0.413 6	-0.580 3	-0.463 2	0.207 8	0.065 0	-0.350 4	-0.556 8
北海国发	-0.128 4	-0.630 3	-0.676 4	-0.606 8	0.611 4	-0.545 7	-0.331 5	-0.523 5	-0.113 5	-0.713 5	-0.477 8	-0.212 3	-0.575 8	-0.834 8	-0.862 9
大湖股份	-0.103 5	-0.331 4	-0.321 9	-0.401 2	-0.285 2	-0.314 4	-0.465 1	-0.858 4	-0.447 9	-0.584 8	-0.225 9	-0.076 0	-0.062 9	-0.424 3	-0.495 2
大江股份	-0.172 6	-0.161 1	0.035 5	-0.404 2	1.382 3	-0.397 0	-0.652 6	0.554 8	-0.347 1	-0.326 2	-1.117 6	-0.147 4	-0.211 0	-1.475 7	-0.814 9
丹化科技	1.499 2	0.739 0	2.931 7	-0.178 6	1.321 9	-0.159 4	0.182 4	-1.493 2	-0.501 0	-0.904 0	0.347 4	-1.394 4	4.840 3	-1.538 9	-0.431 0
福成五丰	-0.192 5	-0.174 7	-0.251 2	-0.369 5	-1.493 0	0.307 1	-0.027 9	0.239 1	-0.174 6	-0.544 4	-0.154 3	0.273 4	0.219 4	-0.691 9	-0.627 8
冠农股份	-0.262 1	-0.706 8	-0.715 2	-0.703 9	0.670 1	-0.395 7	-0.264 0	-0.985 7	-0.379 7	-0.776 4	-0.237 4	0.306 0	-1.461 4	-0.458 1	-0.360 7
国投中鲁	-0.178 3	-0.202 5	-0.139 3	-0.118 2	0.732 9	-0.253 0	-0.487 3	-0.307 9	-0.448 9	-0.633 3	1.206 5	0.662 4	0.090 3	0.445 0	0.181 9
好当家	-0.151 6	-0.418 7	-0.391 2	0.915 1	-1.080 2	-0.425 4	-0.595 3	-0.388 2	-0.310 9	1.331 5	0.515 9	0.140 6	-0.181 9	-0.483 2	-0.547 4
禾嘉股份	-0.189 9	-0.401 7	-0.372 3	-0.448 7	0.461 1	-0.266 8	-0.146 9	-0.919 4	-0.430 2	-0.827 4	-0.470 1	-1.126 7	-0.190 0	-1.025 9	-1.086 1
湖南海利	-0.199 9	-0.365 2	-0.338 3	-0.410 7	0.314 8	-0.264 8	-0.259 2	-0.526 2	-0.387 5	-0.704 8	-0.229 5	0.246 8	0.072 7	-0.324 1	-0.335 4
华阳科技	-0.202 7	-0.380 3	-0.344 2	-0.399 6	0.793 6	-0.381 1	-0.180 1	-0.301 7	-0.122 6	-0.459 9	0.036 3	0.300 5	-0.064 2	0.195 0	0.315 4
吉林森工	-0.126 8	-0.175 9	-0.200 4	-0.165 0	-0.317 9	-0.180 9	-0.205 3	-0.217 6	-0.333 2	-0.012 1	0.166 5	0.104 2	0.013 3	0.731 4	0.761 3
江山股份	-0.196 2	-0.177 8	-0.087 8	-0.095 4	0.897 2	-0.418 2	-0.382 4	1.306 7	0.217 3	0.731 6	-0.264 1	-2.867 7	0.017 2	0.206 3	-0.159 0
金健米业	-0.207 7	-0.377 1	-0.352 9	-0.442 8	0.120 1	-0.300 7	-0.467 0	-0.251 1	-0.383 2	-0.193 4	-1.360 0	-0.012 5	0.138 5	-1.103 9	-0.903 8

续表

公司简称	主营业务利润率	总资产利润率	净资产收益率	每股收益（元）	资产负债率	流动比率	速动比率	总资产周转率	存货周转率	应收账款周转率	总资产增长率	主营业务收入增长率	净利润增长率	每股净资产	每股公积金
金种子酒	-0.200 8	-0.201 8	-0.242 4	-0.352 4	-0.785 1	-0.039 2	-0.173 4	0.750 9	-0.190 8	-0.513 7	-1.339 0	-0.190 0	0.480 1	-0.569 7	0.465 4
景谷林业	-0.249 6	-0.804 3	-0.815 3	-0.824 1	0.546 6	-0.405 9	-0.187 7	-0.512 8	-0.022 2	-0.441 6	-0.913 9	-0.191 2	-1.402 9	-0.294 8	0.107 8
莫高股份	-0.201 0	-0.354 0	-0.345 0	-0.397 1	-0.639 2	0.753 5	0.496 2	-0.614 1	-0.455 0	-0.755 5	-0.925 9	0.410 7	0.086 2	0.310 3	0.573 2
钱江生化	-0.192 9	-0.124 0	-0.139 0	-0.303 3	-0.053 8	-0.200 3	-0.172 5	-0.402 1	-0.340 8	-0.421 1	-0.087 1	1.137 5	0.064 0	-0.711 8	-1.008 5
荣华实业	-0.354 5	-1.604 9	-1.146 2	-1.177 7	-1.086 2	-0.781 9	-0.521 6	-1.227 5	3.696 1	-0.794 9	-0.957 3	-1.467 0	-4.817 0	-0.155 6	0.377 6
通威股份	-0.169 6	0.157 3	0.201 4	0.147 6	0.448 6	-0.421 5	-0.454 3	3.472 9	0.161 5	4.437 5	1.914 4	0.635 4	0.099 5	-0.059 6	-0.393 5
万向德农	-0.102 2	-0.237 0	-0.188 7	-0.295 6	0.630 3	-0.236 2	-0.454 4	0.029 0	-0.423 4	2.215 4	0.138 3	1.626 3	0.324 2	-0.418 3	-0.878 6
新安股份	-0.139 9	0.978 7	0.741 3	1.097 8	-0.217 0	-0.139 7	-0.048 3	1.673 6	0.049 6	1.304 1	0.047 6	0.189 1	0.157 0	0.500 5	-0.585 5
新农开发	-0.146 2	-0.298 1	-0.290 9	-0.327 9	-0.146 0	-0.139 9	-0.184 2	-0.590 7	-0.399 6	-0.566 3	-0.493 1	-0.504 1	-0.058 7	0.334 6	0.564 3
新赛股份	-0.196 6	-0.287 0	-0.282 9	-0.330 3	-0.178 4	0.161 1	-0.123 2	-0.309 5	-0.423 3	1.241 8	-0.082 6	-0.926 1	-0.019 3	0.153 6	0.332 6
新五丰	-0.153 5	0.022 8	-0.175 2	-0.109 7	-2.267 3	4.308 7	4.872 5	0.702 3	0.327 9	0.144 0	-0.456 5	-0.505 6	0.031 5	0.855 0	1.624 1
亚盛集团	-0.156 2	-0.381 5	-0.361 6	-0.443 0	-0.297 1	-0.586 2	-0.446 3	-0.803 1	-0.233 0	-0.563 9	-0.256 8	0.054 4	0.140 4	-0.957 1	-1.128 4
扬农化工	-0.155 4	-0.064 6	0.036 6	0.201 4	0.813 6	-0.237 0	-0.032 5	0.522 4	0.082 2	-0.518 1	0.235 9	0.737 3	0.072 8	0.757 6	0.882 3
云天化	-0.106 3	0.186 5	0.199 7	1.053 6	0.315 8	-0.198 2	-0.047 5	-0.291 4	0.039 2	0.043 7	0.945 2	1.575 2	0.018 6	-1.422 0	-1.033 3
光明乳业	-0.094 8	3.127 4	-0.124 8	-0.254 3	-0.443 0	-0.061 8	0.048 4	2.980 1	0.364 8	-0.230 0	-0.263 4	-0.084 5	-0.016 0	-0.473 3	-0.759 9
恒顺醋业	-0.120 2	-0.419 5	-0.136 8	0.012 5	1.169 3	-0.134 2	-0.793 0	-1.521 4	-0.525 8	-0.909 4	-0.029 1	-0.182 5	0.123 7	1.233 2	0.661 0
华资实业	7.296 0	-0.358 4	3.665 6	6.010 7	-2.752 7	-0.038 0	-0.005 1	-1.522 8	-0.389 8	-0.904 5	-0.453 1	-2.850 1	-0.058 7	0.853 7	0.690 1
莲花味精	-0.163 3	4.583 4	5.122 3	2.324 5	0.616 6	-0.357 7	-0.109 0	-0.358 1	0.014 2	0.338 0	-0.857 8	0.829 4	0.323 6	-0.872 5	-0.870 8
三元股份	-0.131 6	-0.305 3	-0.320 4	-0.425 0	-1.142 2	-0.058 2	0.049 5	0.569 9	6.091 5	-0.429 9	-0.883 2	-0.184 4	-0.246 1	-0.969 1	-0.782 0
维维股份	-0.153 9	-0.181 4	-0.222 0	-0.309 0	-0.647 4	-0.091 6	0.039 4	1.343 8	0.236 1	-0.179 3	-0.855 1	0.006 5	-0.004 2	-0.298 2	-0.341 8
中牧股份	-0.081 7	0.209 1	0.092 2	0.005 8	-0.382 7	-0.238 5	-0.182 0	0.401 5	-0.224 0	-0.357 2	0.128 2	-0.423 4	0.292 6	-0.159 8	-0.303 4

续表

公司简称	主营业务利润率	总资产利润率	净资产收益率	每股收益（元）	资产负债率	流动比率	速动比率	总资产周转率	存货周转率	应收账款周转率	总资产增长率	主营业务收入增长率	净利润增长率	每股净资产	每股公积金
贵糖股份	−0.152 5	−0.303 7	−0.267 7	−0.352 0	0.539 4	−0.447 2	−0.359 5	0.244 3	−0.151 3	−0.276 7	−0.474 3	−0.091 3	−0.073 2	−0.342 0	−0.230 6
南宁糖业	−0.136 8	0.129 5	0.233 7	0.579 7	0.975 0	−0.616 2	−0.404 0	0.536 9	0.561 6	−0.186 8	−0.146 6	1.487 9	1.107 3	0.949 9	0.798 1
登海种业	−0.075 2	−0.358 3	−0.357 8	−0.409 4	−1,620 9	1.492 2	0.840 7	−0.739 0	−0.466 4	−0.070 8	0.333 8	−1.043 3	−0.166 7	0.474 7	0.113 4
东方海洋	−0.127 2	3.842 7	−0.067 8	0.052 4	−0.412 9	−0.114 2	−0.016 1	−0.569 4	−0.325 8	−0.190 0	3.069 5	0.412 5	0.077 1	0.811 1	1.087 1
丰乐种业	−0.092 4	−0.209 0	−0.170 3	−0.290 3	0.500 1	−0.230 8	−0.426 3	0.226 4	−0.402 9	0.054 8	−0.511 7	3.504 6	0.057 8	−0.484 1	−0.514 4
丰原生化	−0.211 0	−0.873 0	−1.167 5	−1.009 1	1.443 3	−0.684 2	−0.312 7	−0.138 8	0.212 6	−0.510 9	0.231 0	0.725 9	−0.821 3	−0.542 5	−0.309 7
红太阳	−0.176 3	−0.295 2	−0.208 4	−0.295 9	1.164 4	−0.301 5	−0.276 6	1.408 5	−0.121 4	0.863 3	0.105 9	0.559 0	0.039 2	−0.287 3	−0.669 1
华星化工	−0.127 6	0.265 8	0.406 7	0.589 6	0.739 9	−0.426 3	−0.396 8	−0.157 6	−0.289 9	−0.517 3	0.971 5	0.414 6	0.391 3	0.402 3	0.312 9
隆平高科	−0.126 6	−0.227 2	−0.246 5	−0.130 7	−0.445 8	0.399 8	0.171 2	−0.196 4	−0.411 3	−0.227 5	−0.761 0	−1.260 4	0.121 1	1.858 3	2.399 2
罗牛山	−0.198 8	−0.797 6	−0.689 9	−0.467 4	−0.302 2	−0.269 6	−0.192 7	−0.930 0	−0.326 4	0.113 9	−0.588 0	0.678 7	0.023 9	−0.946 2	−0.938 5
农产品	−0.093 4	−0.314 6	−0.290 2	−0.278 7	0.249 1	−0.461 9	−0.177 0	−0.552 2	0.499 2	0.040 7	−0.647 2	−0.987 5	0.427 3	1.077 0	0.788 7
顺鑫农业	−0.151 9	−0.177 9	−0.154 1	−0.122 8	0.333 1	−0.066 5	−0.326 7	0.658 2	−0.325 9	0.452 4	0.037 1	0.073 2	0.066 5	0.545 9	0.598 4
天邦股份	−0.137 2	0.157 5	0.407 8	0.107 5	1.087 8	−0.332 1	−0.183 0	1.192 0	0.134 8	−0.625 6	−0.055 3	−0.911 4	0.007 9	−0.554 4	−0.049 6
新希望	−0.158 5	0.005 5	−0.077 6	0.004 9	−0.518 8	−0.225 0	−0.122 1	0.387 0	0.074 5	0.930 5	1.276 1	0.155 6	0.090 5	0.649 0	−0.194 6
新中基	−0.140 2	−0.267 6	−0.180 1	0.124 3	1.090 9	−0.331 2	−0.262 1	−0.549 3	−0.374 8	−0.719 4	4.345 6	1.743 0	0.173 5	2.654 5	2.083 3
永安林业	−0.127 4	−0.588 5	−0.627 6	−0.590 8	1.112 0	−0.625 6	−0.501 2	−0.733 9	−0.222 9	2.944 3	−0.250 7	−0.334 2	−1.190 3	−0.768 8	−0.719 6
獐子岛	−0.110 9	0.794 4	0.237 1	1.586 2	−1.989 5	2.213 5	0.976 7	−0.279 5	−0.445 6	0.025 1	2.006 4	−0.203 8	0.047 6	3.466 6	4.407 7
正虹科技	−0.174 9	−0.177 5	−0.165 1	−0.299 7	0.203 1	−0.333 7	−0.298 7	1.974 7	0.090 9	0.449 6	−0.477 8	−0.687 0	1.121 5	−0.577 2	−0.512 5
中水渔业	−0.118 4	−0.391 2	−0.378 4	−0.444 7	−2.307 8	4.816 1	4.955 2	−1.066 4	−0.421 9	−0.778 5	−0.896 0	−0.000 9	−0.060 8	−0.314 8	−0.304 7

(4)数据相关性检验

因子分析的目的是从众多的原有变量中综合出少数具有代表性的因子,这必定有一个潜在的前提要求,即原有变量之间应具有较强的相关关系。如果原有变量之间不存在较强的相关关系,那么就无法从中综合出能够反映某些变量共同特性的公共因子,本研究使用巴特利特球度检验和 KMO 检验。

巴特利特球度检验以原有变量的相关系数矩阵为出发点,其零假设 H_0 是相关系数矩阵的单位阵,即相关系数矩阵为对角矩阵,且主对角元素均为 1。巴特利特球度检验的检验统计量根据相关系数矩阵的行列式计算得到,且近似服从卡方分布。如果该统计量的观测值比较大,且对应的概率 p 值小于给定的显著性水平,则应拒绝零假设,因为相关系数矩阵不太可能是单位矩阵,原有变量适合作因子分析,反之亦然。

KMO 检验统计量是用于比较变量间简单相关系数和偏相关系数的指标,数学定义为:

$$\mathrm{KMO} = \frac{\sum\sum_{i \neq j} r_{ij}^2}{\sum\sum_{i \neq j} r_{ij}^2 + \sum\sum_{i \neq j} p_{ij}^2}$$

式中,r_{ij}是变量 x_i 和其他变量 x_j 间的简单相关系数,p_{ij}是变量 x_i 在控制了剩余变量下的偏相关系数。当所有变量间的简单相关系数的平方和远远大于偏相关系数平方和时,KMO 值接近 1。KMO 值越接近 1,表示变量间的相关性越强,原有变量越适合作因子分析。

表 3-3 KMO 检验和巴特利特球度检验

Kaiser - Meyer - Olkin Measure of Sampling Adequacy		.523
Bartlett's Test of Sphericity	Approx. Chi - Square	570.408
	df	105
	Sig.	.000

由表 3-3 可以看出,KMO 统计量为 0.523,大于 0.5,适合作因子分析;巴特利特球度检验统计量的观测值为 570.408,相应的概率 p 接

近0.000,小于1%,这说明指标间具有相关性,适合作因子分析。

(5)互相关矩阵的特征值、对应因子的方差贡献率以及累计方差贡献率

按照特征根大于1的原则,选入5个公因子,其累计方差贡献率为74.606%,这说明所选的5个因子已经包含了原先15个绩效指标74.606%的信息,能够很好地替代这些指标对绩效进行描述。对每个公因子进行因子旋转处理,表3-4是运用最大方差法旋转后得到的因子载荷矩阵。

表3-4 互相关矩阵的特征值、方差贡献率

序号	总特征值、方差贡献率			提取的特征值、方差贡献率			旋转变换后提取的特征值、方差贡献率		
	特征值	方差贡献率(%)	累计方差贡献率(%)	特征值	方差贡献率(%)	累计方差贡献率(%)	特征值	方差贡献率(%)	累计方差贡献率(%)
1	3.443	22.955	22.955	3.443	22.955	22.955	2.724	18.159	18.159
2	2.570	17.136	40.090	2.570	17.136	40.090	2.594	17.294	35.453
3	2.145	14.299	54.390	2.145	14.299	54.390	2.282	15.214	50.667
4	1.631	10.875	65.265	1.631	10.875	65.265	1.904	12.696	63.363
5	1.401	9.341	74.606	1.401	9.341	74.606	1.686	11.243	74.606
6	.948	6.322	80.928	—	—	—	—	—	—
7	.791	5.275	86.203	—	—	—	—	—	—
8	.579	3.858	90.060	—	—	—	—	—	—
9	.475	3.169	93.229	—	—	—	—	—	—
10	.433	2.884	96.113	—	—	—	—	—	—
11	.307	2.048	98.161	—	—	—	—	—	—
12	.114	.761	98.922	—	—	—	—	—	—
13	.083	.555	99.476	—	—	—	—	—	—
14	.056	.371	99.847	—	—	—	—	—	—
15	.023	.153	100.000	—	—	—	—	—	—

从表3-5共同度数据中可以看出,原始变量共同度在47.3%—96.7%之间,这表示原始变量方差中能被5个公因子解释的部分比例

很大，原始变量能被所提取的 5 个公因子说明的程度很高。

表 3 - 5　共同度数据

要素名称	Initial	Extraction	要素名称	Initial	Extraction
主营业务利润率	1.000	.825	存货周转率	1.000	.533
总资产利润率	1.000	.590	应收账款周转率	1.000	.564
净资产收益率	1.000	.869	总资产增长率	1.000	.669
每股收益率	1.000	.882	主营业务收入增长率	1.000	.473
资产负债率	1.000	.775	净利润增长率	1.000	.630
流动比率	1.000	.967	每股净资产	1.000	.908
速动比率	1.000	.931	每股公积金	1.000	.859
总资产周转率	1.000	.718	—	—	—

（6）公因子的命名

表 3 - 6　旋转后的因子载荷矩阵

要素名称	Component				
	F_1	F_2	F_3	F_4	F_5
主营业务利润率	0.891	0.035	0.241	0.152	0.074
总资产利润率	0.879	0.006	0.027	-0.017	-0.224
净资产收益率	0.792	-0.013	-0.097	0.468	0.116
每股收益率	-0.495	-0.181	0.085	0.391	0.186
资产负债率	-0.045	0.966	0.148	0.092	-0.049
流动比率	-0.039	0.959	0.041	0.085	-0.025
速动比率	-0.352	-0.731	-0.154	0.305	-0.003
总资产周转率	0.105	0.202	0.924	-0.045	0.003
存货周转率	0.095	0.289	0.865	-0.048	-0.125
应收账款周转率	-0.077	-0.2	0.698	0.296	0.219
总资产增长率	0.171	0.044	-0.08	0.769	0.035
主营业务收入增长率	0.045	0.025	-0.188	-0.658	0.248
净利润增长率	0.287	0.063	0.053	0.53	0.47
每股净资产	-0.128	-0.013	-0.103	-0.025	0.831
每股公积金	-0.045	-0.059	0.119	-0.045	0.736

观察表 3 - 6 旋转后的因子载荷矩阵，可以看出提取公因子的实际经济含义。

第一公因子（F_1）在主营业务利润率、总资产利润率、净资产收益率、净利润增长率指标上具有较大的载荷，称为收益因子；

第二公因子（F_2）在资产负债率、流动比率指标上具有较大的载荷，称为偿债因子；

第三公因子（F_3）在总资产周转率、存货周转率、应收账款周转率指标上具有较大的载荷，称为资产管理因子；

第四公因子（F_4）在每股收益率、速动比率、总资产增长率指标上具有较大的载荷，称为增长因子；

第五公因子（F_5）在主营业务收入增长率、每股净资产、每股公积金指标上具有较大的载荷，称为主营业务发展因子。

（7）运用回归方法得到因子得分系数矩阵见表 3 - 7，各因子得分值见表 3 - 8。其中，F_1、F_2、F_3、F_4、F_5 依据得分系数矩阵和原始绩效指标值而得到，其数学表达式为：

$$F_j = \beta_{1j}X_1 + \beta_{2j}X_2 + \cdots + \beta_{pj}X_p (j = 1, 2, 3, 4, 5; p = 1, 2, \cdots, 15)$$

综合因子 F 以各因子的方差贡献率占 5 个因子总方差贡献率的比重作为权重，对 F_1、F_2、F_3、F_4、F_5 进行加权汇总得到：

$$F = 0.24339 \times F_1 + 0.231804 \times F_2 + 0.203925 \times F_3 + 0.170174 \times F_4 + 0.150698 \times F_5$$

表 3 - 7　因子得分系数矩阵

要素名称	Component				
	F_1	F_2	F_3	F_4	F_5
主营业务利润率	0.338	-0.058	-0.009	-0.072	-0.1
总资产利润率	0.079	0.051	-0.024	0.232	0.255
净资产收益率	0.277	-0.01	-0.093	0.187	0.064
每股收益率	0.331	-0.048	0.076	-0.012	0.067
资产负债率	-0.123	-0.258	-0.002	0.176	-0.07

续表

要素名称	Component				
	F_1	F_2	F_3	F_4	F_5
流动比率	-0.085	0.398	-0.034	0.103	-0.005
速动比率	-0.078	0.407	-0.084	0.101	0.013
总资产周转率	-0.01	0.044	-0.056	-0.072	0.51
存货周转率	0.093	0.004	-0.064	-0.388	0.217
应收账款周转率	0.017	-0.008	0.054	-0.096	0.451
总资产增长率	-0.058	-0.13	0.335	0.11	0.086
主营业务收入增长率	-0.215	-0.031	0.051	0.237	0.05
净利润增长率	-0.002	0.059	-0.087	0.423	-0.037
每股净资产	0.008	-0.02	0.415	-0.072	0.003
每股公积金	-0.004	0.019	0.381	-0.054	-0.071

二、2006 年绩效因子分析评价

表 3-8　2006 年农业上市公司综合绩效得分排名对比分析

公司简称	F_1	F_2	F_3	F_4	F_5	F	排序
昌九生化	-0.277 84	-0.463 9	-0.375 61	-0.124 87	0.378 284	-0.216	38
赤天化	0.455 283	1.176 948	1.713 092	-0.299 47	0.857 037	0.811 2	5
大成股份	-0.384 79	-0.599 45	-0.255 49	0.262 24	-0.691 29	-0.344 3	47
北大荒	-0.065 28	-0.382 34	-0.466 39	0.407 696	-0.531 04	-0.210 3	37
北海国发	-0.430 55	-0.481 37	-0.719 71	-0.327 79	-0.861 26	-0.548 72	55
大湖股份	-0.199 89	-0.237 04	-0.334 99	0.025 169	-0.891 86	-0.302 03	45
大江股份	-0.235 37	-0.582 35	-1.275 98	0.152 203	-0.133 61	-0.446 72	52
丹化科技	1.367 154	-0.154 52	-1.441 83	3.126 453	-1.346 05	0.332 103	11
福成五丰	-0.192 21	0.559 185	-0.618 68	0.023 991	-0.090 22	-0.052 84	27
冠农股份	-0.693 7	-0.518 95	-0.160 13	-0.446 35	-1.157 4	-0.572 16	56

续表

公司简称	F_1	F_2	F_3	F_4	F_5	F	排序
国投中鲁	-0.443 74	-0.668 82	0.754 382	0.538 119	-0.525 13	-0.096 76	33
好当家	0.261 827	-0.297 38	0.084 252	-0.366 18	0.445 293	0.016 765	23
禾嘉股份	-0.148 99	-0.219 98	-0.971 25	-0.058 97	-1.121 26	-0.464 32	53
湖南海利	-0.405 97	-0.268 51	-0.275 73	0.234 632	-0.803 92	-0.298 5	44
华阳科技	-0.459 81	-0.440 55	0.273 146	0.079 449	-0.570 62	-0.230 8	41
吉林森工	-0.154 71	-0.100 28	0.721 891	-0.061 49	-0.257 12	0.037 099	20
江山股份	0.472 495	-0.376 21	-0.207 28	-0.922 52	0.785 263	-0.053 13	28
金健米业	-0.257 44	-0.143 93	-1.183 31	0.029 412	-0.500 91	-0.407 81	50
金种子酒	-0.077 06	0.402 003	-0.596 83	-0.137 25	-0.084 88	-0.083 43	31
景谷林业	-0.574 94	-0.327 01	-0.205 59	-0.911 7	-0.836 5	-0.538 87	54
莫高股份	-0.430 62	0.777 479	0.019 322	0.159 743	-0.926 1	-0.033 02	25
钱江生化	-0.452 93	-0.156	-0.618 76	0.509 632	-0.391 49	-0.244 85	42
荣华实业	0.007 111	-0.373 37	0.023 462	-4.640 54	-0.640 13	-0.966 2	58
通威股份	-0.115 21	-0.610 69	0.567 083	-0.235 67	4.072 646	0.519 677	8
万向德农	-0.585 53	-0.507 36	-0.215 53	0.526 184	0.933 475	-0.073 86	30
新安股份	0.613 724	0.018 139	-0.028 44	0.152 224	1.903 123	0.460 481	9
新农开发	-0.121 25	-0.023 82	0.227 272	-0.168 95	-0.841 32	-0.144 22	36
新赛股份	-0.070 24	0.091 742	0.243 8	-0.327 04	0.150 831	0.020 963	22
新五丰	-0.440 96	4.421 708	0.197 151	0.024 177	0.518 939	1.040 167	3
亚盛集团	-0.232	-0.317 91	-0.824 6	0.078 967	-0.778 32	-0.402 17	49
扬农化工	-0.234 44	-0.341 93	0.722 407	0.225 631	0.003 379	0.049 903	19
云天化	-0.028 93	-0.391 4	-0.504 2	0.750 892	0.227 899	-0.038 46	26
光明乳业	0.185 218	0.453 189	-0.862 71	0.317 953	2.335 424	0.380 255	10
恒顺醋业	-0.179 36	-0.748 62	0.897 213	0.279 692	-1.553 91	-0.220 8	39

续表

公司简称	F_1	F_2	F_3	F_4	F_5	F	排序
华资实业	6.391 686	0.004 882	0.452 615	-0.985 17	-1.485 72	1.257 558	2
莲花味精	2.336 165	-0.177 98	-1.317 84	2.402 515	1.613 714	0.910 631	4
三元股份	0.483 789	0.470 738	-1.422 82	-2.814 41	1.362 402	-0.336 91	46
维维股份	-0.093 11	0.335 047	-0.635 78	-0.413 72	0.586 549	-0.056 66	29
中牧股份	0.149 941	-0.025 3	-0.201 67	0.118 948	0.088 557	0.023 091	21
贵糖股份	-0.242 25	-0.375 55	-0.354 76	-0.092 79	-0.203 42	-0.264 8	43
南宁糖业	-0.080 95	-0.615 05	0.626 047	0.598 722	0.308 53	0.113 776	16
登海种业	-0.109 94	1.301 535	0.274 057	-0.266 77	-0.551 2	0.202 368	14
东方海洋	0.028 326	-0.171 61	1.761 151	1.337 846	0.781 278	0.671 661	6
丰乐种业	-0.964 16	-0.414 95	-0.336 26	0.947 137	0.103 092	-0.222 71	40
丰原生化	-1.051 11	-0.841 3	-0.089 32	-0.359 25	-0.593 61	-0.619 65	57
红太阳	-0.471 34	-0.502 72	-0.301 35	0.135 06	0.989 219	-0.120 65	34
华星化工	0.083 41	-0.655 59	0.646 266	0.684 347	-0.216 58	0.083 942	17
隆平高科	0.115 232	0.493 377	1.373 081	-0.507 13	-0.628 09	0.241 466	13
罗牛山	-0.535 7	-0.092 82	-0.760 02	0.013 188	-0.686 47	-0.408 09	51
农产品	0.100 449	-0.203 67	0.488 526	-0.541 22	-0.454 1	-0.083 67	32
顺鑫农业	-0.203 79	-0.216 91	0.513 016	-0.025 32	0.357 045	0.054 234	18
天邦股份	0.212 206	-0.395 51	-0.812 68	0.059 951	0.387 561	-0.137 15	35
新希望	-0.063 35	-0.167 55	0.674 353	-0.095 48	0.811 534	0.189 31	15
新中基	-0.818 64	-1.171 76	3.505 786	0.959 125	-0.506 9	0.330 878	12
永安林业	-0.381 3	-0.810 14	-0.286 43	-0.816 37	0.661 484	-0.378 25	48
獐子岛	0.495 593	1.508 662	3.748 235	0.089 614	0.106 144	1.265 941	1
正虹科技	-0.024 46	-0.054 64	-0.785 17	0.023 027	1.072 465	-0.013 2	24
中水渔业	-0.825 77	4.612 1	-1.060 48	0.672 521	-0.980 74	0.618 512	7

表 3-9　2006 年农业上市公司按第一公因子得分排名对比

排序	第一公因子排序		排序	第一公因子排序		排序	第一公因子排序		排序	第一公因子排序	
	公司简称	得分		公司简称	得分		公司简称	得分		公司简称	得分
1	华资实业	6.391 686	16	东方海洋	0.028 326	31	恒顺醋业	-0.179 36	46	新五丰	-0.440 96
2	莲花味精	2.336 165	17	荣华实业	0.007 111	32	福成五丰	-0.192 21	47	国投中鲁	-0.443 74
3	丹化科技	1.367 154	18	正虹科技	-0.024 46	33	大湖股份	-0.199 89	48	钱江生化	-0.452 93
4	新安股份	0.613 724	19	云天化	-0.028 93	34	顺鑫农业	-0.203 79	49	华阳科技	-0.459 81
5	獐子岛	0.495 593	20	新希望	-0.063 35	35	亚盛集团	-0.232	50	红太阳	-0.471 34
6	三元股份	0.483 789	21	北大荒	-0.065 28	36	扬农化工	-0.234 44	51	罗牛山	-0.535 7
7	江山股份	0.472 495	22	新赛股份	-0.070 24	37	大江股份	-0.235 37	52	景谷林业	-0.574 94
8	赤天化	0.455 283	23	金种子酒	-0.077 06	38	贵糖股份	-0.242 25	53	万向德农	-0.585 53
9	好当家	0.261 827	24	南宁糖业	-0.080 95	39	金健米业	-0.257 44	54	冠农股份	-0.693 7
10	天邦股份	0.212 206	25	维维股份	-0.093 11	40	昌九生化	-0.277 84	55	新中基	-0.818 64
11	光明乳业	0.185 218	26	登海种业	-0.109 94	41	永安林业	-0.381 3	56	中水渔业	-0.825 77
12	中牧股份	0.149 941	27	通威股份	-0.115 21	42	大成股份	-0.384 79	57	丰乐种业	-0.964 16
13	隆平高科	0.115 232	28	新农开发	-0.121 25	43	湖南海利	-0.405 97	58	丰原生化	-1.051 11
14	农产品	0.100 449	29	禾嘉股份	-0.148 99	44	北海国发	-0.430 55	59	—	—
15	华星化工	0.083 41	30	吉林森工	-0.154 71	45	莫高股份	-0.430 62	60	—	—

表 3-10　2006 年农业上市公司按第二公因子得分排名对比

排序	第二公因子排序		排序	第二公因子排序		排序	第二公因子排序		排序	第二公因子排序	
	公司简称	得分		公司简称	得分		公司简称	得分		公司简称	得分
1	丰原生化	4.612 1	16	通威股份	-0.023 82	31	农产品	-0.268 51	46	新五丰	-0.502 72
2	禾嘉股份	4.421 708	17	金健米业	-0.025 3	32	中牧股份	-0.297 38	47	维维股份	-0.507 36
3	中水渔业	1.508 662	18	丰乐种业	-0.054 64	33	吉林森工	-0.317 91	48	天邦股份	-0.518 95
4	大成股份	1.301 535	19	华阳科技	-0.092 82	34	新希望	-0.327 01	49	江山股份	-0.582 35
5	莲花味精	1.176 948	20	东方海洋	-0.100 28	35	恒顺醋业	-0.341 93	50	丹化科技	-0.599 45
6	北大荒	0.777 479	21	正虹科技	-0.143 93	36	金种子酒	-0.373 37	51	南宁糖业	-0.610 69
7	好当家	0.559 185	22	赤天化	-0.154 52	37	昌九生化	-0.375 55	52	永安林业	-0.615 05
8	钱江生化	0.493 377	23	新赛股份	-0.156	38	荣华实业	-0.376 21	53	国投中鲁	-0.655 59
9	大江股份	0.470 738	24	万向德农	-0.167 55	39	新安股份	-0.382 34	54	光明乳业	-0.668 82
10	大湖股份	0.453 189	25	湖南海利	-0.171 61	40	福成五丰	-0.391 4	55	顺鑫农业	-0.748 62
11	云天化	0.402 003	26	扬农化工	-0.177 98	41	景谷林业	-0.395 51	56	新中基	-0.810 14
12	贵糖股份	0.335 047	27	红太阳	-0.203 67	42	北海国发	-0.414 95	57	莫高股份	-0.841 3
13	新农开发	0.091 742	28	罗牛山	-0.216 91	43	华星化工	-0.440 55	58	冠农股份	-1.171 76
14	登海种业	0.018 139	29	隆平高科	-0.219 98	44	华资实业	-0.463 9	59	—	—
15	亚盛集团	0.004 882	30	三元股份	-0.237 04	45	獐子岛	-0.481 37	60	—	—

表 3-11　2006 年农业上市公司按第三公因子得分排名对比

排序	第三公因子排序		排序	第三公因子排序		排序	第三公因子排序		排序	第三公因子排序	
	公司简称	得分		公司简称	得分		公司简称	得分		公司简称	得分
1	新中基	3.748 235	16	恒顺醋业	0.452 615	31	湖南海利	-0.215 53	46	莲花味精	-0.719 71
2	光明乳业	3.505 786	17	北海国发	0.274 057	32	中水渔业	-0.255 49	47	江山股份	-0.760 02
3	华星化工	1.761 151	18	亚盛集团	0.273 146	33	登海种业	-0.275 73	48	莫高股份	-0.785 17
4	禾嘉股份	1.713 092	19	罗牛山	0.243 8	34	顺鑫农业	-0.286 43	49	永安林业	-0.812 68
5	天邦股份	1.373 081	20	红太阳	0.227 272	35	新五丰	-0.301 35	50	三元股份	-0.824 6
6	新希望	0.897 213	21	隆平高科	0.197 151	36	北大荒	-0.334 99	51	吉林森工	-0.862 71
7	云天化	0.754 382	22	贵糖股份	0.084 252	37	华资实业	-0.336 26	52	新农开发	-0.971 25
8	农产品	0.722 407	23	新赛股份	0.023 462	38	福成五丰	-0.354 76	53	冠农股份	-1.060 48
9	通威股份	0.721 891	24	正虹科技	0.019 322	39	丰原生化	-0.375 61	54	丰乐种业	-1.183 31
10	国投中鲁	0.674 353	25	扬农化工	-0.028 44	40	大成股份	-0.466 39	55	好当家	-1.275 98
11	维维股份	0.646 266	26	獐子岛	-0.089 32	41	中牧股份	-0.504 2	56	金种子酒	-1.317 84
12	景谷林业	0.626 047	27	大湖股份	-0.160 13	42	华阳科技	-0.596 83	57	昌九生化	-1.422 82
13	万向德农	0.567 083	28	新安股份	-0.201 67	43	大江股份	-0.618 68	58	钱江生化	-1.441 83
14	南宁糖业	0.513 016	29	东方海洋	-0.205 59	44	赤天化	-0.618 76	59	—	—
15	丹化科技	0.488 526	30	金健米业	-0.207 28	45	荣华实业	-0.635 78	60	—	—

表 3-12　2006 年农业上市公司按第四公因子得分排名对比

排序	第四公因子排序		排序	第四公因子排序		排序	第四公因子排序		排序	第四公因子排序	
	公司简称	得分		公司简称	得分		公司简称	得分		公司简称	得分
1	农产品	3.126 453	16	华星化工	0.262 24	31	通威股份	0.023 991	46	天邦股份	-0.327 79
2	北大荒	2.402 515	17	南宁糖业	0.234 632	32	昌九生化	0.023 027	47	荣华实业	-0.359 25
3	大江股份	1.337 846	18	湖南海利	0.225 631	33	永安林业	0.013 188	48	景谷林业	-0.366 18
4	丰乐种业	0.959 125	19	隆平高科	0.159 743	34	吉林森工	-0.025 32	49	福成五丰	-0.413 72
5	赤天化	0.947 137	20	獐子岛	0.152 224	35	万向德农	-0.058 97	50	国投中鲁	-0.446 35
6	中水渔业	0.750 892	21	云天化	0.152 203	36	恒顺醋业	-0.061 49	51	莫高股份	-0.507 13
7	江山股份	0.684 347	22	莲花味精	0.135 06	37	大成股份	-0.092 79	52	三元股份	-0.541 22
8	钱江生化	0.672 521	23	丰原生化	0.118 948	38	冠农股份	-0.095 48	53	好当家	-0.816 37
9	中牧股份	0.598 722	24	金种子酒	0.089 614	39	新中基	-0.124 87	54	红太阳	-0.911 7
10	维维股份	0.538 119	25	丹化科技	0.079 449	40	罗牛山	-0.137 25	55	北海国发	-0.922 52
11	扬农化工	0.526 184	26	金健米业	0.078 967	41	大湖股份	-0.168 95	56	新五丰	-0.985 17
12	贵糖股份	0.509 632	27	新农开发	0.059 951	42	正虹科技	-0.235 67	57	华资实业	-2.814 41
13	禾嘉股份	0.407 696	28	亚盛集团	0.029 412	43	华阳科技	-0.266 77	58	新赛股份	-4.640 54
14	登海种业	0.317 953	29	新希望	0.025 169	44	光明乳业	-0.299 47	59	—	—
15	顺鑫农业	0.279 692	30	东方海洋	0.024 177	45	新安股份	-0.327 04	60	—	—

表 3-13　2006 年农业上市公司按第五公因子得分排名对比

排序	第五公因子排序		排序	第五公因子排序		排序	第五公因子排序		排序	第五公因子排序	
	公司简称	得分		公司简称	得分		公司简称	得分		公司简称	得分
1	金种子酒	4.072 646	16	贵糖股份	0.445 293	31	荣华实业	-0.216 58	46	东方海洋	-0.778 32
2	永安林业	2.335 424	17	三元股份	0.387 561	32	华星化工	-0.257 12	47	登海种业	-0.803 92
3	金健米业	1.903 123	18	农产品	0.378 284	33	莲花味精	-0.391 49	48	獐子岛	-0.836 5
4	恒顺醋业	1.613 714	19	莫高股份	0.357 045	34	国投中鲁	-0.454 1	49	新农开发	-0.841 32
5	大成股份	1.362 402	20	大湖股份	0.308 53	35	湖南海利	-0.500 91	50	赤天化	-0.861 26
6	华资实业	1.072 465	21	昌九生化	0.227 899	36	红太阳	-0.506 9	51	中水渔业	-0.891 86
7	天邦股份	0.989 219	22	亚盛集团	0.150 831	37	扬农化工	-0.525 13	52	云天化	-0.926 1
8	丹化科技	0.933 475	23	新五丰	0.106 144	38	丰乐种业	-0.531 04	53	新赛股份	-0.980 74
9	北大荒	0.857 037	24	光明乳业	0.103 092	39	正虹科技	-0.551 2	54	禾嘉股份	-1.121 26
10	好当家	0.811 534	25	新中基	0.088 557	40	顺鑫农业	-0.570 62	55	维维股份	-1.157 4
11	南宁糖业	0.785 263	26	通威股份	0.003 379	41	新安股份	-0.593 61	56	钱江生化	-1.346 05
12	华阳科技	0.781 278	27	隆平高科	-0.084 88	42	景谷林业	-0.628 09	57	万向德农	-1.485 72
13	北海国发	0.661 484	28	中牧股份	-0.090 22	43	丰原生化	-0.640 13	58	吉林森工	-1.553 91
14	冠农股份	0.586 549	29	江山股份	-0.133 61	44	福成五丰	-0.686 47	59	—	—
15	新希望	0.518 939	30	罗牛山	-0.203 42	45	大江股份	-0.691 29	60	—	—

由表 3-8 至表 3-13 按综合绩效的因子得分和按各公因子得分排名情况可知，得分大于 0 的农业上市公司的经营绩效状况良好，小于 0 的公司经营绩效状况较差，即值越小越差。等于 0 和在 0 附近的公司经营业绩一般。根据表中数值可以看出，部分企业经营绩效良好，部分企业经营绩效很差。

从第一公因子收益因子的排名情况来看：华资实业、莲花味精排在前两位，丰乐种业、丰原生化排在最后两位。华资实业的主营业务是糖、食用酒精类，它和莲花味精都是食品作料加工类企业。而排在最后两位的是直接参与农业生产类的企业,收益不如食品类企业。从表3-9中可以看出,有41家企业的因子得分是负值,收益性较差,影响了农业上市公司的整体水平。

从第二公因子偿债因子的排名情况来看:丰原生化、禾嘉股份排在前两位,它们是农药、化工及种子项目投资类企业,这说明参与纯农业项目的企业风险控制性较好、较保守。排在最后两位的是莫高股份、冠农股份,它们的主营业务是葡萄酒类,这些企业偿债能力较弱,喜欢风险投资。从表3-10中可以看出,有43家企业的因子得分是负值,偿债能力较差,影响了农业上市公司的总体水平。

从第三公因子资产管理因子的排名情况来看:新中基、光明乳业排在前两位,它们是畜牧、奶业企业,这说明此类企业资金管理能力较突出,资金回笼快。排在最后两位的是昌九生化、钱江生化,它们都是农药化工类企业,这类企业资金管理能力较弱,这与农业生产中占压资金有关。从表3-11中可以看出,有34家企业的因子得分是负值,资产管理能力较弱,影响了农业上市公司的总体水平。

从第四公因子增长因子的排名情况来看:农产品、北大荒排在前两位,它们是农产品批发及纯农业类公司,资产增长状况良好,同时短期偿债能力较强,发展的潜力较大。排在最后两位的是华资实业、新赛股份,它们是糖类、棉花类企业,这类上市公司的资产增长状况不是很好,发展潜力有限。从表3-12中可以看出,有25家企业的因子得分是负值,增长性较差,影响了农业上市公司的总体水平。

从第五公因子主营业务发展因子的排名情况来看:金种子酒、永安林业排在前两位,它们是酒类及林业采伐、加工类公司,主营业务增长状况良好,每股的资产及公积金指标较高。排在最后两位的是万向德农、吉林森工,它们是种子、化肥、林业采伐企业,在排名靠前的企业里有林业企业,靠后的也有林业企业,但比较两个公司的主营业务可知,永安林业的林业加工为精加工,而吉林森工只是对胶合板之类的粗加工,利润不一样。从表3-13中可以看出,有32家企业的因子得分是负值,扩张能力较弱,影响了农业上市公司的总体水平。

从上述描述中可以看出，只有增长因子的负值少于半数，这说明农业上市公司的总体发展水平不理想，个别的企业非常好，更多的企业经营绩效很差。

从各因子比重来看，第一公因子、第二公因子、第三公因子排名靠前的公司，其综合排名也会靠前。

从表3－8可以看出，獐子岛、华资实业、新五丰排在前三位，主营业务是养殖及糖类农作物副产品。冠农股份、丰原生化、荣华实业排在后三位，它们的主营业务是淀粉、果树种植、有机酸等农副产品。在综合排名中因子总得分是负值的达35家，超过了一半，可见发展不均衡，农业上市公司的总体经营绩效较差。

第二节　2007年农业上市公司经营绩效因子分析

为保持可比性，与2006年的指标因子分析一样，本节选取同样的15个指标，且数据分析过程一致。

一、绩效因子分析过程

(1)样本与数据选取

同样选取58家上市公司，所有数据指标来自2007年年度农业上市公司财务报表。

(2)2007年农业上市公司样本数据统计性描述

表3－14　2007年农业上市公司样本数据的描述性统计

要素名称	N	Minimum	Maximum	Mean	Std. Deviation
主营业务利润率	58	-0.365 99	0.817 099	0.079 991	0.146 406
总资产利润率	58	-0.194 63	0.159 488	0.035 422	0.051 223
净资产收益率	58	-0.596 69	1	0.083 771	0.170 715
每股收益率	58	-0.919 29	1.655 731	0.273 78	0.381 179

续表

要素名称	N	Minimum	Maximum	Mean	Std. Deviation
资产负债率	58	0.001 378	1.759 457	0.523 697	0.275 626
流动比率	58	0.060 843	15.141 15	1.606 594	2.310 372
速动比率	58	0.217 93	4.412 51	0.821 687	0.712 998
总资产周转率	58	0.001 025	6.121 166	0.779 292	0.814 456
存货周转率	58	0.022 786	1 125.332	25.529 03	147.660 6
应收账款周转率	58	0.082 691	122.584 9	21.166 1	21.977 69
总资产增长率	58	−0.346 85	2.909 964	0.246 809	0.525 692
主营业务收入增长率	58	−0.329 13	34.426 4	0.909 461	4.564 738
净利润增长率	58	−21.281 4	5.410 418	−0.156 64	3.215 021
每股净资产	58	0.442 149	10.248 45	3.454 7	2.339 856
每股公积金	58	0.005 667	28.835 46	1.882 148	3.817 348

由表3－14可以看出：主营业务利润率、总资产利润率、净资产收益率、每股收益率、资产负债率、流动比率、速动比率、总资产周转率、总资产增长率、主营业务收入增长率、每股净资产、每股公积金的平均数值为正，指标处于正常经营绩效水平。只有净利润增长率的平均值为负，这说明农业上市公司的增长状况较差。存货周转率及应收账款周转率较高，这说明农业上市公司的资金回笼状况良好。存货周转率及应收账款周转率标准差数值较高，这说明企业间的资金管理水平差异较大，而平均值较高完全是由个别企业此项指标过高而引起的。

(3)原始指标的标准化处理

为了消除变量之间在量纲和数量级上的差异，以使各类变量处于同等地位，在进行因子分析之前，要对数据进行标准化处理（表3－15）。

表 3－15　2007 年指标数据变量的标准化处理

公司简称	主营业务利润率	总资产利润率	净资产收益率	每股收益（元）	资产负债率	流动比率	速动比率	总资产周转率	存货周转率	应收账款周转率	总资产增长率	主营业务收入增长率	净利润增长率	每股净资产	每股公积金
昌九生化	-0.345 6	-0.288 6	-0.219 6	-0.490 5	0.110 1	-0.333 7	-0.254 6	0.316 9	-0.105 0	-0.240 0	-0.067 0	-0.142 2	0.060 7	-0.674 8	-0.380 7
赤天化	0.856 5	0.713 7	0.165 2	2.278 2	-0.789 2	0.271 2	1.017 3	-0.449 9	-0.149 2	1.236 5	0.514 1	-0.176 4	0.088 6	2.882 7	0.228 3
大成股份	-0.343 3	-0.467 8	-0.305 9	-0.504 1	0.410 4	-0.298 5	-0.346 0	-0.253 1	-0.155 3	-0.315 6	-0.398 7	-0.151 9	0.095 7	-0.370 4	-0.208 4
北大荒	0.137 5	0.315 3	0.245 2	0.150 9	0.238 7	-0.179 0	-0.189 9	-0.321 3	-0.162 7	-0.656 2	-0.300 6	-0.178 2	0.056 6	-0.349 4	-0.287 3
北海国发	-0.333 5	-0.413 7	-0.269 5	-0.543 3	0.361 1	-0.516 7	-0.680 6	-0.215 7	-0.083 1	-0.716 9	-0.521 5	-0.105 7	-0.570 5	-0.722 0	-0.414 3
大湖股份	-0.319 7	-0.423 6	-0.352 5	-0.573 4	-0.382 3	-0.263 6	-0.767 9	-0.562 8	-0.166 9	-0.470 9	-0.483 2	-0.168 6	0.129 8	-0.476 4	-0.312 2
大江股份	-0.294 5	0.190 3	0.130 8	-0.595 2	0.183 4	-0.305 7	-0.439 5	0.745 5	-0.139 5	-0.455 1	-0.890 0	-0.147 0	0.492 5	-1.287 5	-0.231 1
丹化科技	0.640 7	1.228 7	1.357 6	0.109 5	0.582 2	-0.570 6	-0.846 8	-0.403 1	-0.113 4	-0.479 6	1.533 5	7.342 6	0.468 3	-1.049 1	-0.291 4
福成五丰	-0.298 5	-0.129 8	-0.266 3	-0.535 8	-1.029 4	0.199 7	-0.096 1	-0.018 9	-0.155 6	-0.641 5	-0.386 7	-0.179 5	0.075 8	-0.700 5	-0.347 8
冠农股份	-0.543 2	-0.347 6	-0.187 2	-0.424 8	0.494 5	-0.365 5	-0.643 0	-0.400 5	-0.160 2	0.067 3	-0.245 2	-0.033 9	-0.482 6	-0.553 6	-0.270 9
国投中鲁	-0.080 6	0.151 3	0.324 3	0.864 9	0.602 2	-0.258 6	-0.711 2	-0.138 3	-0.165 5	-0.761 5	0.290 7	-0.021 3	0.359 7	0.377 2	-0.114 4
好当家	1.329 5	1.938 5	0.574 4	0.127 6	-0.983 9	-0.203 2	0.424 0	-0.330 3	0.583 1	1.032 7	-0.158 2	-0.161 6	0.393 4	-0.718 6	-0.437 0
禾嘉股份	-0.358 7	-0.604 0	-0.433 6	-0.687 7	0.061 5	-0.298 0	-0.338 0	-0.545 9	-0.164 1	-0.865 5	-0.594 9	-0.153 4	-0.109 3	-0.965 7	-0.480 0
湖南海利	-3.046 2	-4.491 3	-3.986 0	-3.130 0	0.544 6	-0.412 3	-0.723 2	-0.321 3	-0.159 8	-0.506 4	-0.713 4	-0.181 8	-6.570 7	-0.818 0	-0.267 3
华阳科技	5.034 7	-0.555 8	-0.385 2	-0.527 0	0.327 2	-0.257 4	0.040 3	-0.312 3	-0.140 0	-0.598 4	-0.400 7	-0.170 0	0.320 6	0.253 1	-0.109 3
吉林森工	-0.548 8	-0.297 7	-0.284 0	-0.306 1	-0.346 2	-0.208 7	-0.368 4	-0.160 9	-0.158 4	-0.166 0	-0.461 2	-0.161 7	-0.019 1	0.426 5	0.050 9
江山股份	-0.209 3	0.238 4	0.343 7	0.744 4	0.514 8	-0.436 9	-0.732 4	0.482 7	-0.124 8	1.178 4	-0.089 3	-0.154 9	0.380 8	0.196 3	-0.213 3
金健米业	-0.632 5	-0.288 2	5.367 0	-0.673 3	3.041 3	-0.179 2	-0.641 7	0.968 3	-0.162 0	-0.127 1	-0.284 7	-0.161 6	0.660 7	-1.049 1	-0.207 0

续表

公司简称	主营业务利润率	总资产利润率	净资产收益率	每股收益（元）	资产负债率	流动比率	速动比率	总资产周转率	存货周转率	应收账款周转率	总资产增长率	主营业务收入增长率	净利润增长率	每股净资产	每股公积金
金种子酒	-0.300 9	-0.015 8	-0.211 1	-0.451 8	-0.902 7	0.007 8	-0.044 0	0.307 1	-0.148 3	-0.917 6	-0.575 6	-0.195 4	0.178 0	-0.567 0	-0.034 0
景谷林业	0.671 3	0.120 7	0.016 4	-0.048 3	-0.015 4	-0.026 5	0.161 0	-0.604 6	-0.165 1	-0.192 7	-0.524 1	-0.271 3	-0.592 9	-0.215 7	-0.136 7
莫高股份	0.018 8	0.010 6	-0.167 3	-0.166 2	-0.635 3	4.030 3	5.036 2	-0.413 4	-0.168 2	-0.701 2	-0.465 7	-0.166 2	1.196 4	0.152 3	-0.003 1
钱江生化	0.137 5	-0.097 9	-0.172 8	-0.417 2	-0.301 3	-0.205 8	-0.162 9	-0.462 1	-0.158 5	-0.514 0	-0.249 6	-0.206 1	0.031 1	-0.572 8	-0.384 0
荣华实业	0.409 0	-0.492 9	-0.178 0	-0.511 5	-1.818 8	5.858 2	1.349 0	-0.926 5	7.448 2	-0.949 4	5.066 0	-0.248 2	-0.356 4	-0.845 5	-0.406 7
通威股份	-0.378 0	1.957 0	0.903 3	-0.147 5	4.483 5	0.988 5	-0.646 2	6.558 8	-0.102 6	-0.046 5	-1.129 3	-0.119 1	0.009 6	-1.085 7	-0.464 4
万向德农	-0.069 4	0.288 9	0.296 1	-0.003 2	0.371 6	-0.279 6	-0.581 7	0.079 8	-0.160 9	4.614 6	-0.417 2	-0.162 6	0.208 0	-0.609 2	-0.455 7
新安股份	0.479 0	2.079 6	1.028 4	1.497 7	-0.257 7	-0.280 4	-0.162 9	0.742 9	-0.103 0	1.267 7	-0.122 2	-0.177 9	0.078 3	-0.084 5	-0.350 7
新农开发	-0.083 4	-0.230 9	-0.210 4	-0.298 1	-0.061 0	-0.232 2	-0.112 9	-0.407 3	-0.158 6	-0.118 0	-0.185 0	-0.190 4	0.322 6	-0.045 8	-0.006 1
新赛股份	-0.346 8	-0.430 4	-0.290 2	-0.411 8	0.310 7	-0.177 1	-0.540 1	-0.388 2	-0.166 0	1.208 4	0.328 8	-0.156 8	0.198 5	-0.018 5	-0.072 2
新五丰	-0.314 6	-0.091 6	-0.253 0	-0.439 1	-1.019 0	0.465 8	2.160 4	0.159 4	-0.099 6	0.128 9	-0.049 2	-0.153 8	-0.025 0	-0.356 1	-0.170 0
亚盛集团	-0.241 9	-0.323 0	-0.303 3	-0.605 1	-0.412 5	-0.341 0	-0.438 6	-0.523 7	-0.156 8	-0.724 4	-0.494 4	-0.176 3	0.632 8	-0.900 5	-0.491 6
扬农化工	-0.043 6	0.448 3	0.213 4	1.401 7	-0.034 2	-0.174 5	0.220 7	0.116 7	-0.125 4	-0.604 8	0.182 4	-0.130 0	0.335 9	1.396 7	0.523 7
云天化	0.465 8	0.659 9	0.566 3	3.625 5	0.336 2	-0.244 9	-0.149 7	-0.382 1	-0.158 0	0.213 2	0.438 7	-0.126 5	0.151 7	2.445 0	0.005 2
光明乳业	-0.513 6	0.250 7	-0.013 7	-0.212 5	-0.422 4	-0.079 3	0.327 0	1.464 3	-0.104 6	-0.306 9	-0.383 7	-0.176 8	0.111 4	-0.464 7	-0.385 8
恒顺醋业	-0.543 4	-0.687 7	-0.133 7	0.148 1	-1.875 5	-0.151 4	-0.564 3	-0.480 4	-0.167 6	0.069 8	-0.556 7	0.193 3	0.095 9	0.839 1	0.006 9
华资实业	1.014 6	-0.689 3	-0.412 8	-0.361 4	-1.895 0	0.101 9	0.844 4	-0.955 6	-0.172 7	-0.959 3	0.246 8	-0.262 9	-0.205 7	2.896 9	1.156 3
莲花味精	-0.451 7	-0.555 3	-0.394 5	-0.652 8	0.186 7	-0.285 6	-0.062 9	-0.240 8	-0.137 8	-0.827 2	-0.503 8	-0.159 6	-0.254 4	-0.827 1	7.060 7
三元股份	-0.461 8	-0.437 9	-0.379 7	-0.652 2	1.728 1	-0.262 6	-0.045 3	0.143 7	-0.118 1	-0.537 7	-0.345 0	-0.179 6	0.512 5	-0.909 1	-0.394 3

续表

公司简称	主营业务利润率	总资产利润率	净资产收益率	每股收益（元）	资产负债率	流动比率	速动比率	总资产周转率	存货周转率	应收账款周转率	总资产增长率	主营业务收入增长率	净利润增长率	每股净资产	每股公积金
维维股份	-0.300 8	-0.110 5	-0.186 9	-0.365 9	-0.353 5	-0.210 5	0.072 9	0.354 6	-0.103 7	-0.281 2	-0.236 9	-0.215 8	0.204 0	-0.369 9	-0.264 5
中牧股份	1.718 8	1.193 3	0.360 5	0.454 0	-0.682 4	-0.168 0	-0.210 4	0.202 9	-0.149 3	-0.461 2	-0.518 7	-0.165 2	0.159 0	-0.162 3	-0.253 6
贵糖股份	-0.140 2	0.224 4	0.028 3	-0.169 3	-0.193 1	-0.353 0	-0.649 2	0.266 5	-0.145 6	-0.041 5	-0.668 3	-0.158 4	0.730 2	-0.467 1	-0.295 1
南宁糖业	-0.235 0	0.005 8	0.019 8	0.470 7	0.241 3	-0.669 1	-0.424 7	0.101 8	-0.081 2	-0.502 3	-0.222 4	-0.171 4	-0.019 6	0.745 8	0.239 3
登海种业	0.384 6	0.132 3	-0.161 1	-0.100 8	-0.992 3	0.498 4	0.931 5	-0.580 5	-0.169 5	0.088 2	0.294 3	-0.186 7	0.338 1	0.311 0	-0.134 5
东方海洋	0.030 3	0.216 6	0.008 5	0.476 1	-0.252 2	-0.655 6	-0.610 0	-0.282 5	-0.159 9	-0.604 8	-0.223 0	-0.037 9	0.116 0	0.806 6	0.184 4
丰乐种业	-0.205 0	-0.035 8	-0.064 8	-0.270 3	0.052 1	-0.194 8	-0.426 3	0.072 9	-0.160 1	0.016 0	-0.481 5	-0.166 5	0.181 9	-0.472 9	-0.315 3
丰原生化	-1.821 5	-0.647 5	-0.437 6	-0.671 3	0.825 1	-0.483 7	-0.709 2	-0.285 9	-0.130 2	-0.349 5	-0.034 8	-0.215 5	-0.278 4	-0.633 2	-0.255 9
红太阳	-0.499 6	-0.364 8	-0.184 0	-0.351 3	1.245 9	-0.291 9	-0.134 1	0.765 3	-0.119 6	1.013 9	-0.469 5	-0.167 3	0.050 9	-0.334 6	-0.359 1
华星化工	0.096 7	0.559 4	0.299 5	0.706 2	0.004 9	-0.249 1	-0.302 6	0.022 0	-0.151 5	-0.441 6	0.236 3	0.004 7	0.517 0	0.243 6	-0.028 7
隆平高科	-0.001 6	-0.212 9	-0.224 7	0.076 0	-0.230 6	0.119 7	0.329 9	-0.507 3	-0.168 7	-0.645 1	-0.232 5	1.222 6	0.168 3	1.372 5	0.521 2
罗牛山	1.940 4	2.422 1	0.970 7	0.397 6	-0.591 3	-0.249 7	0.071 7	-0.533 8	-0.131 1	0.398 6	0.250 5	-0.113 9	-1.363 2	-0.747 8	-0.432 9
农产品	0.407 8	0.204 7	0.122 9	0.929 2	0.138 1	-0.403 3	-0.256 2	-0.626 7	-0.114 9	-0.270 8	0.029 4	-0.237 2	0.546 0	1.085 8	0.081 0
顺鑫农业	-0.219 3	0.088 4	-0.054 6	0.272 3	-0.218 9	-0.087 1	-0.235 9	0.382 5	-0.154 0	0.491 5	-0.158 0	-0.111 2	0.212 9	0.691 1	0.238 7
天邦股份	-0.335 7	0.142 5	-0.023 7	0.302 7	-0.216 2	-0.157 9	0.055 6	0.142 0	-0.144 6	-0.710 0	1.356 2	-0.075 2	0.156 4	0.609 7	0.109 7
新希望	-0.011 8	0.392 8	0.158 1	0.870 8	-0.091 4	-0.468 2	-0.714 6	-0.101 3	-0.129 5	1.125 6	0.568 2	-0.124 6	0.125 5	0.860 8	-0.090 1
新中基	-0.432 1	-0.380 3	-0.184 6	-0.080 6	0.621 2	-0.321 6	-0.402 1	-0.354 5	-0.158 7	-0.795 2	4.155 8	-0.132 5	0.010 0	0.511 5	-0.052 8
永安林业	-0.282 5	-0.258 6	-0.176 8	-0.348 9	0.226 5	0.012 8	-0.796 7	-0.513 7	-0.167 9	2.838 1	-0.061 7	-0.130 1	-0.779 7	-0.353 4	-0.154 7
獐子岛	1.256 5	1.386 6	0.357 1	3.173 2	-0.940 2	0.379 8	3.144 7	-0.457 1	-0.169 5	2.019 9	0.043 0	-0.198 8	0.048 5	2.903 5	1.094 9
正虹科技	-1.005 3	-2.695 1	-1.952 7	-1.736 2	0.236 2	-0.332 3	-0.500 7	0.737 0	-0.133 4	1.014 5	-0.660 5	-0.233 6	-1.314 6	-0.812 0	-0.314 8
中水渔业	-0.436 4	-0.494 7	-0.396 1	-0.613 2	-0.536 4	0.189 8	1.476 6	-0.671 6	-0.151 0	-0.519 9	0.429 7	-0.212 4	1.731 6	-0.417 1	-0.221 7

(4)数据相关性检验

本研究使用巴特利特球度检验和 KMO 检验。

KMO 检验统计量是用于比较变量间简单相关系数和偏相关系数的指标,数学定义为:

$$KMO=\frac{\sum\sum_{i\neq j}r_{ij}^{2}}{\sum\sum_{i\neq j}r_{ij}^{2}+\sum\sum_{i\neq j}p_{ij}^{2}}$$

式中,r_{ij}是变量 x_i 和其他变量 x_j 间的简单相关系数,p_{ij}是变量 x_i 在控制了剩余变量下的偏相关系数。当所有变量间的简单相关系数平方和远远大于偏相关系数平方和时,KMO 值接近 1。KMO 值越接近 1,则意味着变量间的相关性越强,原有变量越适合作因子分析。

表 3 - 16　KMO 检验和巴特利特球度检验

Kaiser - Meyer - Olkin Measure of Sampling Adequacy		.582 26
Bartlett's Test of Sphericity	Approx. Chi - Square	444.066 2
	df	105
	Sig.	.000

由表 3 - 16 可以看出,KMO 统计量为 0.582 26,大于 0.5,适合作因子分析;巴特利特球度检验统计量的观测值为 444.066 2,相应的概率 p 接近 0.000,小于 1%,这说明指标间具有相关性,适合作因子分析。

(5)计算互相关矩阵的特征值、对应因子的方差贡献率以及累计方差贡献率(见表 3 - 17)

表 3 - 17　互相关矩阵的特征值、方差贡献率

序号	总特征值、方差贡献率			提取的特征值、方差贡献率			旋转变换后提取的特征值、方差贡献率		
	特征值	方差贡献率(%)	累计方差贡献率(%)	特征值	方差贡献率(%)	累计方差贡献率(%)	特征值	方差贡献率(%)	累计方差贡献率(%)
1	3.353 9	22.359 1	22.359 1	3.353 9	22.359 1	22.359 1	3.172 3	21.148 9	21.148 9
2	2.835 9	18.905 8	41.264 9	2.835 9	18.905 8	41.264 9	2.517 6	16.784 2	37.933 1

续表

序号	总特征值、方差贡献率			提取的特征值、方差贡献率			旋转变换后提取的特征值、方差贡献率		
	特征值	方差贡献率(%)	累计方差贡献率(%)	特征值	方差贡献率(%)	累计方差贡献率(%)	特征值	方差贡献率(%)	累计方差贡献率(%)
3	1.978 6	13.190 7	54.455 6	1.978 6	13.190 7	54.455 6	2.294 5	15.296 6	53.229 7
4	1.299 3	8.661 9	63.117 6	1.299 3	8.661 9	63.117 6	1.401 0	9.340 1	62.569 9
5	1.128 9	7.525 9	70.643 5	1.128 9	7.525 9	70.643 5	1.211 0	8.073 6	70.643 5
6	.971 0	6.473 6	77.117 1	—	—	—	—	—	—
7	.755 8	5.038 6	82.155 7	—	—	—	—	—	—
8	.723 1	4.820 6	86.976 3	—	—	—	—	—	—
9	.649 9	4.332 4	91.308 8	—	—	—	—	—	—
10	.426 2	2.841 2	94.150 0	—	—	—	—	—	—
11	.342 1	2.280 8	96.430 7	—	—	—	—	—	—
12	.252 0	1.680 0	98.110 8	—	—	—	—	—	—
13	.177 3	1.182 2	99.292 9	—	—	—	—	—	—
14	.061 2	.408 2	99.701 1	—	—	—	—	—	—
15	.044 8	.298 9	100.000 0	—	—	—	—	—	—

按照特征值大于1的原则,选入5个公因子,其累计方差贡献率为70.643 5%,这说明所选的5个因子已经包含了原先15个绩效指标70.643 5%的信息,能够很好地替代这些指标对绩效进行描述。对每个公因子进行因子旋转处理后,表3－19是运用最大方差法旋转后得到的因子载荷矩阵。

从表3－18共同度数据中可以看出,原始变量共同度在46.33%—92.81%之间,这表示原始变量方差中能被5个公因子解释的部分比例很大,原始变量能被所提取的5个公因子说明的程度很高。

表3-18　共同度数据

要素名称	Initial	Extraction
主营业务利润率	1	0.469 4
总资产利润率	1	0.811 8
净资产收益率	1	0.727 9
每股收益率	1	0.812 0
资产负债率	1	0.725 4
流动比率	1	0.928 1
速动比率	1	0.713 6
总资产周转率	1	0.765 7
存货周转率	1	0.848 7
应收账款周转率	1	0.674 5
总资产增长率	1	0.727 4
主营业务收入增长率	1	0.617 7
净利润增长率	1	0.622 8
每股净资产	1	0.688 3
每股公积金	1	0.463 3

(6)公因子的命名

观察表3-19旋转后的因子载荷矩阵，可以看出提取公因子的实际经济含义。

第一公因子(F_1)在主营业务利润率、总资产利润率、净资产收益率、净利润增长率指标上具有较大的载荷，称为收益因子；

第二公因子(F_2)在资产负债率、流动比率指标上具有较大的载荷，称为偿债因子；

第三公因子(F_3)在总资产周转率、存货周转率、应收账款周转率指标上具有较大的载荷，称为资产管理因子；

第四公因子(F_4)在每股收益率、速动比率、总资产增长率指标上具有较大的载荷，称为增长因子；

第五公因子(F_5)在主营业务收入增长率、每股净资产、每股公积金指标上具有较大的载荷,称为主营业务发展因子。

表 3-19 旋转后的因子载荷矩阵

要素名称	Component				
	F_1	F_2	F_3	F_4	F_5
主营业务利润率	0.615 0	0.075 9	0.291 2	-0.021 9	-0.013 2
总资产利润率	0.882 2	0.008 4	-0.091 4	-0.028 0	0.155 5
净资产收益率	0.756 1	0.026 9	-0.338 5	-0.199 1	0.034 5
每股收益率	0.763 0	-0.099 0	0.363 9	0.140 6	0.260 6
资产负债率	0.034 5	-0.246 2	-0.799 0	-0.117 3	0.106 8
流动比率	0.057 1	0.887 8	-0.019 4	0.349 8	-0.118 0
速动比率	0.251 2	0.394 2	0.284 4	0.592 0	-0.252 6
总资产周转率	0.152 3	-0.107 2	-0.820 8	0.208 6	0.117 4
存货周转率	-0.061 8	0.917 0	0.037 3	-0.016 8	0.048 0
应收账款周转率	0.130 8	-0.168 2	0.055 3	0.196 3	0.766 5
总资产增长率	0.100 1	0.739 7	0.271 2	-0.301 1	0.077 7
主营业务收入增长率	0.188 3	0.049 3	0.033 5	-0.753 3	-0.105 8
净利润增长率	0.755 4	0.051 4	-0.069 2	0.000 4	-0.211 5
每股净资产	0.363 1	-0.157 2	0.661 5	0.287 1	0.108 3
每股公积金	0.048 0	-0.199 1	0.198 5	0.175 7	-0.592 6

(7)运用回归方法得到因子得分系数矩阵见表 3-20,各因子得分值见表 3-21。其中,F_1、F_2、F_3、F_4、F_5 是依据得分系数矩阵和原始绩效指标值而得到的,其数学表达式为:

$$F_j = \beta_{1j}X_1 + \beta_{2j}X_2 + \cdots + \beta_{pj}X_p \ (j = 1, 2, 3, 4, 5; p = 1, 2, \cdots, 15)$$

综合因子 F 以各因子的方差贡献率占 5 个公因子总方差贡献率的比重作为权重,对 F_1、F_2、F_3、F_4、F_5 进行加权汇总得到:

$$F = 0.299\,4 \times F_1 + 0.237\,6 \times F_2 + 0.216\,5 \times F_3 + 0.132\,2 \times F_4 + 0.114\,3 \times F_5$$

表 3－20　因子得分系数矩阵

要素名称	Component				
	F_1	F_2	F_3	F_4	F_5
主营业务利润率	0.188 4	0.003 8	0.108 9	－0.053 1	－0.034 7
总资产利润率	0.279 2	0.010 5	－0.067 7	－0.020 7	0.065 5
净资产收益率	0.258 3	0.033 2	－0.170 1	－0.121 6	－0.041 2
每股收益率	0.214 2	－0.061 8	0.148 3	0.062 0	0.181 8
资产负债率	0.039 5	－0.037 3	－0.343 6	－0.001 7	0.029 6
流动比率	0.014 2	0.354 4	－0.114 9	0.239 3	－0.049 5
速动比率	0.078 1	0.110 7	0.023 6	0.398 5	－0.195 3
总资产周转率	0.073 1	0.013 6	－0.400 3	0.237 2	0.037 2
存货周转率	－0.035 4	0.383 6	－0.039 7	－0.037 6	0.107 6
应收账款周转率	－0.015 0	－0.030 1	0.055 0	0.140 5	0.640 1
总资产增长率	0.010 4	0.300 3	0.106 6	－0.268 8	0.123 5
主营业务收入增长率	0.074 2	0.027 2	0.074 3	－0.563 5	－0.097 4
净利润增长率	0.262 8	0.003 7	－0.078 1	－0.000 8	－0.236 5
每股净资产	0.082 7	－0.115 7	0.285 8	0.146 3	0.092 0
每股公积金	0.051 0	－0.140 2	0.055 6	0.116 1	－0.514 7

二、2007 年绩效因子分析评价

表 3－21　2007 年农业上市公司综合绩效得分排名对比分析

公司简称	F_1	F_2	F_3	F_4	F_5	F	排序
昌九生化	－0.367 8	－0.052 9	－0.431 3	－0.160 3	－0.045 6	－0.242 5	43
赤天化	1.162 9	－0.202 7	1.744 2	1.014 5	1.155 2	0.943 8	3
大成股份	－0.437 1	－0.249 6	－0.231 9	－0.160 3	－0.215 4	－0.286 2	47
北大荒	0.148 7	－0.151 9	－0.158 2	－0.218 8	－0.280 7	－0.086 8	31
北海国发	－0.656 7	－0.286 1	－0.321 8	－0.472 3	－0.182 3	－0.417 5	52
大湖股份	－0.538 1	－0.253 9	0.090 7	－0.409 8	－0.252 1	－0.284 8	45

续表

公司简称	F_1	F_2	F_3	F_4	F_5	F	排序
大江股份	-0.070 2	-0.239 5	-1.036 8	-0.065 1	-0.474 7	-0.365 3	49
丹化科技	1.350 6	0.525 3	0.113 1	-5.589 2	-0.683 9	-0.263 5	44
福成五丰	-0.380 7	0.088 8	-0.031 0	0.002 4	-0.467 9	-0.152 7	39
冠农股份	-0.590 7	-0.248 1	-0.203 7	-0.418 6	0.271 4	-0.304 2	48
国投中鲁	0.389 2	-0.216 3	-0.017 1	-0.489 0	-0.137 8	-0.019 0	28
好当家	0.906 5	0.330 4	0.182 7	-0.028 5	0.752 0	0.471 6	6
禾嘉股份	-0.695 5	-0.173 4	-0.212 8	-0.359 9	-0.518 2	-0.402 3	51
湖南海利	-5.407 9	-0.406 1	0.311 9	0.165 2	0.776 6	-1.537 4	58
华阳科技	0.667 3	-0.243 5	0.575 0	-0.212 8	-0.715 4	0.156 5	17
吉林森工	-0.358 5	-0.355 0	0.224 2	0.082 6	-0.125 3	-0.146 5	36
江山股份	0.347 3	-0.387 3	-0.260 9	0.012 9	1.124 6	0.085 7	21
金健米业	1.249 7	-0.015 9	-2.895 3	-0.751 3	-0.344 6	-0.395 3	50
金种子酒	-0.232 3	-0.081 0	-0.175 8	0.127 2	-0.803 3	-0.201 8	41
景谷林业	-0.076 0	-0.172 2	0.206 2	0.097 3	-0.066 6	-0.013 8	27
莫高股份	0.649 1	1.808 6	-0.099 5	3.030 7	-2.015 8	0.772 8	4
钱江生化	-0.260 1	-0.072 1	0.046 1	-0.244 7	-0.283 3	-0.149 8	37
荣华实业	-0.566 6	6.856 9	0.323 9	-0.105 0	0.285 5	1.548 4	1
通威股份	1.169 8	0.069 7	-5.108 8	1.542 7	0.499 4	-0.478 4	54
万向德农	0.015 6	-0.358 7	-0.231 1	0.396 8	3.180 1	0.285 3	11
新安股份	1.250 6	-0.192 4	-0.224 2	0.205 7	1.372 1	0.464 2	7
新农开发	-0.170 7	-0.200 0	0.133 5	-0.042 0	-0.215 5	-0.099 9	33
新赛股份	-0.383 0	-0.122 1	0.107 6	-0.148 4	0.829 9	-0.045 1	30
新五丰	-0.152 5	0.465 0	0.118 7	1.084 0	-0.392 3	0.189 0	16
亚盛集团	-0.372 4	-0.154 2	-0.096 0	-0.413 9	-0.543 4	-0.285 7	46
扬农化工	0.730 5	-0.322 1	0.510 3	0.336 7	-0.340 1	0.258 3	13

续表

公司简称	F_1	F_2	F_3	F_4	F_5	F	排序
云天化	1.404 9	-0.539 6	1.252 1	0.255 4	1.072 4	0.719 8	5
光明乳业	0.001 3	0.014 6	-0.756 1	0.520 7	-0.130 2	-0.105 9	34
恒顺醋业	-0.344 2	-0.401 7	1.071 2	-0.122 9	0.040 6	0.021 8	25
华资实业	-0.014 6	-0.276 1	2.084 9	0.637 5	-1.247 1	0.323 3	9
莲花味精	-0.276 0	-1.177 7	0.092 6	0.705 3	-4.341 6	-0.745 3	57
三元股份	-0.340 8	-0.114 4	-1.071 8	-0.066 8	-0.421 2	-0.418 3	53
维维股份	-0.200 6	-0.062 0	-0.231 3	0.146 4	-0.202 3	-0.128 6	35
中牧股份	0.826 4	-0.200 3	0.120 1	-0.086 3	-0.158 2	0.196 3	14
贵糖股份	0.088 7	-0.334 3	-0.361 9	-0.125 4	-0.037 0	-0.152 1	38
南宁糖业	0.101 7	-0.528 5	0.150 8	-0.040 7	-0.170 7	-0.087 3	32
登海种业	0.146 0	0.312 4	0.667 5	0.419 1	-0.163 2	0.299 2	10
东方海洋	0.199 0	-0.551 0	0.496 7	-0.302 4	-0.243 4	-0.031 6	29
丰乐种业	-0.171 2	-0.215 2	-0.307 1	-0.070 9	0.081 0	-0.169 0	40
丰原生化	-0.976 4	-0.219 0	-0.517 1	-0.381 4	0.011 2	-0.505 5	55
红太阳	-0.289 1	-0.277 2	-0.876 1	0.367 5	0.779 6	-0.204 4	42
华星化工	0.547 0	-0.145 1	0.072 3	-0.274 9	-0.133 6	0.093 3	20
隆平高科	0.168 0	-0.247 0	0.785 4	-0.372 9	-0.847 4	0.015 6	26
罗牛山	0.868 0	0.126 8	0.302 4	-0.504 2	0.844 1	0.385 3	8
农产品	0.526 9	-0.403 2	0.638 5	-0.070 8	-0.016 0	0.189 0	15
顺鑫农业	0.140 7	-0.299 2	0.148 6	0.318 2	0.303 0	0.079 9	22
天邦股份	0.160 6	0.226 7	0.313 4	-0.259 7	-0.259 7	0.105 8	19
新希望	0.345 3	-0.290 4	0.532 9	-0.197 6	1.219 0	0.262 9	12
新中基	-0.196 7	0.962 4	0.492 2	-1.353 5	0.154 5	0.115 1	18
永安林业	-0.625 4	-0.199 5	0.170 6	0.009 4	2.114 4	0.045 2	24
獐子岛	1.846 3	-0.261 0	1.983 9	2.237 4	0.923 4	1.321 7	2
正虹科技	-2.262 1	-0.314 9	-0.375 5	0.436 9	0.746 0	-0.690 3	56
中水渔业	0.004 9	0.426 4	0.169 1	0.367 7	-1.060 0	0.066 8	23

表 3-22　2007 年农业上市公司按第一公因子得分排名对比

排序	第一公因子排序		排序	第一公因子排序		排序	第一公因子排序		排序	第一公因子排序	
	公司简称	得分		公司简称	得分		公司简称	得分		公司简称	得分
1	獐子岛	1.846 3	16	国投中鲁	0.389 2	31	大江股份	-0.070 2	46	亚盛集团	-0.372 4
2	云天化	1.404 9	17	江山股份	0.347 3	32	景谷林业	-0.076	47	福成五丰	-0.380 7
3	丹化科技	1.350 6	18	新希望	0.345 3	33	新五丰	-0.152 5	48	新赛股份	-0.383
4	新安股份	1.250 6	19	东方海洋	0.199	34	新农开发	-0.170 7	49	大成股份	-0.437 1
5	金健米业	1.249 7	20	隆平高科	0.168	35	丰乐种业	-0.171 2	50	大湖股份	-0.538 1
6	通威股份	1.169 8	21	天邦股份	0.160 6	36	新中基	-0.196 7	51	荣华实业	-0.566 6
7	赤天化	1.162 9	22	北大荒	0.148 7	37	维维股份	-0.200 6	52	冠农股份	-0.590 7
8	好当家	0.906 5	23	登海种业	0.146	38	金种子酒	-0.232 3	53	永安林业	-0.625 4
9	罗牛山	0.868	24	顺鑫农业	0.140 7	39	钱江生化	-0.260 1	54	北海国发	-0.656 7
10	中牧股份	0.826 4	25	南宁糖业	0.101 7	40	莲花味精	-0.276	55	禾嘉股份	-0.695 5
11	扬农化工	0.730 5	26	贵糖股份	0.088 7	41	红太阳	-0.289 1	56	丰原生化	-0.976 4
12	华阳科技	0.667 3	27	万向德农	0.015 6	42	三元股份	-0.340 8	57	正虹科技	-2.262 1
13	莫高股份	0.649 1	28	中水渔业	0.004 9	43	恒顺醋业	-0.344 2	58	湖南海利	-5.407 9
14	华星化工	0.547	29	光明乳业	0.001 3	44	吉林森工	-0.358 5	59	—	—
15	农产品	0.526 9	30	华资实业	-0.014 6	45	昌九生化	-0.367 8	60	—	—

表 3-23　2007 年农业上市公司按第二公因子得分排名对比

排序	第二公因子排序		排序	第二公因子排序		排序	第二公因子排序		排序	第二公因子排序	
	公司简称	得分		公司简称	得分		公司简称	得分		公司简称	得分
1	荣华实业	6.856 9	16	维维股份	-0.062	31	丰乐种业	-0.215 2	46	正虹科技	-0.314 9
2	莫高股份	1.808 6	17	钱江生化	-0.072 1	32	国投中鲁	-0.216 3	47	扬农化工	-0.322 1
3	新中基	0.962 4	18	金种子酒	-0.081	33	丰原生化	-0.219	48	贵糖股份	-0.334 3
4	丹化科技	0.525 3	19	三元股份	-0.114 4	34	大江股份	-0.239 5	49	吉林森工	-0.355
5	新五丰	0.465	20	新赛股份	-0.122 1	35	华阳科技	-0.243 5	50	万向德农	-0.358 7
6	中水渔业	0.426 4	21	华星化工	-0.145 1	36	隆平高科	-0.247	51	江山股份	-0.387 3
7	好当家	0.330 4	22	北大荒	-0.151 9	37	冠农股份	-0.248 1	52	恒顺醋业	-0.401 7
8	登海种业	0.312 4	23	亚盛集团	-0.154 2	38	大成股份	-0.249 6	53	农产品	-0.403 2
9	天邦股份	0.226 7	24	景谷林业	-0.172 2	39	大湖股份	-0.253 9	54	湖南海利	-0.406 1
10	罗牛山	0.126 8	25	禾嘉股份	-0.173 4	40	獐子岛	-0.261	55	南宁糖业	-0.528 5
11	福成五丰	0.088 8	26	新安股份	-0.192 4	41	华资实业	-0.276 1	56	云天化	-0.539 6
12	通威股份	0.069 7	27	永安林业	-0.199 5	42	红太阳	-0.277 2	57	东方海洋	-0.551
13	光明乳业	0.014 6	28	新农开发	-0.2	43	北海国发	-0.286 1	58	莲花味精	-1.177 7
14	金健米业	-0.015 9	29	中牧股份	-0.200 3	44	新希望	-0.290 4	59	—	—
15	昌九生化	-0.052 9	30	赤天化	-0.202 7	45	顺鑫农业	-0.299 2	60	—	—

表 3－24　2007 年农业上市公司按第三公因子得分排名对比

排序	第三公因子排序		排序	第三公因子排序		排序	第三公因子排序		排序	第三公因子排序	
	公司简称	得分		公司简称	得分		公司简称	得分		公司简称	得分
1	华资实业	2.084 9	16	湖南海利	0.311 9	31	大湖股份	0.090 7	46	江山股份	－0.260 9
2	獐子岛	1.983 9	17	罗牛山	0.302 4	32	华星化工	0.072 3	47	丰乐种业	－0.307 1
3	赤天化	1.744 2	18	吉林森工	0.224 2	33	钱江生化	0.046 1	48	北海国发	－0.321 8
4	云天化	1.252 1	19	景谷林业	0.206 2	34	国投中鲁	－0.017 1	49	贵糖股份	－0.361 9
5	恒顺醋业	1.071 2	20	好当家	0.182 7	35	福成五丰	－0.031	50	正虹科技	－0.375 5
6	隆平高科	0.785 4	21	永安林业	0.170 6	36	亚盛集团	－0.096	51	昌九生化	－0.431 3
7	登海种业	0.667 5	22	中水渔业	0.169 1	37	莫高股份	－0.099 5	52	丰原生化	－0.517 1
8	农产品	0.638 5	23	南宁糖业	0.150 8	38	北大荒	－0.158 2	53	光明乳业	－0.756 1
9	华阳科技	0.575	24	顺鑫农业	0.148 6	39	金种子酒	－0.175 8	54	红太阳	－0.876 1
10	新希望	0.532 9	25	新农开发	0.133 5	40	冠农股份	－0.203 7	55	大江股份	－1.036 8
11	扬农化工	0.510 3	26	中牧股份	0.120 1	41	禾嘉股份	－0.212 8	56	三元股份	－1.071 8
12	东方海洋	0.496 7	27	新五丰	0.118 7	42	新安股份	－0.224 2	57	金健米业	－2.895 3
13	新中基	0.492 2	28	丹化科技	0.113 1	43	万向德农	－0.231 1	58	通威股份	－5.108 8
14	荣华实业	0.323 9	29	新赛股份	0.107 6	44	维维股份	－0.231 3	59	—	—
15	天邦股份	0.313 4	30	莲花味精	0.092 6	45	大成股份	－0.231 9	60	—	—

表 3－25　2007 年农业上市公司按第四公因子得分排名对比

排序	第四公因子排序		排序	第四公因子排序		排序	第四公因子排序		排序	第四公因子排序	
	公司简称	得分		公司简称	得分		公司简称	得分		公司简称	得分
1	莫高股份	3.030 7	16	云天化	0.255 4	31	农产品	－0.070 8	46	东方海洋	－0.302 4
2	獐子岛	2.237 4	17	新安股份	0.205 7	32	丰乐种业	－0.070 9	47	禾嘉股份	－0.359 9
3	通威股份	1.542 7	18	湖南海利	0.165 2	33	中牧股份	－0.086 3	48	隆平高科	－0.372 9
4	新五丰	1.084	19	维维股份	0.146 4	34	荣华实业	－0.105	49	丰原生化	－0.381 4
5	赤天化	1.014 5	20	金种子酒	0.127 2	35	恒顺醋业	－0.122 9	50	大湖股份	－0.409 8
6	莲花味精	0.705 3	21	景谷林业	0.097 3	36	贵糖股份	－0.125 4	51	亚盛集团	－0.413 9
7	华资实业	0.637 5	22	吉林森工	0.082 6	37	新赛股份	－0.148 4	52	冠农股份	－0.418 6
8	光明乳业	0.520 7	23	江山股份	0.012 9	38	昌九生化	－0.160 3	53	北海国发	－0.472 3
9	正虹科技	0.436 9	24	永安林业	0.009 4	39	大成股份	－0.160 3	54	国投中鲁	－0.489
10	登海种业	0.419 1	25	福成五丰	0.002 4	40	新希望	－0.197 6	55	罗牛山	－0.504 2
11	万向德农	0.396 8	26	好当家	－0.028 5	41	华阳科技	－0.212 8	56	金健米业	－0.751 3
12	中水渔业	0.367 7	27	南宁糖业	－0.040 7	42	北大荒	－0.218 8	57	新中基	－1.353 5
13	红太阳	0.367 5	28	新农开发	－0.042	43	钱江生化	－0.244 7	58	丹化科技	－5.589 2
14	扬农化工	0.336 7	29	大江股份	－0.065 1	44	天邦股份	－0.259 7	59	—	—
15	顺鑫农业	0.318 2	30	三元股份	－0.066 8	45	华星化工	－0.274 9	60	—	—

表 3-26　2007 年农业上市公司按第五公因子得分排名对比

排序	第五公因子排序		排序	第五公因子排序		排序	第五公因子排序		排序	第五公因子排序	
	公司简称	得分		公司简称	得分		公司简称	得分		公司简称	得分
1	万向德农	3.180 1	16	顺鑫农业	0.303	31	中牧股份	-0.158 2	46	三元股份	-0.421 2
2	永安林业	2.114 4	17	荣华实业	0.285 5	32	登海种业	-0.163 2	47	福成五丰	-0.467 9
3	新安股份	1.372 1	18	冠农股份	0.271 4	33	南宁糖业	-0.170 7	48	大江股份	-0.474 7
4	新希望	1.219	19	新中基	0.154 5	34	北海国发	-0.182 3	49	禾嘉股份	-0.518 2
5	赤天化	1.155 2	20	丰乐种业	0.081	35	维维股份	-0.202 3	50	亚盛集团	-0.543 4
6	江山股份	1.124 6	21	恒顺醋业	0.040 6	36	大成股份	-0.215 4	51	丹化科技	-0.683 9
7	云天化	1.072 4	22	丰原生化	0.011 2	37	新农开发	-0.215 5	52	华阳科技	-0.715 4
8	獐子岛	0.923 4	23	农产品	-0.016	38	东方海洋	-0.243 4	53	金种子酒	-0.803 3
9	罗牛山	0.844 1	24	贵糖股份	-0.037	39	大湖股份	-0.252 1	54	隆平高科	-0.847 4
10	新赛股份	0.829 9	25	昌九生化	-0.045 6	40	天邦股份	-0.259 7	55	中水渔业	-1.06
11	红太阳	0.779 6	26	景谷林业	-0.066 6	41	北大荒	-0.280 7	56	华资实业	-1.247 1
12	湖南海利	0.776 6	27	吉林森工	-0.125 3	42	钱江生化	-0.283 3	57	莫高股份	-2.015 8
13	好当家	0.752	28	光明乳业	-0.130 2	43	扬农化工	-0.340 1	58	莲花味精	-4.341 6
14	正虹科技	0.746	29	华星化工	-0.133 6	44	金健米业	-0.344 6	59	—	—
15	通威股份	0.499 4	30	国投中鲁	-0.137 8	45	新五丰	-0.392 3	60	—	—

由表 3-21 至表 3-26 按综合绩效的因子得分和按各公因子得分排名情况可知，部分企业经营绩效良好，而其他企业经营绩效很差。

从第一公因子收益因子的排名情况来看：獐子岛、云天化排在前两位，正虹科技、湖南海利排在最后两位。獐子岛的主营业务是养殖类，云天化的主营业务是化肥、化工原料类。而排在最后两位的是饲料与农药化肥企业。从表 3-22 中可以看出，有 29 家企业的因子得分是负值，收益性较差，影响了农业上市公司的整体水平。

从第二公因子偿债因子的排名情况来看：荣华实业、莫高股份排在前两位,它们的主营业务是淀粉及葡萄酒类。排在最后两位的是东方海洋、莲花味精,它们的主营业务是养殖及食品辅料,这些企业偿债能力较弱,喜欢风险投资。从表3－23中可以看出,有45家企业的因子得分为负值,偿债能力较差,影响了农业上市公司的总体水平。

从第三公因子资产管理因子的排名情况来看:华资实业、獐子岛排在前两位,它们是畜牧、养殖企业,这说明此类企业资金管理能力较突出,资金回笼快。排在最后两位的是金健米业、通威股份,它们的主营业务是粮油类产品及饲料添加剂。这类企业资金管理能力较弱,占压资金情况较严重。从表3－24中可以看出,有25家企业的因子得分为负值,资产管理能力较弱,影响了农业上市公司的总体水平。

从第四公因子增长因子的排名情况来看:莫高股份、獐子岛排在前两位,它们是葡萄酒、养殖类公司,其资产增长状况良好,同时短期偿债能力较强,发展的潜力大。排在最后两位的是新中基、丹化科技,它们是种植、养殖及醋酐企业,资产增长状况不是很好,发展潜力有限。从表3－25中可以看出,有33家企业的因子得分为负值,增长性较差,影响了农业上市公司的总体水平。

从第五公因子主营业务发展因子的排名情况来看:万向德农、永安林业排在前两位,它们是种子、化肥及林业采伐、加工类公司,其主营业务增长状况良好,折合到每股的资产及公积金指标较高。排在最后两位的是莫高股份和莲花味精,它们是葡萄酒及食品辅料企业。从表3－26中可以看出,有36家企业的因子得分为负值,扩张能力较弱,影响了农业上市公司的总体水平。

从上述描述可以看出,只有资产管理因子的负值少于半数,这表明农业上市公司的总体发展水平不理想,个别的企业非常好,更多的农业上市公司的经营绩效很差。

从各因子比重来看,第一公因子、第二公因子、第三公因子排名靠前的公司在综合排名中也会靠前。

由表3－21可知,荣华实业、獐子岛、赤天化排在前三位,其主营业务是食品辅料、养殖、化肥等。正虹科技、莲花味精、湖南海利排在后三位,其主营业务是农药、化肥、饲料等。综合排名中因子总得分为负值的达32家,超过了一半,这说明农业上市公司的发展不均衡,总体经营绩效较差。

第三节 2008年农业上市公司经营绩效因子分析

为保持可比性,与2006、2007年的指标因子分析一样,本节选取同样的15个指标,且数据分析过程一致。

一、绩效因子分析过程

(1)样本与数据选取

选取了57家农业上市公司,与2006、2007年数据相比,少了维维股份一家上市公司,主要是因为维维股份2008年的财务数据缺失。维维股份的主营业务是奶制品,少一家公司不会对农业上市公司的整体绩效分析产生影响。所有数据指标来自2008年年度农业上市公司财务报表。

(2)2008年农业上市公司样本数据统计性描述

表3-27 2008年农业上市公司样本数据的描述性统计

要素名称	N	Minimum	Maximum	Mean	Std. Deviation
主营业务利润率	57	-9.770 8	1.822 7	-0.148 8	1.331 8
总资产利润率	57	-0.143 5	0.307 8	0.018 8	0.068 8
净资产收益率	57	-0.532 5	0.549 5	0.030 2	0.154 6
每股收益率	57	-0.620 6	3.279 0	0.277 5	0.699 4
资产负债率	57	0.000 7	1.002 1	0.508 5	0.211 0
流动比率	57	0.179 1	2.699 3	1.120 9	0.543 2

续表

要素名称	N	Minimum	Maximum	Mean	Std. Deviation
速动比率	57	0.004 4	1.648 4	0.625 5	0.378 6
总资产周转率	57	0.002 8	2.445 4	0.672 1	0.476 2
存货周转率	57	0.005 1	354.392 0	10.992 4	46.597 0
应收账款周转率	57	0.142 6	3 003.881 3	73.242 1	395.656 9
总资产增长率	57	-0.342 6	114.196 0	2.176 2	15.111 4
主营业务收入增长率	57	-0.967 4	2.162 8	0.140 4	0.450 4
净利润增长率	57	-16.162 5	81.560 7	0.230 1	11.691 6
每股净资产	57	0.050 8	75.641 4	4.595 7	9.921 9
每股公积金	57	0.001 3	43.108 2	2.420 0	6.688 5

由表3-27可以看出：总资产利润率、净资产收益率、每股收益率、资产负债率、流动比率、速动比率、总资产周转率、总资产增长率、主营业务收入增长率、净利润增长率、每股净资产、每股公积金的平均数值为正，指标处于正常经营绩效水平。只有主营业务利润率为负，这说明主营业务亏损。存货周转率及应收账款周转率较高，这说明资金回笼状况良好。存货周转率及应收账款周转率标准差较高，这说明企业间的资金管理水平差异较大，而平均值较高完全是由于个别企业在此项指标上表现突出而造成的。

(3)原始指标的标准化处理

为了消除变量之间在量纲和数量级上的差异，以使各类变量处于同等地位，在进行因子分析之前，要对数据进行标准化处理(见表3-28)。

表 3－28　2008 年指标数据变量的标准化处理

公司简称	主营业务利润率	总资产利润率	净资产收益率	每股收益（元）	资产负债率	流动比率	速动比率	总资产周转率	存货周转率	应收账款周转率	总资产增长率	主营业务收入增长率	净利润增长率	每股净资产	每股公积金
昌九生化	0.121 2	0.027 8	0.091 2	−0.273 9	0.105 8	−0.172 1	0.314 9	0.850 8	−0.030 9	−0.151 5	−0.119 1	−0.263 0	−0.020 5	−0.267 5	−0.297 7
赤天化	0.240 3	0.248 0	0.212 9	0.389 3	2.329 2	0.479 2	1.546 8	−0.897 0	7.369 6	0.037 2	−0.095 2	−0.243 1	6.956 3	1.079 6	−0.162 1
大成股份	0.018 0	−1.065 4	−1.336 6	−1.024 1	1.141 5	−0.995 1	−0.690 1	−0.333 1	−0.168 0	−0.153 8	−0.140 6	−0.284 1	−0.883 4	−0.212 6	−0.202 7
北大荒	0.186 7	0.512 6	0.528 3	0.085 9	0.035 5	0.047 9	−0.145 9	−0.255 6	−0.202 9	−0.168 4	−0.147 2	−0.239 9	−0.018 1	−0.159 0	−0.210 6
北海国发	−0.281 2	−2.359 4	−3.639 3	−1.284 2	1.051 6	−1.584 1	−1.116 3	−0.840 8	−0.060 9	−0.177 6	−0.152 3	−1.216 4	0.683 7	−0.345 7	−0.312 9
大湖股份	−0.181 5	−2.131 8	−1.851 1	−0.843 4	2.339 2	−0.951 0	−1.333 0	−0.027 4	−0.212 1	−0.129 0	−0.149 9	−0.457 4	−1.072 9	−0.340 2	−0.322 9
大江股份	0.090 5	−0.137 7	−0.035 4	−0.383 7	0.386 3	−0.462 3	−0.253 4	1.070 8	−0.101 0	−0.157 8	−0.140 0	−0.311 8	−0.019 7	−0.425 7	−0.310 0
丹化科技	0.120 5	0.073 8	0.195 6	−0.291 8	0.451 5	−1.714 5	−1.296 4	−0.310 9	0.145 2	−0.096 2	−0.148 1	−0.062 7	−0.085 3	−0.340 6	−0.249 0
福成五丰	0.140 7	0.141 7	0.837 3	−0.297 6	−1.315 9	1.370 3	0.224 4	0.050 4	−0.179 9	−0.167 5	−0.143 8	−0.500 8	−0.019 9	−0.419 4	−0.278 9
冠农股份	0.145 4	0.030 9	0.035 6	−0.217 8	−0.458 4	0.283 6	−0.024 7	−0.594 5	−0.199 6	−0.147 0	−0.144 1	−0.129 0	0.023 2	−0.109 2	−0.052 0
国投中鲁	0.172 5	0.271 9	0.190 5	0.080 1	−0.657 2	1.023 7	−0.149 4	0.184 4	−0.208 0	−0.149 8	−0.158 8	−0.566 4	−0.047 4	0.100 7	0.079 1
好当家	0.287 8	0.018 8	−0.036 5	−0.326 8	−1.563 9	1.097 5	−0.879 9	−1.226 5	−0.230 3	−0.165 0	−0.142 9	−1.290 1	−0.036 5	−0.261 8	−0.329 8
禾嘉股份	−0.057 1	−1.132 9	−1.016 0	−0.634 2	0.592 5	−0.821 6	−0.695 8	−0.822 3	−0.215 9	−0.173 4	−0.138 8	−0.523 8	−1.323 2	−0.331 4	−0.354 5
湖南海利	0.114 0	−0.171 8	−0.052 0	−0.347 2	0.824 3	−0.899 4	−0.750 0	−0.241 2	−0.188 2	−0.166 9	−0.140 7	−0.049 9	−0.108 5	−0.305 0	−0.233 0
华阳科技	0.001 0	−1.559 2	−2.002 6	−1.213 5	0.828 8	−0.752 8	−0.128 2	−0.049 8	−0.078 2	−0.170 3	−0.157 2	−0.467 6	−0.694 7	−0.257 2	−0.227 8
吉林森工	0.109 4	0.036 7	0.023 5	−0.179 8	−0.669 0	−0.324 6	−0.584 4	0.158 5	−0.172 9	−0.098 6	−0.149 9	−0.197 9	−0.020 9	−0.010 5	−0.048 2
江山股份	0.197 9	1.175 8	1.741 8	1.922 6	0.750 0	−0.936 3	−0.601 8	0.696 8	−0.041 8	−0.091 8	−0.118 3	0.108 9	0.133 7	0.082 8	−0.202 0
金健米业	−0.021 0	−2.268 0	−1.686 1	−0.931 8	0.474 3	0.394 5	−0.407 6	0.287 3	−0.187 6	−0.128 1	−0.150 7	0.082 4	−1.402 1	−0.299 6	−0.314 3

续表

公司简称	主营业务利润率	总资产利润率	净资产收益率	每股收益（元）	资产负债率	流动比率	速动比率	总资产周转率	存货周转率	应收账款周转率	总资产增长率	主营业务收入增长率	净利润增长率	每股净资产	每股公积金
金种子酒	0.148 0	0.341 2	0.179 2	-0.212 5	-1.138 4	1.085 7	0.539 9	0.338 5	-0.185 3	-0.167 2	-0.141 5	-0.666 8	-0.000 1	-0.238 6	-0.335 6
景谷林业	0.141 2	-0.094 5	-0.055 3	-0.303 5	-0.379 4	1.050 4	0.030 1	-0.611 1	-0.215 6	-0.146 8	-0.153 2	0.006 7	-0.083 4	-0.158 8	-0.158 4
莫高股份	0.210 9	0.359 4	0.130 9	0.001 9	-1.685 8	1.117 3	1.174 4	-0.634 0	-0.218 2	-0.174 8	-0.116 9	0.085 1	0.043 6	0.094 4	0.148 3
钱江生化	-0.063 6	-1.690 7	-1.392 0	-0.808 8	-0.226 8	-0.426 5	-0.421 5	-0.429 9	-0.183 4	-0.110 1	-0.158 4	-0.515 8	-0.320 0	-0.306 3	-0.334 6
荣华实业	0.045 1	-0.158 7	-0.147 3	-0.381 1	-1.942 3	-1.134 2	-1.215 5	-0.713 9	0.063 7	-0.167 1	-0.154 6	2.815 6	-0.093 3	-0.313 3	-0.312 5
通威股份	0.127 2	0.148 8	0.455 2	-0.084 9	-2.406 7	-0.973 1	-1.467 6	2.784 7	0.170 8	-0.123 7	-0.061 0	0.491 5	-0.051 4	-0.244 5	-0.361 6
万向德农	0.166 4	0.340 7	0.487 6	-0.062 1	0.429 7	-0.109 0	-0.587 9	0.188 9	-0.207 2	7.407 0	-0.142 7	-0.488 6	-0.031 8	-0.239 7	-0.353 3
新安股份	0.221 3	4.197 6	3.359 3	4.291 4	-0.325 0	0.550 7	1.619 1	3.723 6	0.372 1	-0.097 1	-0.091 5	4.490 1	0.235 4	0.138 2	-0.280 4
新农开发	0.005 6	-0.981 8	-1.093 8	-1.044 0	0.667 2	-0.305 9	-0.740 3	-0.670 7	-0.216 9	-0.158 9	-0.144 8	0.033 7	-0.461 6	-0.134 9	-0.083 7
新赛股份	0.120 8	-0.132 4	-0.079 8	-0.296 2	-0.259 4	1.224 6	0.633 0	0.263 7	-0.191 6	-0.141 4	-0.128 2	1.564 7	-0.038 5	-0.065 1	-0.020 2
新五丰	0.110 7	-0.055 0	-0.066 5	-0.326 7	-1.261 7	2.053 3	2.627 3	1.354 5	-0.060 5	-0.067 8	-0.148 0	0.493 0	-0.065 8	-0.214 6	-0.177 4
亚盛集团	0.121 0	-0.058 2	-0.039 6	-0.349 2	-0.598 2	-0.429 9	-0.202 7	-0.599 9	-0.178 1	-0.172 3	-0.145 2	-0.142 6	-0.039 1	-0.323 5	-0.360 6
扬农化工	0.190 2	1.026 6	1.080 0	1.915 6	0.177 4	-0.521 0	-0.008 0	0.677 4	-0.086 9	-0.129 9	-0.123 9	0.684 0	0.052 0	0.363 7	0.219 2
云天化	0.198 7	0.403 9	0.785 7	1.798 6	0.871 3	-0.364 0	0.009 0	-0.495 0	-0.155 6	-0.145 3	-0.119 1	0.316 3	-0.021 5	0.557 4	-0.102 0
光明乳业	1.480 3	0.689 0	0.637 2	-0.029 6	-0.111 6	-0.037 3	0.365 4	-1.272 1	-0.060 8	-0.183 9	-0.146 0	-2.459 6	0.008 7	-0.262 0	-0.300 6
恒顺醋业	-7.224 7	-0.278 3	-0.940 8	-0.405 2	1.083 6	-0.064 4	-1.640 3	-1.405 3	-0.235 8	-0.184 8	7.412 9	-0.660 4	-0.106 7	-0.458 1	-0.076 5
华资实业	-0.538 3	-1.173 3	-0.749 3	-0.828 4	-1.094 4	0.267 4	0.935 9	-1.263 5	-0.209 4	-0.171 1	-0.166 7	-1.530 5	-0.408 9	-0.108 1	-0.076 8
莲花味精	0.296 9	-0.222 1	-0.145 3	-0.380 1	0.135 6	-0.348 2	0.384 4	-0.175 9	-0.112 8	-0.178 0	-0.149 5	-0.476 2	-0.008 9	-0.310 3	3.949 3
三元股份	0.128 4	0.217 2	0.148 4	-0.293 4	2.329 2	-0.350 3	0.215 6	0.538 8	-0.091 2	-0.161 5	-0.134 2	0.449 9	0.030 8	-0.325 9	-0.304 4

续表

公司简称	主营业务利润率	总资产利润率	净资产收益率	每股收益（元）	资产负债率	流动比率	速动比率	总资产周转率	存货周转率	应收账款周转率	总资产增长率	主营业务收入增长率	净利润增长率	每股净资产	每股公积金
中牧股份	0.203 6	1.131 3	0.789 5	0.286 0	−0.681 7	0.140 6	0.270 0	0.578 3	−0.166 5	−0.135 7	−0.140 3	−0.179 0	−0.013 2	−0.147 0	−0.248 3
贵糖股份	0.155 7	0.372 1	0.370 7	−0.085 0	−0.079 7	−0.423 4	−0.462 8	0.523 5	−0.158 0	−0.131 9	−0.143 8	−0.273 8	−0.020 6	−0.211 9	−0.248 8
南宁糖业	0.123 2	−0.141 5	−0.023 4	−0.209 8	0.703 2	−1.120 3	−0.849 7	−1.243 0	−0.129 8	−0.141 1	−0.135 3	−0.197 2	−0.080 5	0.033 2	0.055 7
登海种业	0.206 2	0.516 4	0.304 4	0.103 4	−1.009 1	2.316 1	2.583 7	−0.638 0	−0.219 7	−0.004 6	−0.091 7	0.415 9	0.030 4	−0.006 5	−0.157 5
东方海洋	0.171 5	0.154 6	0.091 0	0.154 5	−0.831 0	1.298 4	1.803 5	−0.673 5	−0.198 1	−0.169 2	−0.139 6	0.148 5	−0.002 9	0.415 5	0.550 9
丰乐种业	0.149 3	0.087 0	0.171 3	−0.202 1	0.251 7	0.053 4	−0.498 4	−0.490 8	−0.205 3	−0.161 7	−0.138 8	−1.279 7	−0.037 0	−0.220 9	−0.260 4
丰原生化	−0.013 8	−0.149 4	−0.001 5	−0.305 3	0.972 5	−1.298 2	−1.046 1	−0.011 6	−0.112 1	−0.129 2	−0.132 0	0.019 7	0.200 6	−0.247 7	−0.226 0
红太阳	0.111 5	−0.098 0	0.110 3	−0.202 7	1.114 4	−0.363 6	0.124 8	0.925 7	−0.223 6	−0.124 8	−0.135 4	−0.167 4	−0.022 2	−0.173 4	−0.285 4
华星化工	0.224 7	1.785 7	1.752 5	1.198 4	0.098 1	−0.124 8	−0.461 3	0.847 7	−0.179 9	−0.156 8	−0.130 3	1.085 8	0.123 3	−0.089 7	−0.192 1
隆平高科	0.156 6	0.230 9	0.194 5	−0.022 3	−0.403 9	−1.733 8	1.125 8	−0.216 5	−0.204 5	−0.161 7	−0.117 2	0.839 5	0.013 2	−0.024 9	−0.048 3
罗牛山	0.186 2	0.328 1	0.166 2	−0.254 3	−1.185 7	0.621 0	1.519 2	−0.615 7	−0.117 6	−0.100 2	−0.124 6	−0.329 8	−0.085 3	−0.283 4	−0.327 5
农产品	0.138 5	0.022 8	0.043 4	3.590 4	−0.295 6	−0.219 2	−0.297 2	−0.974 5	−0.033 9	−0.133 1	−0.133 4	−0.538 7	−0.061 1	7.160 5	6.083 3
顺鑫农业	0.155 9	0.262 0	0.459 8	0.393 0	0.603 1	0.064 9	−0.151 7	0.243 1	−0.197 1	−0.118 9	−0.105 3	0.009 6	0.019 9	0.086 7	0.050 1
天邦股份	0.107 9	1.394 0	1.222 8	0.575 0	−0.152 6	−0.239 9	0.184 7	1.310 4	−0.056 8	−0.158 9	−0.134 4	1.648 6	0.193 6	−0.150 7	−0.264 6
新希望	0.142 7	0.323 6	0.336 4	0.149 0	−0.042 5	−1.243 6	−0.995 4	0.759 6	−0.019 9	−0.017 6	−0.142 6	0.833 3	−0.040 5	0.005 1	−0.213 1
新中基	0.080 4	−0.512 7	−0.549 2	−0.715 9	0.906 6	−0.152 7	0.383 2	−0.657 4	−0.196 9	−0.180 3	0.083 0	−0.650 8	−0.207 3	−0.052 3	−0.204 3
永安林业	0.100 3	−0.165 3	−0.062 2	−0.338 7	0.605 5	1.365 7	−0.620 9	−0.589 6	−0.221 1	0.072 9	−0.153 5	−0.468 7	−0.080 5	−0.263 7	−0.262 4
獐子岛	0.214 1	0.725 4	0.464 9	0.394 4	−0.969 7	2.905 7	−0.270 5	−0.249 5	−0.220 7	−0.132 0	−0.133 8	0.953 6	−0.041 4	0.083 5	0.016 6
正虹科技	0.126 3	0.066 5	0.100 2	−0.293 1	−0.103 0	−0.549 7	−0.322 2	2.638 9	0.012 2	−0.038 4	−0.155 9	0.011 4	−0.120 3	−0.303 0	−0.260 1
中水渔业	−0.032 1	−0.924 7	−0.696 2	−0.644 9	−0.410 8	1.334 7	2.701 6	−0.765 7	−0.185 1	−0.146 8	−0.145 7	0.241 6	−0.451 8	−0.237 5	−0.207 0

(4)数据相关性检验

本研究使用巴特利特球度检验和 KMO 检验。

KMO 检验统计量是用于比较变量间简单相关系数和偏相关系数的指标,数学定义为:

$$\text{KMO} = \frac{\sum\sum_{i\neq j} r_{ij}^2}{\sum\sum_{i\neq j} r_{ij}^2 + \sum\sum_{i\neq j} p_{ij}^2}$$

式中,r_{ij}是变量 x_i 和其他变量 x_j 间的简单相关系数,p_{ij}是变量 x_i 在控制了剩余变量下的偏相关系数。当所有变量间的简单相关系数平方和远远大于偏相关系数平方和时,KMO 值接近 1。KMO 值越接近 1,表示变量间的相关性越强,原有变量越适合作因子分析。

表 3 –29　KMO 检验和巴特利特球度检验

Kaiser – Meyer – Olkin Measure of Sampling Adequacy		.571 6
Bartlett' s Test of Sphericity	Approx. Chi – Square	704.585 5
	df	105
	Sig.	.000

由表 3 –29 可以看出,KMO 统计量为 0.571 6,大于 0.5,适合作因子分析;巴特利特球度检验统计量的观测值为 704.585 5,相应的概率 p 接近 0.000,小于 1%,这说明指标间具有相关性,适合作因子分析。

(5)计算互相关矩阵的特征值、对应因子的方差贡献率以及累计方差贡献率(见表 3 –30)

表 3 –30　互相关矩阵的特征值、方差贡献率

序号	总特征值、方差贡献率			提取的特征值、方差贡献率			旋转变换后提取的特征值、方差贡献率		
	特征值	方差贡献率(%)	累计方差贡献率(%)	特征值	方差贡献率(%)	累计方差贡献率(%)	特征值	方差贡献率(%)	累计方差贡献率(%)
1	3.844 7	25.631 2	25.631 2	3.844 7	25.631 2	25.631 2	3.342 4	22.282 9	22.282 9
2	2.257 1	15.047 5	40.678 7	2.257 1	15.047 5	40.678 7	2.158 3	14.388 5	36.671 4

续表

序号	总特征值、方差贡献率			提取的特征值、方差贡献率			旋转变换后提取的特征值、方差贡献率		
	特征值	方差贡献率（%）	累计方差贡献率（%）	特征值	方差贡献率（%）	累计方差贡献率（%）	特征值	方差贡献率（%）	累计方差贡献率（%）
3	1.977 7	13.184 4	53.863 1	1.977 7	13.184 4	53.863 1	2.151 9	14.346 3	51.017 6
4	1.908 8	12.725 1	66.588 2	1.908 8	12.725 1	66.588 2	2.028 5	13.523 3	64.540 9
5	1.652 5	11.016 7	77.605 0	1.652 5	11.016 7	77.605 0	1.948 8	12.992 3	77.533 2
6	1.028 0	6.853 6	84.458 6	1.028 0	6.853 6	84.458 6	1.038 8	6.925 4	84.458 6
7	.658 0	4.386 5	88.845 2	—	—	—	—	—	—
8	.564 3	3.761 8	92.606 9	—	—	—	—	—	—
9	.407 5	2.716 5	95.323 4	—	—	—	—	—	—
10	.326 4	2.175 7	97.499 1	—	—	—	—	—	—
11	.209 3	1.395 4	98.894 6	—	—	—	—	—	—
12	.067 9	.452 9	99.347 4	—	—	—	—	—	—
13	.057 4	.382 6	99.730 0	—	—	—	—	—	—
14	.027 7	.184 7	99.914 7	—	—	—	—	—	—
15	.012 8	.085 3	100.000 0	—	—	—	—	—	—

按照特征值大于1的原则，选入6个公因子，其累计方差贡献率为84.458 6%，这说明所选的6个因子已经包含了原先15个绩效指标84.458 6%的信息，能够很好地替代这些指标对绩效进行描述。对每个公因子进行了因子旋转处理，表3－32是运用最大方差法旋转后得到的因子载荷矩阵。

从表3－31共同度数据中可以看出，原始变量共同度在62.06%—98.59%之间，这表示原始变量方差中能被6个公因子解释的部分比例很大，原始变量能被所提取的6个公因子说明的程度很高。

表 3-31　共同度数据

要素名称	Initial	Extraction
主营业务利润率	1	0.976 4
总资产利润率	1	0.892 5
净资产收益率	1	0.856 3
每股收益率	1	0.907 2
资产负债率	1	0.620 6
流动比率	1	0.816 0
速动比率	1	0.711 5
总资产周转率	1	0.664 6
存货周转率	1	0.942 2
应收账款周转率	1	0.943 2
总资产增长率	1	0.985 9
主营业务收入增长率	1	0.636 8
净利润增长率	1	0.936 7
每股净资产	1	0.915 5
每股公积金	1	0.863 3

(6)公因子的命名

观察表 3-32 旋转后的因子载荷矩阵,可以看出提取公因子的实际经济含义。

第一公因子(F_1)在总资产利润率、净资产收益率、每股收益率、总资产周转率、主营业务收入增长率指标上具有较大的载荷,称为收益因子;

第二公因子(F_2)在每股净资产、每股公积金指标上具有较大的载荷,称为发展因子;

第三公因子(F_3)在资产负债率、存货周转率、总资产增长率、净利润增长率指标上具有较大的载荷,称为资产增长管理因子;

第四公因子(F_4)在主营业务利润率指标上具有较大的载荷,称为主营业务收入因子；

第五公因子(F_5)在流动比率、速动比率指标上具有较大的载荷，称为偿债因子；

第六公因子(F_6)在应收账款周转率指标上具有较大的载荷，称为资金管理因子。

表 3－32　旋转后的因子载荷矩阵

要素名称	Component					
	F_1	F_2	F_3	F_4	F_5	F_6
主营业务利润率	0.106 5	0.037 2	0.025 9	0.975 8	0.099 4	0.032 9
总资产利润率	0.894 4	0.092 3	0.107 0	－0.022 2	0.238 6	0.123 3
净资产收益率	0.869 9	0.098 6	0.078 2	0.068 1	0.233 2	0.157 5
每股收益率	0.754 6	0.569 4	0.102 2	－0.006 8	0.042 1	0.035 4
资产负债率	－0.187 5	－0.022 5	0.421 5	－0.114 9	－0.625 6	0.052 8
流动比率	0.017 5	－0.004 0	0.031 9	－0.062 7	0.898 8	0.053 9
速动比率	0.119 2	0.014 6	0.244 3	0.188 5	0.769 7	－0.097 2
总资产周转率	0.741 3	－0.216 7	－0.105 4	0.184 0	－0.145 3	－0.044 6
存货周转率	0.014 6	0.028 9	0.969 2	0.033 0	0.004 9	－0.026 8
应收账款周转率	0.013 6	－0.043 5	0.002 2	0.028 8	－0.049 8	0.968 4
总资产增长率	－0.048 1	－0.013 9	0.004 9	－0.990 1	－0.054 7	0.000 4
主营业务收入增长率	0.767 7	－0.087 8	－0.019 3	0.022 4	0.023 0	－0.195 9
净利润增长率	0.091 9	0.054 4	0.957 8	0.004 4	0.084 2	0.027 4
每股净资产	0.042 3	0.947 8	0.116 0	0.042 0	0.003 4	－0.010 1
每股公积金	－0.059 7	0.924 5	－0.056 7	0.011 0	0.008 4	－0.039 4

(7)运用回归方法得到的因子得分系数矩阵见表 3－33，各因子得分值见表 3－34。其中，F_1、F_2、F_3、F_4、F_5、F_6 依据得分系数矩阵和原始绩效指标值而得到，其数学表达式为：

$$F_j = \beta_{1j}X_1 + \beta_{2j}X_2 + \cdots + \beta_{pj}X_p (j = 1,2,3,4,5;p = 1,2,\cdots,15)$$

综合因子 F 以各因子的方差贡献率占 6 个因子总方差贡献率的

比重作为权重，对 F_1、F_2、F_3、F_4、F_5、F_6 进行加权汇总得到：

$$F = 0.2638 \times F_1 + 0.1704 \times F_2 + 0.1699 \times F_3 + 0.1601 \times F_4 + 0.1538 \times F_5 + 0.0820 \times F_6$$

表 3－33 因子得分系数矩阵

要素名称	Component					
	F_1	F_2	F_3	F_4	F_5	F_6
主营业务利润率	－0.0230	0.0073	0.0051	0.4871	－0.0161	0.0212
总资产利润率	0.2627	－0.0053	0.0213	－0.0699	0.0527	0.0982
净资产收益率	0.2502	0.0005	0.0072	－0.0226	0.0475	0.1315
每股收益率	0.2143	0.2317	0.0045	－0.0437	－0.0549	0.0178
资产负债率	－0.0092	－0.0097	0.2131	－0.0116	－0.3264	0.0328
流动比率	－0.0747	－0.0189	0.0003	－0.0899	0.5006	0.0762
速动比率	－0.0422	－0.0250	0.1021	0.0431	0.3965	－0.0829
总资产周转率	0.2616	－0.1319	－0.0528	0.0697	－0.1548	－0.0722
存货周转率	－0.0185	－0.0324	0.4571	0.0150	－0.0167	－0.0441
应收账款周转率	－0.0197	－0.0087	－0.0143	0.0073	－0.0034	0.9341
总资产增长率	0.0361	－0.0006	0.0059	－0.5005	0.0365	0.0104
主营业务收入增长率	0.2593	－0.0799	－0.0182	－0.0236	－0.0616	－0.2130
净利润增长率	－0.0015	－0.0239	0.4467	－0.0088	0.0232	0.0090
每股净资产	－0.0349	0.4451	0.0101	0.0164	－0.0231	－0.0018
每股公积金	－0.0618	0.4464	－0.0678	0.0055	－0.0069	－0.0237

二、2008 年绩效因子分析评价

表 3－34 2008 年农业上市公司综合绩效得分排名对比分析

公司简称	F_1	F_2	F_3	F_4	F_5	F_6	F	排序
昌九生化	0.1486	－0.4086	0.0108	0.2126	－0.0880	－0.1628	－0.0214	31
赤天化	－0.4025	0.1609	7.2128	0.1315	0.2557	－0.0614	1.2018	2
大成股份	－0.8797	－0.2975	－0.3000	0.2581	－1.1550	－0.3354	－0.4976	51
北大荒	0.1745	－0.0821	－0.0600	0.0821	0.0565	0.0670	0.0492	24

续表

公司简称	F_1	F_2	F_3	F_4	F_5	F_6	F	排序
北海国发	-2.149 2	-0.339 2	0.389 5	0.279 0	-1.573 9	-0.563 8	-0.802 3	56
大湖股份	-1.185 2	-0.379 2	-0.248 4	0.222 1	-1.903 1	-0.371 7	-0.707 2	55
大江股份	0.145 6	-0.515 2	-0.035 8	0.238 4	-0.585 2	-0.172 0	-0.121 4	41
丹化科技	0.105 3	-0.225 0	0.025 4	0.204 1	-1.440 3	-0.034 4	-0.197 9	44
福成五丰	-0.003 4	-0.357 0	-0.317 0	0.029 5	1.298 3	0.124 6	0.099 1	19
冠农股份	-0.229 5	-0.025 6	-0.142 9	0.083 5	0.396 7	-0.042 5	-0.018 3	29
国投中鲁	-0.037 7	0.119 6	-0.265 4	0.070 3	0.684 5	0.098 1	0.089 9	20
好当家	-0.734 8	-0.046 3	-0.434 6	0.041 4	0.999 5	0.328 4	-0.088 3	38
禾嘉股份	-0.914 2	-0.229 8	-0.594 0	0.163 3	-0.814 7	-0.228 8	-0.499 2	52
湖南海利	-0.093 1	-0.244 6	-0.012 8	0.168 3	-0.965 9	-0.122 8	-0.200 1	46
华阳科技	-1.227 8	-0.415 9	-0.210 3	0.344 8	-0.784 9	-0.512 1	-0.538 0	53
吉林森工	0.022 8	-0.038 0	-0.291 1	0.157 0	-0.179 1	-0.046 8	-0.056 2	35
江山股份	1.458 8	0.312 0	0.162 2	0.043 5	-1.031 4	0.233 4	0.333 0	8
金健米业	-1.104 4	-0.483 9	-0.714 7	0.264 1	-0.342 1	-0.538 0	-0.549 7	54
金种子酒	-0.061 6	-0.312 7	-0.247 3	0.092 7	1.159 9	0.033 6	0.084 5	22
景谷林业	-0.324 5	-0.136 7	-0.173 8	0.028 0	0.763 8	-0.037 1	-0.019 5	30
莫高股份	-0.147 8	0.158 6	-0.284 9	0.054 0	1.687 5	-0.141 0	0.196 3	15
钱江生化	-1.127 1	-0.331 8	-0.315 9	0.230 6	-0.318 5	-0.319 8	-0.445 8	50
荣华实业	0.562 9	-0.424 5	-0.551 0	0.079 9	-0.472 8	-0.791 8	-0.142 3	42
通威股份	1.172 6	-0.620 9	-0.733 9	0.306 3	-0.710 3	-0.376 6	-0.012 2	26
万向德农	0.029 1	-0.309 5	-0.152 7	0.169 9	-0.404 6	7.180 2	0.482 7	4
新安股份	4.893 5	-0.003 2	0.247 9	-0.221 8	0.307 3	-0.492 3	1.304 0	1
新农开发	-0.861 7	-0.211 3	-0.231 7	0.151 4	-0.617 3	-0.299 9	-0.398 0	49
新赛股份	0.243 2	-0.292 9	-0.139 7	0.043 9	0.814 7	-0.470 9	0.084 3	23
新五丰	0.141 5	-0.555 5	-0.130 1	0.168 4	2.251 9	-0.381 2	0.262 7	11
亚盛集团	-0.215 5	-0.266 8	-0.192 5	0.139 3	0.020 9	-0.122 3	-0.119 5	40

续表

公司简称	F_1	F_2	F_3	F_4	F_5	F_6	F	排序
扬农化工	1.311 6	0.567 0	0.001 1	0.054 9	-0.483 0	-0.070 9	0.371 5	6
云天化	0.643 2	0.664 0	0.163 4	0.018 3	-0.463 2	0.018 9	0.243 8	13
光明乳业	-0.654 9	0.110 2	0.147 9	0.714 4	0.560 1	0.598 3	0.120 7	16
恒顺醋业	-0.407 5	-0.106 5	-0.009 8	-7.342 8	-0.415 2	0.013 5	-1.365 8	57
华资实业	-1.427 3	0.016 9	-0.352 4	-0.069 7	1.100 3	-0.069 8	-0.281 2	48
莲花味精	-0.577 0	1.602 5	-0.244 8	0.314 0	-0.035 2	-0.237 0	0.104 6	18
三元股份	0.311 8	-0.473 7	0.477 6	0.155 0	-0.921 3	-0.204 8	-0.051 0	34
中牧股份	0.661 8	-0.172 0	-0.178 4	0.104 3	0.402 5	0.071 9	0.199 5	14
贵糖股份	0.309 7	-0.245 7	-0.141 7	0.171 2	-0.390 2	-0.000 6	-0.016 9	27
南宁糖业	-0.358 2	0.215 5	0.031 0	0.119 8	-0.927 0	-0.007 9	-0.176 6	43
登海种业	-0.091 8	-0.091 6	0.013 7	-0.045 2	2.621 2	-0.007 8	0.357 8	7
东方海洋	-0.257 2	0.490 5	-0.077 5	0.059 6	1.717 9	-0.191 8	0.260 6	12
丰乐种业	-0.400 7	-0.075 6	-0.038 5	0.098 9	-0.071 9	0.255 0	-0.099 4	39
丰原生化	0.051 7	-0.239 9	0.147 9	0.132 5	-1.363 0	-0.113 9	-0.199 9	45
红太阳	0.191 7	-0.357 0	0.109 1	0.220 5	-0.615 2	-0.130 3	-0.061 7	36
华星化工	1.707 0	-0.036 4	-0.047 3	-0.025 8	-0.362 5	0.037 4	0.379 3	5
隆平高科	0.354 3	-0.060 0	-0.051 4	0.284 5	-0.286 9	-0.492 6	0.035 6	25
罗牛山	-0.247 3	-0.255 4	-0.122 6	0.117 5	1.456 6	-0.031 5	0.110 7	17
农产品	-0.207 2	6.925 1	-0.396 8	0.079 9	-0.355 2	-0.023 1	1.014 0	3
顺鑫农业	0.322 6	0.122 9	0.028 8	0.077 9	-0.253 2	0.009 6	0.085 2	21
天邦股份	1.595 4	-0.362 5	0.007 0	0.045 8	-0.196 8	-0.313 1	0.311 7	9
新希望	0.756 5	-0.175 0	-0.169 0	0.205 7	-1.154 1	-0.176 7	-0.018 0	28
新中基	-0.756 2	-0.141 2	0.095 1	0.062 0	-0.089 0	-0.117 1	-0.220 8	47
永安林业	-0.468 4	-0.203 8	-0.023 1	-0.041 0	0.369 1	0.371 6	-0.081 5	37
獐子岛	0.369 7	0.061 2	-0.334 6	-0.211 2	1.675 1	0.055 0	0.279 5	10
正虹科技	0.747 5	-0.644 9	-0.227 2	0.360 5	-0.755 9	-0.226 7	-0.028 4	33
中水渔业	-0.879 3	-0.332 1	-0.076 4	0.103 0	1.925 8	-0.455 6	-0.026 2	32

表 3－35　2008 年农业上市公司按第一公因子得分排名对比

排序	第一公因子排序		排序	第一公因子排序		排序	第一公因子排序		排序	第一公因子排序	
	公司简称	得分		公司简称	得分		公司简称	得分		公司简称	得分
1	新安股份	4.893 5	16	贵糖股份	0.309 7	31	湖南海利	－0.093 1	46	好当家	－0.734 8
2	华星化工	1.707	17	新赛股份	0.243 2	32	莫高股份	－0.147 8	47	新中基	－0.756 2
3	天邦股份	1.595 4	18	红太阳	0.191 7	33	农产品	－0.207 2	48	新农开发	－0.861 7
4	江山股份	1.458 8	19	北大荒	0.174 5	34	亚盛集团	－0.215 5	49	中水渔业	－0.879 3
5	扬农化工	1.311 6	20	昌九生化	0.148 6	35	冠农股份	－0.229 5	50	大成股份	－0.879 7
6	通威股份	1.172 6	21	大江股份	0.145 6	36	罗牛山	－0.247 3	51	禾嘉股份	－0.914 2
7	新希望	0.756 5	22	新五丰	0.141 5	37	东方海洋	－0.257 2	52	金健米业	－1.104 4
8	正虹科技	0.747 5	23	丹化科技	0.105 3	38	景谷林业	－0.324 5	53	钱江生化	－1.127 1
9	中牧股份	0.661 8	24	丰原生化	0.051 7	39	南宁糖业	－0.358 2	54	大湖股份	－1.185 2
10	云天化	0.643 2	25	万向德农	0.029 1	40	丰乐种业	－0.400 7	55	华阳科技	－1.227 8
11	荣华实业	0.562 9	26	吉林森工	0.022 8	41	赤天化	－0.402 5	56	华资实业	－1.427 3
12	獐子岛	0.369 7	27	福成五丰	－0.003 4	42	恒顺醋业	－0.407 5	57	北海国发	－2.149 2
13	隆平高科	0.354 3	28	国投中鲁	－0.037 7	43	永安林业	－0.468 4	58	—	—
14	顺鑫农业	0.322 6	29	金种子酒	－0.061 6	44	莲花味精	－0.577	59	—	—
15	三元股份	0.311 8	30	登海种业	－0.091 8	45	光明乳业	－0.654 9	60	—	—

表 3－36　2008 年农业上市公司按第二公因子得分排名对比

排序	第二公因子排序		排序	第二公因子排序		排序	第二公因子排序		排序	第二公因子排序	
	公司简称	得分		公司简称	得分		公司简称	得分		公司简称	得分
1	农产品	6.925 1	16	冠农股份	－0.025 6	31	丹化科技	－0.225	46	红太阳	－0.357
2	莲花味精	1.602 5	17	华星化工	－0.036 4	32	禾嘉股份	－0.229 8	47	天邦股份	－0.362 5
3	云天化	0.664	18	吉林森工	－0.038	33	丰原生化	－0.239 9	48	大湖股份	－0.379 2
4	扬农化工	0.567	19	好当家	－0.046 3	34	湖南海利	－0.244 6	49	昌九生化	－0.408 6
5	东方海洋	0.490 5	20	隆平高科	－0.06	35	贵糖股份	－0.245 7	50	华阳科技	－0.415 9
6	江山股份	0.312	21	丰乐种业	－0.075 6	36	罗牛山	－0.255 4	51	荣华实业	－0.424 5
7	南宁糖业	0.215 5	22	北大荒	－0.082 1	37	亚盛集团	－0.266 8	52	三元股份	－0.473 7
8	赤天化	0.160 9	23	登海种业	－0.091 6	38	新赛股份	－0.292 9	53	金健米业	－0.483 9
9	莫高股份	0.158 6	24	恒顺醋业	－0.106 5	39	大成股份	－0.297 5	54	大江股份	－0.515 2
10	顺鑫农业	0.122 9	25	景谷林业	－0.136 7	40	万向德农	－0.309 5	55	新五丰	－0.555 5
11	国投中鲁	0.119 6	26	新中基	－0.141 2	41	金种子酒	－0.312 7	56	通威股份	－0.620 9
12	光明乳业	0.110 2	27	中牧股份	－0.172	42	钱江生化	－0.331 8	57	正虹科技	－0.644 9
13	獐子岛	0.061 2	28	新希望	－0.175	43	中水渔业	－0.332 1	58	—	—
14	华资实业	0.016 9	29	永安林业	－0.203 8	44	北海国发	－0.339 2	59	—	—
15	新安股份	－0.003 2	30	新农开发	－0.211 3	45	福成五丰	－0.357	60	—	—

表 3-37 2008 年农业上市公司按第三公因子得分排名对比

排序	第三公因子排序		排序	第三公因子排序		排序	第三公因子排序		排序	第三公因子排序	
	公司简称	得分		公司简称	得分		公司简称	得分		公司简称	得分
1	赤天化	7.212 8	16	天邦股份	0.007	31	贵糖股份	-0.141 7	46	吉林森工	-0.291 1
2	三元股份	0.477 6	17	扬农化工	0.001 1	32	冠农股份	-0.142 9	47	大成股份	-0.3
3	北海国发	0.389 5	18	恒顺醋业	-0.009 8	33	万向德农	-0.152 7	48	钱江生化	-0.315 9
4	新安股份	0.247 9	19	湖南海利	-0.012 8	34	新希望	-0.169	49	福成五丰	-0.317
5	云天化	0.163 4	20	永安林业	-0.023 1	35	景谷林业	-0.173 8	50	獐子岛	-0.334 6
6	江山股份	0.162 2	21	大江股份	-0.035 8	36	中牧股份	-0.178 4	51	华资实业	-0.352 4
7	光明乳业	0.147 9	22	丰乐种业	-0.038 5	37	亚盛集团	-0.192 5	52	农产品	-0.396 8
8	丰原生化	0.147 9	23	华星化工	-0.047 3	38	华阳科技	-0.210 3	53	好当家	-0.434 6
9	红太阳	0.109 1	24	隆平高科	-0.051 4	39	正虹科技	-0.227 2	54	荣华实业	-0.551
10	新中基	0.095 1	25	北大荒	-0.06	40	新农开发	-0.231 7	55	禾嘉股份	-0.594
11	南宁糖业	0.031	26	中水渔业	-0.076 4	41	莲花味精	-0.244 8	56	金健米业	-0.714 7
12	顺鑫农业	0.028 8	27	东方海洋	-0.077 5	42	金种子酒	-0.247 3	57	通威股份	-0.733 9
13	丹化科技	0.025 4	28	罗牛山	-0.122 6	43	大湖股份	-0.248 4	58	—	—
14	登海种业	0.013 7	29	新五丰	-0.130 1	44	国投中鲁	-0.265 4	59	—	—
15	昌九生化	0.010 8	30	新赛股份	-0.139 7	45	莫高股份	-0.284 9	60	—	—

表 3-38 2008 年农业上市公司按第四公因子得分排名对比

排序	第四公因子排序		排序	第四公因子排序		排序	第四公因子排序		排序	第四公因子排序	
	公司简称	得分		公司简称	得分		公司简称	得分		公司简称	得分
1	光明乳业	0.714 4	16	丹化科技	0.204 1	31	中水渔业	0.103	46	江山股份	0.043 5
2	正虹科技	0.360 5	17	贵糖股份	0.171 2	32	丰乐种业	0.098 9	47	好当家	0.041 4
3	华阳科技	0.344 8	18	万向德农	0.169 9	33	金种子酒	0.092 7	48	福成五丰	0.029 5
4	莲花味精	0.314	19	新五丰	0.168 4	34	冠农股份	0.083 5	49	景谷林业	0.028
5	通威股份	0.306 3	20	湖南海利	0.168 3	35	北大荒	0.082 1	50	云天化	0.018 3
6	隆平高科	0.284 5	21	禾嘉股份	0.163 3	36	荣华实业	0.079 9	51	华星化工	-0.025 8
7	北海国发	0.279	22	吉林森工	0.157	37	农产品	0.079 9	52	永安林业	-0.041
8	金健米业	0.264 1	23	三元股份	0.155	38	顺鑫农业	0.077 9	53	登海种业	-0.045 2
9	大成股份	0.258 1	24	新农开发	0.151 4	39	国投中鲁	0.070 3	54	华资实业	-0.069 7
10	大江股份	0.238 4	25	亚盛集团	0.139 3	40	新中基	0.062	55	獐子岛	-0.211 2
11	钱江生化	0.230 6	26	丰原生化	0.132 5	41	东方海洋	0.059 6	56	新安股份	-0.221 8
12	大湖股份	0.222 1	27	赤天化	0.131 5	42	扬农化工	0.054 9	57	恒顺醋业	-7.342 8
13	红太阳	0.220 5	28	南宁糖业	0.119 8	43	莫高股份	0.054	58	—	—
14	昌九生化	0.212 6	29	罗牛山	0.117 5	44	天邦股份	0.045 8	59	—	—
15	新希望	0.205 7	30	中牧股份	0.104 3	45	新赛股份	0.043 9	60	—	—

表 3-39　2008 年农业上市公司按第五公因子得分排名对比

排序	第五公因子排序		排序	第五公因子排序		排序	第五公因子排序		排序	第五公因子排序	
	公司简称	得分		公司简称	得分		公司简称	得分		公司简称	得分
1	登海种业	2.621 2	16	中牧股份	0.402 5	31	钱江生化	-0.318 5	46	华阳科技	-0.784 9
2	新五丰	2.251 9	17	冠农股份	0.396 7	32	金健米业	-0.342 1	47	禾嘉股份	-0.814 7
3	中水渔业	1.925 8	18	永安林业	0.369 1	33	农产品	-0.355 2	48	三元股份	-0.921 3
4	东方海洋	1.717 9	19	新安股份	0.307 3	34	华星化工	-0.362 5	49	南宁糖业	-0.927
5	莫高股份	1.687 5	20	赤天化	0.255 7	35	贵糖股份	-0.390 2	50	湖南海利	-0.965 9
6	獐子岛	1.675 1	21	北大荒	0.056 5	36	万向德农	-0.404 6	51	江山股份	-1.031 4
7	罗牛山	1.456 6	22	亚盛集团	0.020 9	37	恒顺醋业	-0.415 2	52	新希望	-1.154 1
8	福成五丰	1.298 3	23	莲花味精	-0.035 2	38	云天化	-0.463 2	53	大成股份	-1.155
9	金种子酒	1.159 9	24	丰乐种业	-0.071 9	39	荣华实业	-0.472 8	54	丰原生化	-1.363
10	华资实业	1.100 3	25	昌九生化	-0.088	40	扬农化工	-0.483	55	丹化科技	-1.440 3
11	好当家	0.999 5	26	新中基	-0.089	41	大江股份	-0.585 2	56	北海国发	-1.573 9
12	新赛股份	0.814 7	27	吉林森工	-0.179 1	42	红太阳	-0.615 2	57	大湖股份	-1.903 1
13	景谷林业	0.763 8	28	天邦股份	-0.196 8	43	新农开发	-0.617 3	58	—	—
14	国投中鲁	0.684 5	29	顺鑫农业	-0.253 2	44	通威股份	-0.710 3	59	—	—
15	光明乳业	0.560 1	30	隆平高科	-0.286 9	45	正虹科技	-0.755 9	60	—	—

表 3-40　2008 年农业上市公司按第六公因子得分排名对比

排序	第六公因子排序		排序	第六公因子排序		排序	第六公因子排序		排序	第六公因子排序	
	公司简称	得分		公司简称	得分		公司简称	得分		公司简称	得分
1	万向德农	7.180 2	16	顺鑫农业	0.009 6	31	亚盛集团	-0.122 3	46	大成股份	-0.335 4
2	光明乳业	0.598 3	17	贵糖股份	-0.000 6	32	湖南海利	-0.122 8	47	大湖股份	-0.371 7
3	永安林业	0.371 6	18	登海种业	-0.007 8	33	红太阳	-0.130 3	48	通威股份	-0.376 6
4	好当家	0.328 4	19	南宁糖业	-0.007 9	34	莫高股份	-0.141	49	新五丰	-0.381 2
5	丰乐种业	0.255	20	农产品	-0.023 1	35	昌九生化	-0.162 8	50	中水渔业	-0.455 6
6	江山股份	0.233 4	21	罗牛山	-0.031 5	36	大江股份	-0.172	51	新赛股份	-0.470 9
7	福成五丰	0.124 6	22	丹化科技	-0.034 4	37	新希望	-0.176 7	52	新安股份	-0.492 3
8	国投中鲁	0.098 1	23	景谷林业	-0.037 1	38	东方海洋	-0.191 8	53	隆平高科	-0.492 6
9	中牧股份	0.071 9	24	冠农股份	-0.042 5	39	三元股份	-0.204 8	54	华阳科技	-0.512 1
10	北大荒	0.067	25	吉林森工	-0.046 8	40	正虹科技	-0.226 7	55	金健米业	-0.538
11	獐子岛	0.055	26	赤天化	-0.061 4	41	禾嘉股份	-0.228 8	56	北海国发	-0.563 8
12	华星化工	0.037 4	27	华资实业	-0.069 8	42	莲花味精	-0.237	57	荣华实业	-0.791 8
13	金种子酒	0.033 6	28	扬农化工	-0.070 9	43	新农开发	-0.299 9	58	—	—
14	云天化	0.018 9	29	丰原生化	-0.113 9	44	天邦股份	-0.313 1	59	—	—
15	恒顺醋业	0.013 5	30	新中基	-0.117 1	45	钱江生化	-0.319 8	60	—	—

由表3－34至表3－40按综合绩效的因子得分和按各公因子得分排名情况可知，部分企业经营绩效良好，而其他企业经营绩效很差。

从第一公因子收益因子的排名情况来看：新安股份、华星化工排在前两位。华资实业、北海国发排在最后两位。新安股份的主营业务是化工、化肥产品，华星化工的主营业务是农药、化工原料类。而排在最后两位的是农业及畜牧业的副产品企业。从表3－35中可以看出，有31家企业的因子得分是负值，收益性较差，影响了农业上市公司的整体水平。

从第二公因子发展因子的排名情况来看：农产品、莲花味精排在前两位，它们的主营业务是农产品批发、农业副产品。排在最后两位的是通威股份、正虹科技，它们的主营业务都是饲料。从表3－36中可以看出，有43家企业的因子得分为负值，农业上市公司的总体发展能力有限。

从第三公因子资产增长管理因子的排名情况来看：赤天化、三元股份排在前两位，它们是化肥及食品企业，这说明此类企业的资金管理能力较突出。排在最后两位的是金健米业、通威股份，它们的主营业务是粮油类产品及饲料添加剂。这类企业的资金管理能力较弱，占压资金情况严重。从表3－37中可以看出，有40家企业的因子得分为负值，资产管理能力较弱，影响了农业上市公司的总体水平。

从第四公因子主营业务收入因子的排名情况来看：光明乳业、正虹科技排在前两位，它们是奶制品及饲料类公司，其主营业务收入状况良好。排在最后两位的是新安股份、恒顺醋业，它们属于化工业及醋酐企业，主营收入状况不是很好，发展潜力有限。从表3－38中可以看出，有7家企业的因子得分为负值，农业上市公司的主营业务收入整体良好。

从第五公因子偿债因子的排名情况来看：登海种业、新五丰排在前两位，它们是养殖类公司，偿债能力较好。排在最后两位的是北海国发、大湖股份，它们都是水产养殖企业。从表3－39中可以看出，有35家企业的因子得分为负值，偿债能力较弱，影响了农业上市公司的总体水平。

从第六公因子资金管理因子的排名情况来看:万向德农、光明乳业排在前两位,它们是种子、化肥及乳制品企业,资金周转状况良好。排在最后两位的是北海国发、荣华实业,它们是水产养殖及食品辅料企业。从表 3-40 中可以看出,有 41 家企业的因子得分为负值,资金回流速度普遍较慢,影响了农业上市公司的总体水平。

从上述描述中可知,只有主营业务收入因子的负值少于半数,其余均超过 30 家,这表明农业上市公司的总体发展水平不理想,个别的农业上市公司非常好,其余的农业上市公司的经营绩效很差。

从各因子比重来看,第一公因子排名靠前的公司在综合排名中也会靠前。由表 3-34 可知,新安股份、赤天化、农产品排在前三位,它们的主营业务是农药、化肥及农产品批发等。大湖股份、北海国发、恒顺醋业排在后三位,它们的主营业务是醋酐及水产养殖等。综合排名中因子总得分为负值的达 32 家,超过了一半,这表明农业上市公司发展不均衡,总体经营绩效较差。

第四节　经营绩效综合分析

为了更清楚地了解农业上市公司的绩效变化,现将各年度公因子指标、因子综合得分进行综合分析,根据各经营指标在各年度的不同进行原因分析,同时在宏观层面上对公司绩效加以评价。

一、各年度公因子总得分对比分析

表 3-41　2006—2008 年公因子总分排名对比

公司简称	2006 年 F	2006 年排序	公司简称	2007 年 F	2007 年排序	公司简称	2008 年 F	2008 年排序
昌九生化	-0.216	38	昌九生化	-0.242 5	43	昌九生化	-0.021 4	31
赤天化	0.811 2	5	赤天化	0.943 8	3	赤天化	1.201 8	2
大成股份	-0.344 3	47	大成股份	-0.286 2	47	大成股份	-0.497 6	51

续表

公司简称	2006 年 F	2006 年排序	公司简称	2007 年 F	2007 年排序	公司简称	2008 年 F	2008 年排序
北大荒	-0.210 3	37	北大荒	-0.086 8	31	北大荒	0.049 2	24
北海国发	-0.548 72	55	北海国发	-0.417 5	52	北海国发	-0.802 3	56
大湖股份	-0.302 03	45	大湖股份	-0.284 8	45	大湖股份	-0.707 2	55
大江股份	-0.446 72	52	大江股份	-0.365 3	49	大江股份	-0.121 4	41
丹化科技	0.332 103	11	丹化科技	-0.263 5	44	丹化科技	-0.197 9	44
福成五丰	-0.052 84	27	福成五丰	-0.152 7	39	福成五丰	0.099 1	19
冠农股份	-0.572 16	56	冠农股份	-0.304 2	48	冠农股份	-0.018 3	29
国投中鲁	-0.096 76	33	国投中鲁	-0.019	28	国投中鲁	0.089 9	20
好当家	0.016 765	23	好当家	0.471 6	6	好当家	-0.088 3	38
禾嘉股份	-0.464 32	53	禾嘉股份	-0.402 3	51	禾嘉股份	-0.499 2	52
湖南海利	-0.298 5	44	湖南海利	-1.537 4	58	湖南海利	-0.200 1	46
华阳科技	-0.230 8	41	华阳科技	0.156 5	17	华阳科技	-0.538	53
吉林森工	0.037 099	20	吉林森工	-0.146 5	36	吉林森工	-0.056 2	35
江山股份	-0.053 13	28	江山股份	0.085 7	21	江山股份	0.333	8
金健米业	-0.407 81	50	金健米业	-0.395 3	50	金健米业	-0.549 7	54
金种子酒	-0.083 43	31	金种子酒	-0.201 8	41	金种子酒	0.084 5	22
景谷林业	-0.538 87	54	景谷林业	-0.013 8	27	景谷林业	-0.019 5	30
莫高股份	-0.033 02	25	莫高股份	0.772 8	4	莫高股份	0.196 3	15
钱江生化	-0.244 85	42	钱江生化	-0.149 8	37	钱江生化	-0.445 8	50
荣华实业	-0.966 2	58	荣华实业	1.548 4	1	荣华实业	-0.142 3	42
通威股份	0.519 677	8	通威股份	-0.478 4	54	通威股份	-0.012 2	26
万向德农	-0.073 86	30	万向德农	0.285 3	11	万向德农	0.482 7	4
新安股份	0.460 481	9	新安股份	0.464 2	7	新安股份	1.304	1
新农开发	-0.144 22	36	新农开发	-0.099 9	33	新农开发	-0.398	49
新赛股份	0.020 963	22	新赛股份	-0.045 1	30	新赛股份	0.084 3	23
新五丰	1.040 167	3	新五丰	0.189	16	新五丰	0.262 7	11
亚盛集团	-0.402 17	49	亚盛集团	-0.285 7	46	亚盛集团	-0.119 5	40

续表

公司简称	2006 年 F	2006 年排序	公司简称	2007 年 F	2007 年排序	公司简称	2008 年 F	2008 年排序
扬农化工	0.049 903	19	扬农化工	0.258 3	13	扬农化工	0.371 5	6
云天化	-0.038 46	26	云天化	0.719 8	5	云天化	0.243 8	13
光明乳业	0.380 255	10	光明乳业	-0.105 9	34	光明乳业	0.120 7	16
恒顺醋业	-0.220 8	39	恒顺醋业	0.021 8	25	恒顺醋业	-1.365 8	57
华资实业	1.257 558	2	华资实业	0.323 3	9	华资实业	-0.281 2	48
莲花味精	0.910 631	4	莲花味精	-0.745 3	57	莲花味精	0.104 6	18
三元股份	-0.336 91	46	三元股份	-0.418 3	53	三元股份	-0.051	34
维维股份	-0.056 66	29	维维股份	-0.128 6	35	维维股份	—	—
中牧股份	0.023 091	21	中牧股份	0.196 3	14	中牧股份	0.199 5	14
贵糖股份	-0.264 8	43	贵糖股份	-0.152 1	38	贵糖股份	-0.016 9	27
南宁糖业	0.113 776	16	南宁糖业	-0.087 3	32	南宁糖业	-0.176 6	43
登海种业	0.202 368	14	登海种业	0.299 2	10	登海种业	0.357 8	7
东方海洋	0.671 661	6	东方海洋	-0.031 6	29	东方海洋	0.260 6	12
丰乐种业	-0.222 71	40	丰乐种业	-0.169	40	丰乐种业	-0.099 4	39
丰原生化	-0.619 65	57	丰原生化	-0.505 5	55	丰原生化	-0.199 9	45
红太阳	-0.120 65	34	红太阳	-0.204 4	42	红太阳	-0.061 7	36
华星化工	0.083 942	17	华星化工	0.093 3	20	华星化工	0.379 3	5
隆平高科	0.241 466	13	隆平高科	0.015 6	26	隆平高科	0.035 6	25
罗牛山	-0.408 09	51	罗牛山	0.385 3	8	罗牛山	0.110 7	17
农产品	-0.083 67	32	农产品	0.189	15	农产品	1.014	3
顺鑫农业	0.054 234	18	顺鑫农业	0.079 9	22	顺鑫农业	0.085 2	21
天邦股份	-0.137 15	35	天邦股份	0.105 8	19	天邦股份	0.311 7	9
新希望	0.189 31	15	新希望	0.262 9	12	新希望	-0.018	28
新中基	0.330 878	12	新中基	0.115 1	18	新中基	-0.220 8	47
永安林业	-0.378 25	48	永安林业	0.045 2	24	永安林业	-0.081 5	37
獐子岛	1.265 941	1	獐子岛	1.321 7	2	獐子岛	0.279 5	10
正虹科技	-0.013 2	24	正虹科技	-0.690 3	56	正虹科技	-0.028 4	33
中水渔业	0.618 512	7	中水渔业	0.066 8	23	中水渔业	-0.026 2	32

(1)对比数据

由表3-41可知:2006年综合排名第一的獐子岛,2007年排名第二,2008年排名第十,整体排名下滑,但是经营业绩比较稳定;2006年排名第二的华资实业,2007年综合排名第九,2008年排名第四十八,业绩下滑比较严重;2006年排名第三的新五丰,2007年排名第十六,2008年排名第十一,经营业绩比较稳定;2006年排名第四的莲花味精,2007年排名第五十七,2008年排名第十八,经营业绩下滑严重;2006年排名第五的赤天化,2007年排名第三,2008年排名第二,业绩非常稳定。

2006年综合排名第五十八的荣华实业,2007年排名第一,2008年排名第四十二,经营业绩波动很大。

2006年排名第五十七的丰原生化,2007年排名第五十五,2008年排名第四十五,总体业绩有所提高。

2006年排名第五十六的冠农股份,2007年排名第四十八,2008年排名第二十九,业绩有所提升,2008年提升幅度较大。

2006年排名第五十五的北海国发,2007年排名第五十二,2008年排名第五十六,业绩没有大的变化。

2006年排名第五十四的景谷林业,2007年排名第二十七,2008年排名第三十,业绩有所提升。

2006年排名第五十三的禾嘉股份,2007年排名第五十一,2008年排名第五十二,业绩没有显著变化。

从3年的综合排名来看,变化幅度较大的是丹化科技,2006年排名第十一,2007、2008年排名第四十四;好当家,2006年排名第二十三,2007年排名第六,2008年排名第三十八;莫高股份,2006年排名第二十五,2007年排名第四,2008年排名第十五;通威股份,2006年排名第八,2007年排名第五十四,2008年排名第二十六;万向德农,2006年排名第三十,2007年排名第十一,2008年排名第四;新安股份,2006年排名第九,2007年排名第七,2008年跃居第一;云天化,2006年排名第二十六,2007年排名第五,2008年排名第十三;华星化工,2006 年排名第十七,2007 年排名第二十,2008 年排名第五;罗牛山,2006 年排名第五十一,2007 年排名第八,2008 年排名第十七;中水渔业,2006 年排名第七,2007 年排名第二十三,2008 年排名第三十二。

(2)业绩变化原因

丹化科技 2006 年业绩跃升是因为 2005 年整个市场产品价格偏低,导致销售价格无法提高。2006 年市场稍有好转,丹化科技便抓住机遇,提高了销售量。但是因为 2005 年还处于 ST 的丹化科技,银行授信规模很小,丹化科技采取了来料加工项目,使业绩有所提升。2007、2008 年没能继续扩大产品销售,资金补充不及时,使业绩再次下滑。

好当家 2007 年业绩突然上升的原因是海参等海珍品的价格大幅上涨,出现经济危机后价格回落,业绩下滑。

莫高股份 2005、2006 年的原料成本开始下降,2007 年公司抓住机遇,大力发展葡萄酒市场,拓宽营销渠道,使 2007 年的业绩大幅提升。

通威股份 2006 年经营规模快速发展,业绩稳步增长,产业链成功延伸。2006 年本来是中国饲料行业低迷的一年,各种禽畜疫病爆发使大型饲料生产企业受到影响,但通威股份恰好抓住了这一机会,发展了自我,使 2006 年业绩大幅提高。

2008 年各行业普遍受到金融危机的影响,但是万向德农的主营业务是种子,同时种子需求是一种刚性需求,受市场影响较小,因而万向德农在 2008 年的业绩提升较快。

新安股份一直是个经营业绩不错的企业,2008 年综合排名跃居第一,主要是因为全球草甘膦市场需求量大,公司又是龙头企业,把握住了机会,使产品销量大幅度增长,业绩上升较快。

云天化 2007 年新上生产线,使产销量增加而业绩上升。

华星化工 2008 年的业绩上升与新安股份相似,都是由于国际市场草甘膦的需求量大。

罗牛山 2007 年的业绩上升较快,主要是因为生猪销售价格上涨。

中水渔业2007、2008年业绩下滑与远洋捕捞成本上升有关，尤其是国际油价的上涨提高了作业成本，因而没能保持住2006年的业绩。

二、宏观层面上各农业上市公司绩效分析

从上述综合排名中可以看出，有的上市公司经营状况始终良好，有的上市公司经营状况时好时差。下面从各类上市公司中选出有代表性的上市公司加以分析。

(1)业绩稳定且保持良好的公司业绩分析

赤天化的经营业绩很稳定，3年的综合排名没有出过前5名。赤天化是农用化肥企业，主要产品是尿素。公司经营非常稳定，管理层高度重视企业的长期发展。2006、2007年的收益因子均为正，2008年收益因子出现负值，是受到整个宏观经济形势的影响。但是第三公因子的数值较高，资产负债率、存货周转率较高。偿债因子2006、2007年均为负值，同时2006年的资产管理因子也为负值，但其增长因子及主营业务因子数值较高，弥补了偿债能力弱、资金回笼慢的缺陷。

赤天化于1978年10月建成投产。公司主体生产装置从美国和荷兰等国引进，经过不断的技术改造，年生产能力突破36.6万吨合成氨、63万吨尿素以上，是贵州较大的化肥生产基地。

2003年，赤天化通过了ISO 9001:2000版质量体系认证。主导产品"赤"牌尿素获国优金奖，2002、2005年两次被评为国家免检产品。公司先后获得"国家一级企业"、"全国优秀企业(金马奖)"、"全国质量效益型先进企业"、"全国用户'四满意'"、"全国先进基层党组织"等荣誉称号。

从赤天化的成功经验中可以总结出，在其发展中经历了三次重大的历史性跨越。从建成投产到晋升为国家二级企业，是积蓄力量打基础阶段；第二阶段是以创建国家一级企业为契机，全面推进企业管理进步和技术进步，加速企业发展的重要时期；第三阶段是赤天化完善

现代企业制度,整合资源,积极实施企业二次创业,寻求更大发展的新时期。三个阶段的成长使其业务进一步扩大,同时赤天化积极开展相关多元化业务,没有盲目发展。

从以上描述及因子分析中可以总结出保持企业稳定发展的原因:①发展融资新渠道,积极利用外部资金。②有效管理资产运作,避免资金短缺时陷入瘫痪境地。③积极走技术创新之路。公司每年投入上千万元的资金进行设备更新改造,以技术改造推进技术进步,同时积极与大专院校、科研院所合作,培养复合型、创新型人才,不断增强自身研发能力和自主创新能力,提高公司整体竞争力,使增长因子的数值越来越大。④树立长远发展的观念。公司十分重视节能减排工作,不断提升环保意识,强化环保责任,尤其是化肥行业,节能减排是企业发展的长期关注点。这也符合政府的意愿,这一方针将会得到政府的大力支持。⑤保持与政府的政策一致。农业行业与政府政策息息相关,企业要时时更新信息。⑥化肥行业受石油价格的影响很大,也受农业种植业的影响。从管理上要重点控制好资金的管理问题,也就是资金回笼问题。⑦不盲目扩张,采取相关多元化政策,在熟悉的领域中寻求发展。

(2)综合排名业绩波动较大且向好的企业业绩分析

荣华实业,2006、2008 年分别排在第五十八、第四十二名,而 2007 年却是第一名。2006 年只有第一公因子为正,2008 年第一公因子、第四公因子为正,其余均为负。2007 年收益因子及增长因子为负值,其余为正值。2007 年公司收回了甘肃荣华味精有限公司的全部欠款,经营活动现金流量净额大幅增加。由于处置了部分在建工程资产并收回了处置款,投资活动产生的现金流量净额大幅上升,因此 2007 年偿债因子得分最高,从而拉动了整个因子的综合得分。从这一情况来看,企业资金的管理至关重要,欠款的清欠能力应该作为企业发展中的一项重要考核指标。

好当家,2007 年的业绩同样出现了向好的趋势,2006 年排名第二十三,2008 年排名第三十八,2007 年排名第六。2007 年的因子得分四项为正，且收益因子、主营业务发展因子得分很高。

好当家位于山东半岛，创建于1978年，现已发展成为一家集食品加工、水产养殖等产业为一体的大型国家级企业集团。集团拥有直属企业50多家，其中国有A股上市公司一家，总资产达30多亿元，职工12 000多人，是农业产业化国家重点龙头企业，“好当家海洋食品”被评为中国名牌产品。

冷冻食品业是好当家的支柱产业。自1990年成立第一家合资企业以来，集团在16年间利用外资5 000多万美元，与日本、美国、韩国等国家和地区的客商合资兴建了10家合资食品企业，成为我国重要的绿色海洋食品生产基地和出口基地，产品远销日、韩、美国等国家和地区。

管理上主动与国际标准接轨，为提高产品研发水平，与山东省科学院合作，建立了好当家食品研发中心，开发出一系列高技术含量、高附加值的海洋生物食品。在国内市场经营和品牌开发方面，集团重点实施了现代连锁经营，先后在海南、上海、北京、大连、哈尔滨等地建立了100多家“好当家海洋食品”连锁专卖店。

好当家2007年业绩突出的原因：①公司充分利用国家对农业的扶持政策，大力发展水产品；②从营销策略上采用连锁经营，使通路顺畅、稳定，好当家的营销管理在农业上市公司中是首屈一指的，连锁经营经验成熟；③善于把握市场机会，2006年以来，禽流感、疯牛病、口蹄疫等牲畜、家禽传染病时有发生，造成了一段时间内人们不愿意购买家禽、牲畜类食品，包括食品肠，好当家抓住这一机会，大力发展海水养殖产品，加大销售力度，同时由于水产品价格上涨带来了收益；④成本的有效控制，也就是成本管理能力提高，使上市公司的业绩提升，好当家管理费用较2006年减少了19.17%；⑤对于好当家未来业绩的提升，这项指标仍至关重要，因为浅海养殖竞争越来越激烈，但发展深海养殖势必会增加成本及费用，所以好当家未来能否继续保持业绩增长，收益因子、增长因子的分值比重能否进一步提高，还需要公司的继续努力。

(3)综合排名业绩波动较大且向差的企业业绩分析

华资实业2006年因子综合排名第二,2007年综合排名第九,2008年综合排名第四十八。从2008年的公因子分析中可以看出:主要是第一公因子及第三公因子影响了它的综合排名。华资实业的业务范围是甜菜制糖业、电子业,制糖业收入呈现连年下降趋势。

华资实业业绩波动较大的原因:①由于2008年原材料、煤电及运费等价格一直居高不下,导致产品成本、费用一直在高位运行;②受国际、国内宏观经济的影响,食糖价格大幅度下降,致使产品成本与售价倒挂;③控股子公司包头华资电子科技有限公司报告期内由于受全球金融危机的影响,产品出口价格大幅度下滑,生产成本持续上升,订单锐减,大部分生产线停产,报告期内该公司亏损1 265.32万元;④对于以农业概念股出现的华资实业,没能将糖业利润提高上来,这与公司忽视主营业务有关,电子业与制糖业是完全不相关的产业,只靠农业优惠政策来实现收入增长是不现实的;⑤主营业务过于分散,不利于企业的协调发展,领域不集中导致专业人员队伍分散,专业设备与研究方向不统一,资源无法共用;⑥没有核心的赢利能力,核心的赢利业务不突出,管理、质量及营销没有突出的核心竞争力。

(4)因子排名稳定但业绩较差的公司绩效分析

禾嘉股份2006年的因子综合排名第五十三,2007年综合排名第五十一,2008年综合排名第五十二,综合业绩一直较差。禾嘉股份1997年上市,主营业务是种植业及技术服务,农副产品的加工、销售,食品机械的设计、生产、安装及其他技术服务,食品加工工程技术咨询服务及人员培训。后来公司的经营范围改为项目投资及管理。

从2008年的整体经营业绩来看,出现了以下几种问题:①浓缩果汁滞销,因保质保鲜处理技术不够,计提存货跌价准备;②农作物种子出口销售量大幅下滑,成本上升,利润减少;③汽车零配件受金融危机的影响较大,虽然上半年销售较好,但钢材涨价,成本上升,赢利空间缩小，下半年汽车市场对汽车零配件的需求减少，产品价格下跌，致使利润大幅降低；④计提坏账准备，受金融危机的影响，公司经营的外部环境恶化，按审慎性原则，对账龄较长的应收款计提坏账准备。2007 年整个行业处于膨胀发展阶段，尽管业绩有所增加，但是从整个行业的增加幅度来看仍处于劣势。从 2008 年以前的连续 5 年的数据来看，农作物种子利润与汽车配件利润始终是禾嘉股份的主要利润来源，并且二者各占约 50% 的份额。从禾嘉股份的赢利状况来分析，作为一家农业上市公司，种子产业应作为主营方向。一方面种子收入达到公司近半的利润；另一方面种子行业不易受外部环境的影响，属刚性需求。而汽车配件行业易受大经济环境的影响，禾嘉股份自主选育的杂交水稻是公司的核心竞争产品，如果把精力及资金投入到其他非核心项目中，将会得不偿失。禾嘉股份的资产管理水平较低，就大量的计提坏账准备而言，不但没有利润，反而成本也没有收回。2007 年 9 月，公司将三项工程款共计 12 220.65 万元全部计提坏账准备，由此可见，利润回收能力不够。另外，禾嘉股份的销售力量较弱，没能将具有核心竞争力的杂交种子产品大面积铺开，全国仅有几个省展开销售，这对于一个已成立了几十年的企业来讲，发展速度确实有些缓慢。

第五节　个案实证分析

本节以农业上市公司北大荒为例，以该公司 2003—2009 年的经营业绩作总体分析，借以探讨影响农业上市公司经营业绩的因素。之所以选取北大荒，是因为北大荒从上述的分析中总体绩效排名处于中间水平，并且主营业务鲜明率在 90% 以上，因此可以作为纯农业上市公司的代表作进一步的研究。

一、实证分析过程

表 3－42　2003—2009 年北大荒股份有限公司样本数据的描述性统计

	主营业务利润率	总资产利润率	净资产收益率	每股收益（元）	资产负债率	流动比率	速动比率
N	7	7	7	7	7	7	7
Minimum	0.263 8	0.045 5	0.098 7	0.26	0.488 5	0.96	0.463
Maximum	0.484 1	0.056 3	0.139 3	0.36	0.589 5	1.398	1.041
Mean	0.349 114	0.053 543	0.116 343	0.308 571	0.542 343	1.162 143	0.667
Std. Deviation	0.074 106	0.003 672	0.015 045	0.033 877	0.038 567	0.138 294	0.198 853
	总资产周转率	存货周转率	应收账款周转率	总资产增长率	主营业务收入增长率	净利润增长率	每股净资产
N	7	7	7	7	7	7	7
Minimum	0.27	1.078	3.159	－0.048 5	0.021 2	－0.130 3	2.35
Maximum	0.61	1.727	8.834	0.232 5	0.717 3	0.164 1	2.98
Mean	0.468	1.347 143	6.930 571	0.103 529	0.250 3	0.047 129	2.655 714
Std. Deviation	0.112 45	0.236 642	1.956 264	0.102 244	0.224 552	0.096 744	0.208 875
	每股公积金	每股未分配利润	主营业务鲜明率	总资产（万元）	国家股比例	法人股比例	流通股比例
N	7	7	7	7	7	0	7
Minimum	0.19	0.363	0.787 4	764 020	0.665 1	—	0.204 1
Maximum	0.402	0.532	0.989	1 227 496	0.795 9	—	0.334 9
Mean	0.303 286	0.429	0.922 129	979 860.4	0.725 629	—	0.274 371
Std. Deviation	0.083 745	0.053 11	0.064 008	145 967.6	0.051 554	—	0.051 554

由表 3－42 可知，平均速动比率、平均流动比率偏低，而且方差过小，这说明每年的经营状况相似。主营业务利润率、每股公积金、每股未分配利润保持了较高的水平。

表 3－43　KMO 检验和巴特利特球度检验

Kaiser－Meyer－Olkin Measure of Sampling Adequacy		.628
Bartlett's Test of Sphericity	Approx. Chi－Square	650.486
	df	105
	Sig.	.000

表 3－44　互相关矩阵的特征值、方差贡献率

序号	总特征值、方差贡献率			提取的特征值、方差贡献率			旋转变换后提取的特征值、方差贡献率		
	特征值	方差贡献率（%）	累计方差贡献率（%）	特征值	方差贡献率（%）	累计方差贡献率（%）	特征值	方差贡献率（%）	累计方差贡献率（%）
1	7.822 0	52.146 8	52.146 8	7.822 0	52.146 8	52.146 8	5.763 0	38.419 8	38.419 8
2	3.788 3	25.255 4	77.402 2	3.788 3	25.255 4	77.402 2	3.341 3	22.275 4	60.695 2
3	1.602 3	10.681 8	88.084 0	1.602 3	10.681 8	88.084 0	3.233 3	21.555 6	82.250 8
4	1.062 3	7.081 9	95.166 0	1.062 3	7.081 9	95.166 0	1.937 3	12.915 1	95.166 0
5	.510 4	3.402 7	98.568 7	—	—	—	—	—	—
6	.214 7	1.431 3	100.000 0	—	—	—	—	—	—
7	0.000 0	0.000 0	100.000 0	—	—	—	—	—	—
8	0.000 0	0.000 0	100.000 0	—	—	—	—	—	—
9	0.000 0	0.000 0	100.000 0	—	—	—	—	—	—
10	0.000 0	0.000 0	100.000 0	—	—	—	—	—	—
11	0.000 0	0.000 0	100.000 0	—	—	—	—	—	—
12	0.000 0	0.000 0	100.000 0	—	—	—	—	—	—
13	0.000 0	0.000 0	100.000 0	—	—	—	—	—	—
14	0.000 0	0.000 0	100.000 0	—	—	—	—	—	—
15	0.000 0	0.000 0	100.000 0	—	—	—	—	—	—

根据表 3－44，可以选取 4 个公因子，其累计方差贡献率已经达到 95.166 0%。而且由表 3－45 可知，覆盖率由 83.627 7% 上升到了 99.674 8%，这说明所选取的变量可以代表所有因子作为解释变量。

表 3-45　共同度数据

要素名称	Initial	Extraction	要素名称	Initial	Extraction
主营业务利润率	1	0.979 257	存货周转率	1	0.982 101
总资产利润率	1	0.996 074	应收账款周转率	1	0.897 663
净资产收益率	1	0.954 236	总资产增长率	1	0.989 435
每股收益率	1	0.963 263	主营业务收入增长率	1	0.881 441
资产负债率	1	0.836 277	净利润增长率	1	0.975 734
流动比率	1	0.897 043	每股净资产	1	0.996 748
速动比率	1	0.947 625	每股公积金	1	0.995 393
总资产周转率	1	0.982 602	—	—	—

表 3-46　旋转后的因子载荷矩阵

要素名称	F_1	F_2	F_3	F_4
主营业务利润率	-0.873 52	-0.107 85	-0.366 73	0.264 746
总资产利润率	-0.463 28	0.721 59	-0.501 67	0.095 313
净资产收益率	0.465 476	0.745 029	-0.330 41	-0.270 79
每股收益率	0.381 325	0.777 161	0.357 723	-0.293 1
资产负债率	0.829 661	0.026 904	-0.144 24	-0.355 54
流动比率	-0.919 08	-0.195 75	-0.099 25	0.064 598
速动比率	-0.905 56	-0.262 67	-0.215 46	0.110 311
总资产周转率	0.755 807	0.114 442	0.556 752	-0.297 13
存货周转率	0.402 085	-0.047 63	0.854 819	-0.295 71
应收账款周转率	0.942 148	0.084 186	0.053 681	0.007 148
总资产增长率	-0.329 99	-0.926 6	-0.007 25	0.147 992
主营业务收入增长率	-0.174 11	-0.243 1	-0.094 02	0.884 98
净利润增长率	-0.165 21	0.675 501	-0.371 97	0.594 79
每股净资产	-0.156 95	-0.273 12	0.940 685	0.112 388
每股公积金	0.508 38	0.266 21	0.676 206	-0.456 97

根据表 3-46 旋转后的因子载荷矩阵，再运用回归方法而得到的因子得分系数矩阵见表 3-47，各因子得分值见表 3-48。其中，F_1、F_2、F_3、F_4 依据得分系数矩阵和原始绩效指标值而得到，其数学表达式为：

$$F_j = \beta_{1j}X_1 + \beta_{2j}X_2 + \cdots + \beta_{pj}X_p (j = 1,2,3,4,5; p = 1,2,\cdots,15)$$

综合因子 F 以各因子的方差贡献率占 4 个因子总方差贡献率的比重作为权重对 F_1、F_2、F_3、F_4 进行加权汇总得到：

$$F = 0.403716 \times F_1 + 0.234069 \times F_2 + 0.226505 \times F_3 + 0.135711 \times F_4$$

表 3-47　因子得分系数矩阵

要素名称	Component			
	F_1	F_2	F_3	F_4
主营业务利润率	-0.972 868 36	0.106 498	0.136 376	-0.053 33
总资产利润率	-0.412 614 74	0.853 057	0.312 432	-0.022 44
净资产收益率	0.546 030 765	0.798 181	0.010 343	-0.137 43
每股收益率	0.750 431 773	0.393 032	0.489 291	0.078 966
资产负债率	0.756 851 51	0.137 168	-0.436 62	-0.232 38
流动比率	-0.862 880 34	-0.141 6	0.325 097	-0.163 53
速动比率	-0.928 648 26	-0.118 91	0.201 437	-0.174 7
总资产周转率	0.960 578 677	-0.227 18	0.053 152	0.073 873
存货周转率	0.739 810 111	-0.558 23	0.338 78	0.091 596
应收账款周转率	0.810 605 364	0.087 867	-0.442 1	0.193 42
总资产增长率	-0.565 410 61	-0.731 62	-0.350 75	-0.106 99
主营业务收入增长率	-0.551 053 3	-0.090 54	-0.313 59	0.686 471
净利润增长率	-0.307 258 26	0.783 64	0.075 146	0.511 457
每股净资产	0.112 649 513	-0.796 17	0.473 844	0.354 465
每股公积金	0.898 142 808	-0.205 67	0.380 859	-0.037 11

表 3 - 48　综合绩效得分排名对比分析

项目 年度	F_1	F_2	F_3	F_4	F	排序
2003	1.761 016 76	-2.682 800 58	0.805 061 31	1.280 014	0.439 052 65	7
2004	4.509 418 34	-2.428 252 78	-0.474 061 85	2.322 278	1.459 926 96	6
2005	7.441 894 29	-1.945 899 91	-1.839 987 38	2.516 236	2.473 651 49	3
2006	7.701 526 17	-1.719 335 08	-1.675 723 3	2.330 621	2.643 517 49	2
2007	6.754 469 48	-2.352 802 23	-0.900 969 24	2.067 679	2.252 702 04	5
2008	6.696 300 17	-2.443 283 96	-0.434 852 54	2.133 273	2.322 518 8	4
2009	8.168 754 91	-2.956 323 48	-1.257 272 02	2.525 339	2.663 811 29	1

由表 3 - 48 可知，2005、2006、2009 年的综合绩效排在前三位，主营业务增长因子、资产管理因子对综合绩效的贡献度大于其他两个因子。

表 3 - 49　按各公因子得分排名对比

排序	第一公因子排序		排序	第二公因子排序		排序	第三公因子排序		排序	第四公因子排序	
	年度	得分		年度	得分		年度	得分		年度	得分
7	2003	1.761 0	6	2003	-2.682 8	1	2003	0.805 1	7	2003	1.280 0
6	2004	4.509 4	4	2004	-2.428 3	3	2004	-0.474 1	4	2004	2.322 3
3	2005	7.441 9	2	2005	-1.945 9	7	2005	-1.840 0	2	2005	2.516 2
2	2006	7.701 5	1	2006	-1.719 3	6	2006	-1.675 7	3	2006	2.330 6
4	2007	6.754 5	3	2007	-2.352 8	4	2007	-0.901 0	6	2007	2.067 7
5	2008	6.696 3	5	2008	-2.443 3	2	2008	-0.434 9	5	2008	2.133 3
1	2009	8.168 7	7	2009	-2.956 3	5	2009	-1.257 2	1	2009	2.663 8

由表 3 - 49 可知，按各因子得分进行排名，各年表现不尽相同，北大荒 2003 年的第一公因子和第四公因子均排名第七，但第三公因子排名第一；2009 年第一公因子和第四公因子均排名第一，但第二公因子得分最少，排名第七。

二、个案分析总结

(1) 在连续7年的经营状况中,北大荒2006、2009年的综合业绩突出。2008的全球金融危机导致公司业绩下滑,2009年为了使经济快速复苏,国家出台了一系列政策,尽管如此,2008年出现的业绩下滑,仍使公司的资金出现了紧张,为了缓解紧张局面,公司增加了银行借款。同时将高技术项目计划搁置,以补充流动资金,才使2009年的业绩得以提升。这与实证分析的结果保持了一致,即资产管理因子对2009年的综合绩效的贡献占了很大的比例。

(2)2006年公司以提高粮食综合生产能力为主攻方向,年度内的大米销售、麦芽销售收入增加,扩大了绿色、有机、高效农产品生产规模,促进了传统农业向高效农业种植业生产方式及增长方式的转变。表现出来的仍然是资产管理因子及主营业务增长因子对其综合绩效的贡献。

(3)在2003—2009年的综合绩效贡献上,成长因子及资产规模因子贡献极小。影响成长因子的主要是每股收益,影响资产规模因子的是存货周转率及每股公积金。每股收益及每股公积金的提高主要在于公司营利能力,存货周转率的提高需要公司加强存货管理,对采购及销售环节作好计划及预算,按照量出为入原则,减少存货,提高周转速度。

通过对58家农业上市公司的15项财务指标的数据分析,以及在年度对比分析中,我们找出了对农业上市公司经营业绩起关键作用的影响因素,总结如下:①主营业务要突出,不能把过多的精力及资金投入到其他业务中;②要有企业的核心竞争产品;③企业间要避免违规性的关联交易,否则容易出现无头绪的债务纠纷;④建立严格的项目审核制度,避免投资后应收的利润成为坏账;⑤建立完整的营销体系,创立企业及产品品牌;⑥密切关注国家政策,政策的导向作用会引导市场需求及消费;⑦善于利用国家的优惠政策,弥补公司的不足;⑧农业上市公司应注重管理模式的转变,由粗放型向集约型转化,严格控制成本及费用支出;⑨通过各种手段提高资金的使用效率和周转速度,减轻资金使用上的压力,保持在各银行间的良好信誉,拓宽银行贷款融资渠道;⑩多元化发展应向纵深方向、农业深加工方向发展,避免非相关多元化,因其不利于资源共享,容易出现精力耗散现象;⑪尽量开发科技含量高的产品,减少后进企业的模仿机会,提高企业核心竞争力;⑫建立人才培养机制,专业化队伍建设是农业上市公司发现机会、利用机会、迅速成长的关键。

第四章　非农化经营对农业上市公司经营绩效的影响

前几章对农业上市公司的基本情况作了详尽的描述，并通过因子分析对上市公司的绩效作了综合评价。同时通过个别农业上市公司的经营情况对因子分析的数据作了对应性描述，并指出了存在的问题，给出了初步建议。本章将对农业上市公司非农化经营的原因及存在的问题作进一步分析。

第一节　非农化经营的现实状况分析

一、非农化经营的概念

农业上市公司的主营业务是农业产业，它是农业先进生产力的代表，可是在农业上市公司的发展过程中，出现了大量的背农现象。主营业务不再涉及农业，但却享受着国家的支农政策，这与我国为农业上市公司提供优惠政策的目的背道而驰。非农化经营的出现，意味着农业上市公司的竞争力在下降，这种现象大量出现将会影响其他农业上市公司的经营信心。同时后进入的企业将会缺乏投资热情，使农业上市公司遭受更大的损失。非农化经营实际上就是一种背农现象。

我国农业上市公司在发展过程中，出现了众多的“非农化”现象。非农化经营的出现，既受农业、农业上市公司本身因素的影响，也有外部因素的影响。众多的农业上市公司经营业绩因为非农化而下滑，这种现象应该得到关注并引起大家的思考。

二、非农化经营的现状

非农化经营目前非常普遍，众多农业上市公司将主营业务转向其他行业，或者增加其他行业的经营项目。很多农业上市公司主营业务利润已明显降低到其他业务利润以下。非农化经营已经受到了政府及学者的高度重视，作为国家的支柱产业——农业，以及代表着农业先进生产力的农业上市公司越来越受到关注，国家政策将逐渐偏向于农业的发展。

在工业化初始阶段，农业支持工业，为工业提供积累是带有普遍性的趋向，但在工业化达到相当程度后，工业要反哺农业、城市要支持农村，实现工业与农业、城市与农村协调发展。因此，加快改变农业是弱质产业的现实状况，全面提升农业竞争力，对实现经济社会和谐发展有着十分重要的意义。

(1)农业现状

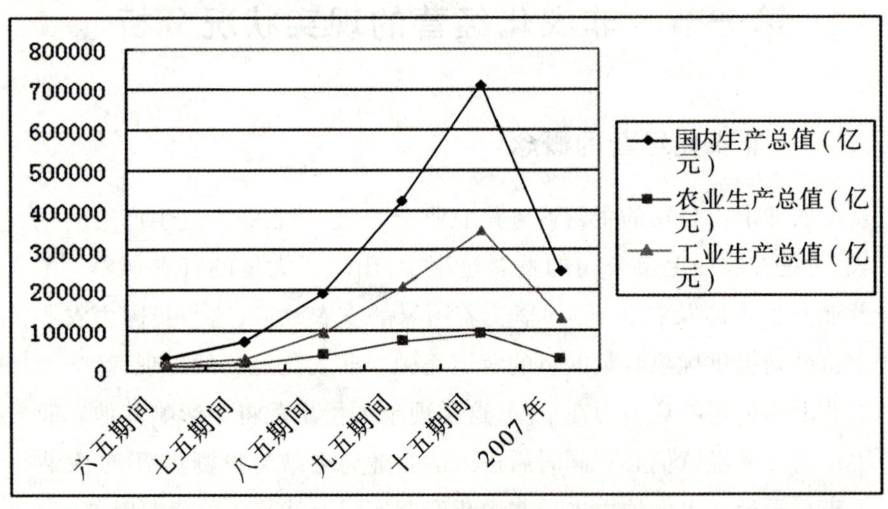

图 4－1　国内生产总值及农业、工业生产总值

由图 4－1 可以看出，农业的生产总值在 20 世纪 80 年代初期与工业的生产总值几乎相等，但是数值很小。到 20 世纪 90 年代初期，工业的生产总值明显超过了农业。20 世纪 90 年代以前一直是农业支持工业，所以农业一直处于奉献阶段。当农业透支到一定程度后，国家政策开始倾向于农业。因为农业支持工业的惯性，农业一直没能真正发展起来，从八五期间开始差距越拉越大，直到现在。目前，国家已经进入工业反哺农业阶段。然而，农业的真正恢复并与工业齐头并进，还需要一段时间，因为工业的产值已经远超过农业，同时还需要农业产业化企业及国家的共同努力。在这种艰难的情况下，农业上市公司不可避免地转向了其他经营领域，以获取更多的利润。随着工业反哺农业进程的加深，非农化的现象将会越来越少。

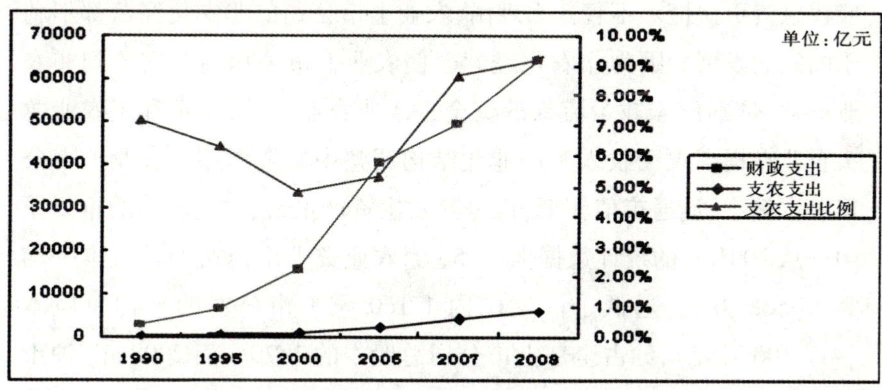

图 4－2　财政支出、支农支出、支农支出比例统计

由图 4－2 可知，国家财政支出随着国家的经济发展越来越大，2008 年已经超过了 60 000 亿元，而且从 1990 年开始一直是不断增加的，同时农业支出也是连年增加的，但是从农业支出比例上可以看出，1990—2000 年，总的财政支出与支农支出都是上升的，但相对于其他行业来说，农业支持比例是下降的，这说明财政对农业的支持力度很小。2000—2006 年，农业支出比例有所增加，但幅度不大。2006 年以后，农业投入比例明显上升，2007 年是一次快速增加。1998—2006 年，国家批准了一大批农业企业上市。尽管国家的投入力度不断加大，但是农业的恢复有个滞后期，本身周期较长，加之多年的透支，要想使各方面的资源都关注农业还需要一段时间，所以对农业上市公司来说，趋利性本质使其转营其他项目是很正常的现象。大部分农业上

市公司是在农业支出比例最低的阶段进入证券市场的,在这种背景下带着先天不足性。农业上市公司进入证券市场融资,但业绩无法跟上,自然出现股权融资能力较差的结果。如果经营策略再出现问题,就会出现转型或者增加其他非农业的经营项目,不再专门从事农业项目的经营。

(2)农业上市公司非农化现状

农业上市公司非农化是为了公司的发展需要,同时也是公司为配合二级市场的炒作而精心构建题材,以此来博得股民的喜爱,从而使股权融资更快捷。不管什么理由,农业上市公司的非农化经营都不利于国家的发展。因为非农化经营会使农业上市公司的利润流到非农业产业,依靠国家政策流入的资金进入非农业领域,这不利于农业龙头企业在提高农民收入及产业化结构调整中发挥作用。农业上市公司股本偏小、流通市值较低,也是其发生资产重组、主业转型的重要原因。从2001年的统计数据来看,56家农业类上市公司的总股本平均为25 568万元,远低于同期国内1 160家上市公司的平均总股本(417 100万元),约占全部上市公司总股本的1/70。而2008年,沪市和深市总市值为223 450亿元,农业上市公司为1 890亿元。总股本的占比变化与农业上市公司的上市比例减少有关,同时也说明农业上市公司的股市融资能力越来越弱。尽管农业上市公司的转型可以使资金得到近乎合理的利用,但是国家之所以扶持农业,就是要使农业名正言顺地通过市场真正成长起来,农业企业的非农化经营则刚好与国家政策背道而驰。

到2009年年初,农业上市公司非农化扩张已经很严重,部分公司已经退出了农业产业。其中,几乎2/3的农业上市公司进行了非农化扩张,进入了生物制药、金融证券、创业投资、电子通信、房地产等领域。如丰乐种业涉足了酒店管理、房地产销售;罗牛山涉足了建筑业、教育业及金融证券;顺鑫农业涉足了建筑业;禾嘉股份涉足了商场管理及汽车配件;永安林业涉足了生物制药;新中基涉足了创业投资;中牧股份涉足了房地产。其中,一些规模较小、经济实力不足的农业上市公司已经退出农业领域，如平庄能源，现在已开始经营煤炭及工程施工项目，完全脱离了农业行业。在目前的农业上市公司中完全保持农业特点的仅有二十几家。

大部分农用化肥类企业没有非农化经营，如华星化工、建峰化工等；几家老牌的畜牧养殖加工企业没有非农化扩张，如獐子岛、福成五丰、新五丰等。非农化扩张的统计数据不包括在农业产业链上延伸的企业。这些企业尽管经营范围增加了，但仍然属于农业范畴。

有些已经 ST 的农业上市公司将面临被迫转型，因为资金紧张，无法扭转 ST 局面，重组后的主营业务将会受到大股东的影响，如 ST 九发、ST 松江等。有些 ST 的企业由于无法经营，在没有得到重组信息之前，就已经转向了其他行业，如 ST 华龙。从以上农业上市公司的非农化扩张来看，农业上市公司的处境急需国家政策的引导，将优质资源逐渐向农业倾斜。

据统计，目前世界的贫富差距过大，大部分财富集中在少数人手中。在我国，尽管劳动力不断向城市转移，但农业人口的占比仍然很高，因此加大农业投入，增强农业上市公司的市场竞争力势在必行。目前从市场的资金流动现象来看，资源向农业上市公司的倾斜已渐渐表现出来。2009 年，山西省政府出台了《关于做大做强农产品加工龙头企业的意见》后，山西有 610 个煤焦铁企业涉足农产品加工业领域，形成投资总额 68 亿元，创办农产品加工企业 105 家，投资 22.8 亿元；转产农产品加工企业 118 家，投资 26.4 亿元；通过股权投资等形式支持农产品加工企业 152 家，投资 9.2 亿元；通过债权等间接投资形式支持农产品加工企业 235 家，投资 9.6 亿元。从山西省的这一数据能够看出，在国家政策的引导下，优质资源会逐渐倾向于农业，非农化扩张将渐渐减少。尽管已有了好的发展趋势，但是通过对非农化扩张利弊的研究，让非农化经营的弊处更明显，才能对国家积极政策的出台起到更强的推动作用。

第二节　非农化经营出现的原因分析

一、农业弱质性

对于农业而言,动物养殖及农作物种植都是一个漫长的过程。它不会因为效率的提高而出现快速生长现象,必须要经历四季的生长阶段。一旦开始饲养及播种,生产的最终数量就一定了,只能是比预期的少,不会出现增加现象。因此农业首先受季节的影响非常大,很难人为控制,如出现旱涝灾害、疾病灾害,都是对农业的最大损害。另外,农产品的保鲜性很差,即使农产品价格下跌,也不容易保存下来等待涨价后再出售;价格上涨,农产品也不会快速生产出更多的数量来,周期过长无法满足利益驱动的要求。其次,农产品的生产是我国沿袭下来的小农户生产,没有形成规模化运作,所以导致农民与市场的谈判能力弱,农业生产基本上是脱离市场的生产。再次,农民的小农户生产方式使生产者的信息闭塞,不能快速了解市场的需求。农产品生产者的文化素质普遍较低,即使有先进的信息获取手段也不会使用,因此更多的利润被控制在农产品收购者手中。另外,由于市场经济下的趋利性原则,资源总是流向获取利益更多的领域,因此给农业的资源就越来越少。最后,政府因在工业化初期提出了"以农补工"的政策,更彻底地让农业陷入弱质性境地。所以农业要发展起来,必须有政府的大力支持;必须有高科技技术的投入;必须有生产模式的转变;必须加快城乡一体化进程,让农业与城市接受同样的教育,拥有同样的信息化程度;必须依靠国家政策的积极引导,使农业逐步走出困境。之所以要提出农业弱质性的理由分析,就是因为农业要彻底发展起来,需要经历一个漫长的过程。要彻底摆脱农业发展从属于工业的局面,需要多方面的努力。

二、农业的比较利益低

当相同的资源投入到农业与非农业产业中时，所获得的利益是不一样的。在市场经济的背景下，任何企业都面临着市场的竞争与利益的争夺。当同样的投入能获得更多的利益时，企业会趋向于利益大的产业。在社会发展的每一阶段，总有一些产业相对于其他产业来讲具有更大的比较利益，从而使更多的企业趋向于此种产业的投入以获得更高的利润。尽管国家通过政策给予一批农业企业上市融资的优惠，但是趋利性的天生本质还是使很多农业上市公司转向其他行业。从 2004 年以来，转向其他产业的农业上市公司越来越少，这与国家的工业反哺农业政策有关，农业上市公司利润的获取在未来较其他产业也许会变得容易。

农业的比较利益偏低，它具有季节性、地域性、风险性等特点，另外生产周期长，使农业的进步比工业、运输及服务业的进步更困难、更缓慢。这就影响了农业的比较利益，农业比较利益低反过来又降低了农业的地位。

(1)农业劳动生产率低。农业劳动生产率没有工业、服务业劳动生产率提高快。农业投入不足、生产的粗放型模式、大量剩余劳动力、产业化初期经验不足等，使农业劳动生产率低于其他产业成为一个不争的事实。

(2)农产品的需求缺乏收入弹性。收入弹性是指在价格不变的情况下，农产品需求的增长率与人均国民收入的增长率之比。一般来讲，需求弹性越高的产业越容易抓住机会快速发展，而需求弹性弱的产业的发展就缓慢。国际上常用恩格尔系数来衡量一个国家和地区人民生活水平的状况。恩格尔系数是食品支出占家庭总支出的比重，反映人们消费结构与消费水平的一个系数。恩格尔系数越高，意味着食品支出在家庭总支出中所占比重越大；恩格尔系数越低，表明人们的消费水平越高。用食品支出占消费总支出的比例来说明经济发展、收入增加对生活消费的影响程度。可见，农产品需求并不是随着收入的增加而增加,在达到一定程度后,会出现下降,也就是恩格尔系数会随社会的发达程度而降低,而在贫穷社会,农产品的需求会有上升的趋势,这也是农业比较利益低的原因。

(3)与国家的经济发展战略密切相关。新中国成立初期,为了大力发展工业,必须增加对工业的投入,包括基础设施的投入以及技术力量的投入。这些投入只能从农业的收入中获得,于是出现了国家“以农补工”的情况。农业大力支持工业,造成了本身并不发达的农业元气大伤,农业的比较利益更加低下。

(4)二元经济结构使农业的比较利益更为低下。二元化的经济结构制约了农业的发展,劳动力转移受阻使农村剩余劳动力增加,生产要素的流动受阻,科技的发展没有真正实施于农业。农业的闭塞使信息无法在农业中共享。

农业上市公司的主营业务是以农业为主,因此经营绩效会受到农业本身特点的影响。遗传因素让农业上市公司继承了这些不足。同样与其他行业的上市公司比较,具有比较利益低的特点。

三、群体效应影响

勒温(Kurt Lewin),著名的社会心理学家。他提出了人的行为“场论”,开启了实验社会心理学的新阶段。他把几何中的“拓扑”运用到了社会心理学中,受格式塔心理学的影响,把人的行为看做是环境的函数。这种函数效应类似于物理学中的“场”,因此勒温对“场”中“力”的相互作用进行了拓扑式探讨,以此来分析人类群体行为。勒温认为群体行为中充满了力的相互作用,这种作用影响群体结构,任何人类群体都处于这种力场形成的“准静态平衡”中,群体表面上看是静态的,实际上是变化的。人的内在需要和周围环境互相产生作用力,内在需要没有满足内部的“场”就会产生张力,而外在环境的变化,可以加速或减缓这种内在张力的运动。

一部分农业上市公司在其他行业高利润的诱惑下,就会使内部的“场”的张力迅速扩大。在本身并未拥有充足信息的情况下,投资了其他行业。这种盲从来自群体效应看见其他公司的利润提高了,便纷纷效仿,可是并不知道别人占有什么样的资源,外界环境出现了怎样的变化,未来的发展趋势是什么,仅仅是受到群体效应的影响,便纷纷进行非农化经营。很多农业上市公司转向计算机行业、中介行业、商业、房地产业,在根本不具备行业资源优势及风险控制能力的情况下,进行非农化经营,造成大部分农业上市公司业绩下滑。不仅转入的行业没有做好,也影响了自身领域的效益。跨行业经营最大的风险就是在所进入的行业缺乏优势,因为不是农业上市公司在完全作好了人力准备、资金准备、管理准备、外部条件准备、资源准备的前提下自行调整结构产生的,因此必然存在先天缺陷,对风险因素缺乏理性分析,使很多农业上市公司的整体绩效下降。

从以上的分析可以知道,农业的天生弱质及比较利益低是农业上市公司转营其他项目的原因。趋利避害是人的本性,也是企业的本性。资本的流动方向也具有趋利性,当等量资本获得不等量的利润时,资本将会流向利润较高的行业。为了生存和发展,农业上市公司只能转向发展较快的行业、资本热衷的行业、利润获得较快的行业。了解农业比较利益偏低的成因,为理解农业上市公司非农化经营提供了重要的理论基础。

第三节　农业上市公司非农化经营的实证分析

结合以上分析,对农业上市公司的非农化扩张进行了文字性阐述,同时本节将通过因子分析的方法对总结加以检验。我们选取2006—2008 年的 17 项指标作因子分析及各指标的显著性检验。在农业上市公司中选取 58 家公司,而对非农业上市公司:2006 年选取了 1 130 家,2007 年选取了 1 250 家,2008 年选取了 1 360 家。选取农业上市公司的原则与第三章论述的相同。非农业上市公司的数量是由各年上市公司的总数减掉农业上市公司数量,再除掉数据不全的上市公司的数量之后得到的。原始数据来源于上海及深圳交易所公布的上市公司财务报表。

一、2006—2008 年农业与非农业上市公司的指标均值分析

表 4－1　2006 年农业上市公司与非农业上市公司各财务指标均值对比的描述性统计

要素名称	农业上市公司			非农业上市公司		
	N	Mean	Std. Deviation	N	Mean	Std. Deviation
主营业务利润率	58	0.575 1	2.765 7	1 130	0.674 5	2.349 2
总资产利润率	58	0.046 8	0.111 1	1 130	0.056 8	1.984 2
净资产收益率	58	0.097 6	0.248 3	1 130	0.095 4	0.105 4
每股收益率	58	0.330 5	0.723 0	1 130	0.456 3	0.893 8
资产负债率	58	0.485 9	0.175 4	1 130	0.754 8	0.346 5
流动比率	58	1.390 4	1.371 4	1 130	1.430 8	1.427 8
速动比率	58	0.892 4	1.119 5	1 130	0.953 4	1.175 3
总资产周转率	58	0.630 8	0.412 6	1 130	0.721 7	0.543 2
存货周转率	58	5.733 7	10.896 0	1 130	30.657 27	0.234 4
应收账款周转率	58	18.421 9	20.112 8	1 130	40.459 1	50.987 2
总资产增长率	58	0.127 4	0.266 7	1 130	0.136 5	0.256 3
主营业务收入增长率	58	0.076 4	0.375 0	1 130	0.094 3	0.359 8
净利润增长率	58	−0.206 5	4.335 7	1 130	0.004 3	5.488 7
每股净资产	58	3.071 8	1.837 6	1 130	5.543 8	3.769 1
每股公积金	58	1.242 3	1.095 9	1 130	1.227 6	1.207 4
每股未分配利润	58	0.349 3	0.594 9	1 130	0.438 7	0.628 3
主营业务鲜明率	58	2.518 4	3.728 0	1 130	2.976 8	3.902 3

表4-2　2007年农业上市公司与非农业上市公司各财务指标均值对比的描述性统计

要素名称	农业上市公司			非农业上市公司		
	N	Mean	Std. Deviation	N	Mean	Std. Deviation
主营业务利润率	58	0.080 0	0.146 4	1 250	0.095 6	0.159 3
总资产利润率	58	0.035 4	0.051 2	1 250	0.043 7	0.062 9
净资产收益率	58	0.083 8	0.170 7	1 250	0.094 9	0.294 8
每股收益率	58	0.273 8	0.381 2	1 250	0.435 6	0.513 4
资产负债率	58	0.523 7	0.275 6	1 250	0.672 3	0.482 9
流动比率	58	1.606 6	2.310 4	1 250	1.875 3	2.782 1
速动比率	58	0.821 7	0.713 0	1 250	1.072 9	1.042 8
总资产周转率	58	0.779 3	0.814 5	1 250	0.968 3	1.039 8
存货周转率	58	25.529 0	147.660 6	1 250	100.459 2	603.912 7
应收账款周转率	58	21.166 1	21.977 7	1 250	43.367 1	50.468 2
总资产增长率	58	0.246 8	0.525 7	1 250	0.247 8	0.578 5
主营业务收入增长率	58	0.909 5	4.564 7	1 250	1.942 6	5.762 1
净利润增长率	58	-0.156 6	3.215 0	1 250	0.176 5	4.326 9
每股净资产	58	3.454 7	2.339 9	1 250	5.879 3	5.126 4
每股公积金	58	1.882 1	3.817 3	1 250	1.974 6	4.785 4
每股未分配利润	58	0.506 5	0.693 4	1 250	0.607 4	0.894 7
主营业务鲜明率	58	1.135 1	5.265 4	1 250	1.397 6	7.364 8

表4-3　2008年农业上市公司与非农业上市公司各财务指标均值对比的描述性统计

要素名称	农业上市公司			非农业上市公司		
	N	Mean	Std. Deviation	N	Mean	Std. Deviation
主营业务利润率	58	-0.148 8	1.331 8	1 360	0.004 5	1.468 4
总资产利润率	58	0.018 8	0.068 8	1 360	0.019 2	0.197 5
净资产收益率	58	0.030 2	0.154 6	1 360	0.002 3	0.267 4
每股收益率	58	0.277 5	0.699 4	1 360	0.284 3	0.986 7
资产负债率	58	0.508 5	0.211 0	1 360	0.856 6	1.056 3
流动比率	58	1.120 9	0.543 2	1 360	1.165 3	1.127 5
速动比率	58	0.625 5	0.378 6	1 360	0.732 8	0.459 6
总资产周转率	58	0.672 1	0.476 2	1 360	0.735 9	0.429 8
存货周转率	58	10.992 4	46.597 0	1 360	42.226 7	114.480 4
应收账款周转率	58	73.242 1	395.656 9	1 360	97.562 9	560.379 6
总资产增长率	58	2.176 2	15.111 4	1 360	4.537 8	30.573 2
主营业务收入增长率	58	0.140 4	0.450 4	1 360	0.381 9	1.066 5
净利润增长率	58	0.230 1	11.691 6	1 360	0.342 9	11.729 6
每股净资产	58	4.595 7	9.921 9	1 360	4.601 7	27.574 4
每股公积金	58	2.420 0	6.688 5	1 360	2.542 9	4.678 4
每股未分配利润	58	3.859 0	25.136 2	1 360	5.786 2	39.346 7
主营业务鲜明率	58	1.115 0	6.298 6	1 360	1.873 9	8.679 2

由表4-1、表4-2、表4-3可知，在17项指标中有多项是非农业上市公司均值高于农业上市公司均值的，尤其是经营中的收益指标，如主营业务利润率、总资产利润率等。资产管理方面，非农业上市公

司的均值也高于农业上市公司，如总资产周转率、存货周转率、应收账款周转率等。偿债指标上，农业上市公司的均值也普遍小于非农业上市公司的均值。这表明非农业上市公司的整体经营绩效要优于农业上市公司，无论是从利润的获取，还是从资产管理及增长指标上来看，农业上市公司都处于劣势位置。因此可以看出，单纯的农业上市公司非农化经营或者非农多元化并不能改变现状，必须从人才、管理、政策等多个角度去考虑如何提高农业上市公司的经营能力。

二、2006—2008 年财务指标均值差异检验分析

表 4－4　2006 年农业上市公司与非农业上市公司各财务指标均值差异的显著性检验

农业上市公司与非农业上市公司的均值差异	F	Sig.
主营业务利润率	7.461	0.008 9
总资产利润率	0.239	0.986
净资产收益率	0.520	0.347
每股收益率	1.283	0.793
资产负债率	0.863	0.654
流动比率	0.574	0.752
速动比率	0.326	0.230
总资产周转率	0.411	0.852
存货周转率	0.114	0.92
应收账款周转率	0.852	0.628
总资产增长率	0.932	0.301
主营业务收入增长率	0.231	0.521
净利润增长率	0.743	0.871
每股净资产	0.456	0.639
每股公积金	0.357	0.187
每股未分配利润	0.158	0.425
主营业务鲜明率	0.682	0.328

表4-5 2007年农业上市公司与非农业上市公司各财务指标均值差异的显著性检验

农业上市公司与非农业上市公司的均值差异	F	Sig.
主营业务利润率	5.928	0.001 8
总资产利润率	0.528	0.812
净资产收益率	0.350	0.285
每股收益率	8.512	0.582
资产负债率	0.122	0.238
流动比率	0.359	0.535
速动比率	0.252	0.520
总资产周转率	0.742	0.135
存货周转率	0.613	0.85
应收账款周转率	0.135	0.251
总资产增长率	0.825	0.208
主营业务收入增长率	0.528	0.358
净利润增长率	0.582	0.158
每股净资产	0.832	0.228
每股公积金	0.235	0.815
每股未分配利润	0.831	0.853
主营业务鲜明率	0.215	0.251

表4-6 2008年农业上市公司与非农业上市公司各财务指标均值差异的显著性检验

农业上市公司与非农业上市公司的均值差异	F	Sig.
主营业务利润率	1.121	0.006 5
总资产利润率	0.563	0.562
净资产收益率	0.350	0.611
每股收益率	1.566	0.156

续表

农业上市公司与非农业上市公司的均值差异	F	Sig.
资产负债率	0.626	0.231
流动比率	0.311	0.135
速动比率	0.652	0.560
总资产周转率	0.123	0.635
存货周转率	0.781	0.55
应收账款周转率	0.635	0.256
总资产增长率	0.563	0.601
主营业务收入增长率	0.561	0.351
净利润增长率	0.116	0.611
每股净资产	0.132	0.267
每股公积金	0.631	0.161
每股未分配利润	0.136	0.153
主营业务鲜明率	0.265	0.656

由表4－1、表4－2、表4－3可知，非农业上市公司的主营业务利润率2006—2008年度的均值分别为67.45%、9.56%、0.45%，分别高于当年的农业上市公司的主营业务利润率。而在所有17项指标的显著性检验中，由表4－4、表4－5、表4－6可知，2006—2008年的显著性检验只有主营业务利润率均值差异通过了检验，其他指标均未通过。主营业务利润率显著性概率3年分别为0.008 9、0.001 8、0.006 5，均属于0.01水平下显著。

通过此检验说明了农业上市公司的主营业务利润率均值低于非农业上市公司的主营业务利润率均值是经过数据验证的，这确实提高了农业上市公司进行非农化经营的积极性。

三、以主营业务鲜明率均值为标准分组分析

表 4－7　2006 年主营业务鲜明率的描述性统计

要素名称	主营业务鲜明率高的组			主营业务鲜明率低的组		
	N	Mean	Std. Deviation	N	Mean	Std. Deviation
主营业务利润率	22	1.149 0	4.379 5	36	0.224 4	0.784 7
总资产利润率	22	0.040 5	0.082 1	36	0.050 6	0.126 5
净资产收益率	22	0.104 5	0.211 4	36	0.093 4	0.271 2
每股收益率	22	0.396 5	0.981 2	36	0.290 2	0.518 9
资产负债率	22	0.498 4	0.198 9	36	0.478 3	0.161 9
流动比率	22	1.398 1	1.583 1	36	1.385 7	1.248 7
速动比率	22	0.889 9	1.283 6	36	0.893 9	1.025 8
总资产周转率	22	0.688 7	0.437 0	36	0.595 4	0.399 1
存货周转率	22	6.935 1	14.941 1	36	4.999 5	7.612 2
应收账款周转率	22	18.634 4	19.014 1	36	18.292 1	21.019 8
总资产增长率	22	0.111 8	0.289 7	36	0.137 0	0.255 4
主营业务收入增长率	22	0.109 6	0.466 3	36	0.056 1	0.312 1
净利润增长率	22	0.158 8	1.984 1	36	－0.429 8	5.302 5
每股净资产	22	3.076 1	1.676 9	36	3.069 2	1.952 4
每股公积金	22	1.132 2	0.900 2	36	1.309 6	1.207 2
F_1	22	0.088 2	1.452 0	36	－0.053 9	0.596 2
F_2	22	－0.022 2	1.152 4	36	0.013 6	0.911 8
F_3	22	－0.070 4	1.035 1	36	0.043 0	0.990 6
F_4	22	－0.009 5	0.806 3	36	0.005 8	1.112 2
F_5	22	0.071 4	0.892 4	36	－0.043 6	1.070 4
F	22	0.011 1	0.386 0	36	－0.006 8	0.496 6

表4-8　2007年主营业务鲜明率的描述性统计

要素名称	主营业务鲜明率高的组			主营业务鲜明率低的组		
	N	Mean	Std. Deviation	N	Mean	Std. Deviation
主营业务利润率	3	0.459 1	0.314 3	55	0.059 3	0.102 7
总资产利润率	3	0.034 5	0.053 8	55	0.035 5	0.051 6
净资产收益率	3	0.058 9	0.074 9	55	0.085 1	0.174 7
每股收益率	3	0.218 6	0.200 2	55	0.276 8	0.389 5
资产负债率	3	0.317 0	0.306 7	55	0.535 0	0.272 4
流动比率	3	1.357 5	0.432 1	55	1.620 2	2.371 5
速动比率	3	0.981 9	0.392 9	55	0.812 9	0.727 6
总资产周转率	3	0.490 2	0.472 7	55	0.795 1	0.828 9
存货周转率	3	2.788 9	2.492 1	55	26.769 4	151.606 2
应收账款周转率	3	6.375 3	5.654 3	55	21.972 9	22.267 7
总资产增长率	3	0.129 0	0.216 7	55	0.253 2	0.537 7
主营业务收入增长率	3	-0.000 5	0.251 3	55	0.959 1	4.684 4
净利润增长率	3	0.136 9	0.866 7	55	-0.172 6	3.298 1
每股净资产	3	5.785 0	3.882 7	55	3.327 6	2.214 2
每股公积金	3	2.891 6	2.961 1	55	1.827 1	3.872 6
F_1	3	0.493 0	0.446 8	55	-0.026 9	1.016 9
F_2	3	-0.240 0	0.038 0	55	0.013 1	1.025 7
F_3	3	0.926 7	1.028 5	55	-0.050 5	0.982 9
F_4	3	0.112 8	0.458 8	55	-0.006 2	1.023 2
F_5	3	-0.706 9	0.544 5	55	0.038 6	1.007 6
F	3	0.225 4	0.087 1	55	-0.012 3	0.482 4

表 4-9　2008 年主营业务鲜明率的描述性统计

要素名称	主营业务鲜明率高的组			主营业务鲜明率低的组		
	N	Mean	Std. Deviation	N	Mean	Std. Deviation
主营业务利润率	7	-0.242 8	0.335 0	50	-0.135 6	1.418 4
总资产利润率	7	-0.074 3	0.048 5	50	0.031 9	0.060 9
净资产收益率	7	-0.158 5	0.103 0	50	0.056 6	0.142 2
每股收益率	7	-0.309 5	0.190 2	50	0.359 7	0.706 0
资产负债率	7	0.627 4	0.214 1	50	0.491 9	0.207 3
流动比率	7	0.925 5	0.287 7	50	1.148 3	0.566 5
速动比率	7	0.518 1	0.287 2	50	0.640 5	0.389 7
总资产周转率	7	0.486 9	0.259 4	50	0.698 0	0.495 4
存货周转率	7	2.785 0	2.647 6	50	12.141 5	49.695 5
应收账款周转率	7	10.569 1	8.383 9	50	82.016 3	422.208 0
总资产增长率	7	-0.106 6	0.134 6	50	2.495 8	16.128 4
主营业务收入增长率	7	-0.074 4	0.238 8	50	0.170 5	0.466 2
净利润增长率	7	-8.742 9	6.052 0	50	1.486 3	11.773 9
每股净资产	7	2.070 4	0.942 6	50	4.949 3	10.552 7
每股公积金	7	4.875 0	10.592 3	50	2.076 3	6.033 9
F_1	7	-1.042 5	0.280 6	50	0.146 0	0.977 9
F_2	7	-0.014 4	0.732 0	50	0.002 0	1.037 9
F_3	7	-0.370 9	0.201 8	50	0.051 9	1.056 2
F_4	7	0.198 6	0.138 4	50	-0.027 8	1.064 9
F_5	7	-0.485 3	0.909 5	50	0.067 9	1.001 6
F_6	7	-0.322 5	0.166 0	50	0.045 1	1.059 5
F	7	-0.409 8	0.262 6	50	0.057 4	0.417 1

由表4－7可知，主营业务鲜明率高的组里，主营业务利润率、总资产周转率、存货周转率、应收账款周转率均值都明显高于主营业务鲜明率低的农业上市公司；由表4－8可知，主营业务鲜明率高的组里，主营业务利润率、速动比率、每股净资产、每股公积金均值高于主营业务鲜明率低的农业上市公司；由表4－9可知，主营业务鲜明率高的组里，资产负债率及每股公积金均值高于主营业务鲜明率低的农业上市公司。2006年是国家经济承上启下的一年，延续了2006年之前稳定发展的局面，又承接了2007年国家经济迅速发展的局面，金融危机出现之后，经济增长又出现了回落。因此，2006年明显表现出主营业务鲜明率高的农业上市公司资产管理能力较强，主营业务收入较高。而2007年经济迅速发展，各行业的生产成本也随之上升，主营业务鲜明率高的农业上市公司表现出了极为谨慎的管理方式，速动比率高于主营业务鲜明率低的农业上市公司。2008年所有企业的经营都受到影响，主营业务鲜明率高的农业上市公司的多项指标均低于主营业务鲜明率低的农业上市公司。

由以上分析可知，农业上市公司在经济平稳时期应该以主业为主，不应该进入陌生的经营领域，但在经济高速发展时期，多元化又表现出了优势，可以借所有产业快速发展的时机，进入发展快的产业，赚取更多的利润以帮助企业发展。在经济低迷时，多元化发展也可以分散风险。

四、回归分析

选取各年利用因子分析法计算的综合绩效得分作为因变量。

选取赫芬达尔－赫希曼指数、上市公司从事的产业数目、农业上市公司资产、单位主营业务收入财税补贴、国家股比例、法人股比例作为自变量。其中，赫芬达尔－赫希曼指数 $=\sum_{i=1}^{n}\left(\frac{\text{第 i 类业务的经营收入}}{\text{上市公司收入}}\right)^2$。赫芬达尔－赫希曼指数越高，农业上市公司非农化经营程度越低，反之亦然。选取年份为虚拟变量，当年份为2006年时,取值为0;年份为2007年时,取值为1;年份为2008年时,取值为2。

建立回归模型:

$$F=\alpha_0+\alpha_1X_1+\alpha_2X_2+\alpha_3X_3+\alpha_4X_4+\alpha_5X_5+\alpha_6X_6+e$$

其中,F表示综合绩效得分、X_1表示赫芬达尔-赫希曼指数、X_2表示上市公司从事的产业数目、X_3表示农业上市公司资产、X_4表示单位主营业务收入财税补贴、X_5表示国家股比例、X_6表示法人股比例。

表4-10 回归方程系数表

因变量	X_1	X_2	X_3	X_4	X_5	X_6
系数	1.006	-3.81	2.87	2.23	-1.36	0.38
p值	0.078*	0.23	0.45	0.003 8***	0.84	0.46

注:*表示在10%水平上显著;**表示在5%水平上显著;***表示在1%水平上显著

由表4-10可知,X_2、X_5与综合得分负相关,也就是产业数目多及国家股比例高,综合得分降低,但是这两项并未通过检验。而X_4符合1%检验,主营业务收入财税补贴越高,综合得分越高。

通过上述分析,得出以下结论:

(1)农业的比较利益低下使很多农业上市公司进行了非农化经营。尽管有国家政策的扶持,但是因为农业本身的特点,还是不能有效地摆脱困境,各方面的发展落后于工业是个不争的事实,因此非农化扩张也就变得很普遍。

(2)部分农业上市公司最初的目的并不是从事农业方面的经营。除了迫不得已进行非农化以外,有些农业上市公司在上市之初,就没有从事农业方面的经营,只是为了从国家那里争取优厚的待遇,对于这种农业上市公司很多学者也给予了批评。但是这种公司毕竟是少数,国家政策的倾斜也只是少数的资助,如果企业只从这方面考虑去成立一家农业上市公司,它的资金实力是远远不够的,而且也没有一定的运营经验及信心。所以,这类公司在激烈的竞争中不会走得太远。我们可以暂不研究这类农业上市公司的绩效问题。国家对这类企业应该进行严格监管,限制其进入农业领域。

(3)国家在进行工业化初期,为了加速工业的发展,牺牲了农业发展,使工业从农业中汲取了营养,同时借鉴了国外工业化国家的经验,使工业迅速成长起来。在工业发展了多年后,国家才注意到农业已经完全落后于工业。2007 年的 GDP 数据显示,农业的全年生产总值仅仅达到 GDP 的 10%,这已经是非常低的水平了。根据国际经验,当农业在 GDP 中的份额下降到 25% 左右,就应该进入工业反哺农业阶段。显然,农业已经严重透支。在这种情况下,农业要想在短期内发展起来不太现实,因此,农业上市公司进行非农化经营是迫不得已的。

(4)国家政策没有真正处理好工业回补农业的问题,发展中国家总是借鉴发达国家的经验,发达国家都是发达的资本主义工业化国家,工业化发展速度很快,而且也总结了很多的经验。在这种基础上,农业借助工业中先进的科学技术及研发力量,把农业变成规模化生产,类似于车间的批量生产,经营效率得到提高,同时国家投入各种补贴,帮助农业发展。借用目前我国教育改革中的一句话,应该叫做素质农业。我国也应该调整农业政策,使工业中的先进生产力发挥到农业中去,加大农业研究的投入力度,以先进的工业带动农业,先富带动后富,使整个产业均衡发展起来。

(5)农业企业的出身带有国企的性质,同时也就带来了国企中原有的一些弊端。企业应该是市场的产物,应该按照市场规律运营,国家可以进行适当的宏观调控,可是农业上市公司的管理多数受政府的干预,总经理的权限只局限在战略制定后的具体实施中,经营目标是政府定的,资源的配备、设备的更新、预算等多是由政府决定的,这就限制了农业上市公司的发展。为了满足财务报表中时刻保持收益为正的效果,农业上市公司只好进行非农化经营,其他领域的利润高于农业经营的利润,决策者也就默许这种情况的存在。实际上,这种企业更多的不是在争取更高的效益,而是如何能保持业绩不为负。同时农业的国家补贴政策,没有完全体现在农业生产中。从各地方出现的漏洞来看,农业补贴经常被占用。

(6)就我国上市公司的股市行情而言,波段性的炒作、题材性的炒作容易使本身业绩不高的农业上市公司盲目进行多元化发展。股市中只要带有某种题材,便可以被股民追踪狂炒。农业上市公司拥有多种经营范围,被炒作的机会可能就多,股市融资的比例就会高。因此,很多农业上市公司在多元化的领域里并不一定需要经营得有多好,只要在报表中被列出这一经营项目,目的就达到了。这也是农业上市公司进行多元化经营的原因。

第五章　财税补贴对农业上市公司经营绩效的影响

农业是社会生存的基础，是生命之本。当一个国家的工业发展到一定程度时就要反哺农业，只有农业发展起来了，才能使国家的经济发展起来。从我国加入 WTO 以后，农业的对外开放又面临着新的挑战，财税补贴政策也需要作出新的调整。在此环境中，财税补贴对农业上市公司的绩效产生了怎样的影响是我们本章研究的重点。

第一节　我国财税补贴政策现状

农业财税补贴是一国政府对农业采取保护措施的一种手段，它是本国政府为保证农业产业能够与其他产业保持协调发展以及在国际农业贸易中保持本国农产品的优势地位而采取的一种保护措施。加入 WTO 以后，我国的农业补贴政策也受到了 WTO 框架协议的限制。

在 WTO 农业多边协议框架下，农业补贴的含义：一种是广义补贴，即政府对农业部门的所有投资或支持，其中较大部分资金投向科技、水利、环保等方面，包括农产品价格支持、贸易支持与保护措施、农业基础设施投入、建立农业保险制度、农民收入保障、农业资源环境保护、对农村低收入者的扶助等。由于其不会对产出结构和农产品市场发生直接显著的扭曲性作用，一般被称为农业协议的“绿箱”政策。“绿箱”政策措施主要包括一般农业服务，如农业科研、病虫害控制、培训、推广和咨询服务、检测服务、农产品市场促销服务、农业基础设施建设等，粮食安全储备补贴、粮食援助补贴，与生产不挂钩的收入补贴、收入保险计划、自然灾害救济补贴、农业生产者退休或转业补贴、农业资源储备补贴、农业结构调整投资补贴、农业环境保护补贴、地区援助补贴。WTO《农业协议》不限制“绿箱”政策。

另一种是狭义补贴，这类补贴又称为保护性补贴，一般被称为“黄箱”政策。主要指的是那些容易引起农产品贸易扭曲的政策措施，如对粮食等农产品提供的价格、出口或其他形式补贴，包括政府对农产品的直接价格干预和补贴，对种子、肥料、灌溉等农业生产要素的补贴，农产品营销贷款补贴，休耕补贴等。WTO《农业协议》不赞同“黄箱”政策，并试图通过多边贸易协议框架对其加以限制和削减。

WTO《农业协议》给出了“绿箱”政策的一般要求和具体范围，并规定了两条基本标准：一是该项支持应当是通过政府公共政策提供的（包括政府税收减免），而不是来自消费者的转移；二是该项支持不能具有或产生与价格支持相同的效果，因为价格支持具有直接的贸易扭曲效果。符合“绿箱”措施可免除削减义务的标准主要包括12项：①由公共基金或财政开支所提供的一般性农业生产服务；②为保障粮食安全而支付的储存费用；③国内粮食援助补贴；④不挂钩的收入支持；⑤对生产者的直接支付（符合基本标准）；⑥收入保险和收入安全网计划下的财政支持；⑦自然灾害救助补贴；⑧农业生产者退休或转业补贴；⑨农业生产资源闲置补贴；⑩农业生产结构调整性投资补贴；⑪环境支持下的支付；⑫地区援助（扶贫）补贴。

由于“黄箱”政策对产出结构和农产品市场会造成直接明显的扭曲性影响，《农业协议》规定成员方必须对“黄箱”政策作出削减承诺。“黄箱”措施包括：①价格支持；②营销贷款；③面积补贴；④牲畜数量补贴；⑤种子、肥料、灌溉等投入补贴；⑥某些有补贴的贷款计划。但这些政策中也有些措施（“蓝箱”政策）被免予减让，但必须满足下列条件之一：①按固定面积或者产量提供的补贴；②根据基期生产水平85%以下所提供的补贴；③按牲口的固定头数所提供的补贴。

同时,为了便于削减水平的计算,《农业协议》以1986—1988年为基期,提出了综合支持量(Aggregate Measurement of Support,简称AMS)的概念来衡量成员的国内支持水平,并要求以基期AMS为最高的国内支持水平,以后不得超过。AMS有特定产品支持和非特定产品支持两部分,按照规定,发达国家对特定产品的国内支持未超过这一基本产品在相关年度内生产总值的5%(发展中国家为10%)及对非特定农产品的AMS未超过本国农业生产总值的5%(发展中国家为10%)时,不需要计入现行的综合支持总量,也不承担削减的义务。否则,只要基期AMS超过上述的微量许可标准就必须履行削减承诺(发达国家6年内削减20%,发展中国家10年内削减13.3%)。

此外,"黄箱"政策对发展中国家作出了例外规定,即所谓"发展箱",特指属于发展中国家发展计划的组成部分直接或间接的援助措施,包括发展中国家成员中农业可普遍获得的投资补贴;发展中国家成员中低收入或资源贫乏生产者可普遍获得的农业投入补贴;对于发展中国家成员鼓励对以生产多样化为途径停止种植非法麻醉作物而给予生产者的国内支持。对于这类国内支持措施应免除在其他情况下本应对此类措施适用的国内支持削减承诺,也不需要包括在成员关于其现行综合支持总量的计算之中。

"蓝箱"政策指限产计划下给予的直接支付且不再削减国内支持的承诺,即允许一个国家给予那些被要求限制生产的农民某种直接补贴措施,而这些补贴与农产品限产计划有关,成员方无须承担削减义务。其包括按固定面积或者产量提供的补贴;根据基期生产水平85%以下所提供的补贴;按牲口的固定头数所提供的补贴。这些支持是"黄箱"政策的特例,不需要计算在AMS中,因而也无须承担削减义务。2004年8月达成的WTO《多哈回合框架协议》对"蓝箱"措施又制定了新的规则:一是由原来没有对直接支付的数额作任何限制,改为不得超过该国农业生产年度总值的5%;二是将"蓝箱"标准从原来的"限产"扩大到"不对生产进行要求",从而扩大了其使用范围,因此被称为"新蓝箱"。

目前,我国对农业上市公司采取的财税优惠政策有所得税减免政策、增值税减免政策、价格补贴政策。所得税减免政策适用的范围为种植业、养殖业和农林产品初加工业,农业上市公司的其他经营项目是不享受此优惠政策的。增值税减免政策是根据我国《税法》规定的,饲料、农药、化肥、农膜、农产品等若为企业自产,则增值税免除;若为外购产品,则适用13%的低税率。价格补贴是指国家采取的农产品价格稳定策略,例如对农业生产企业实行直接的销售补贴政策等。财政补贴政策主要有出口创汇贴息、财政补助。出口创汇贴息是国家鼓励农产品出口的一项优惠政策,每出口一定数量的农产品就会得到相应的奖励。财政补助具有专款专用的性质,如地方政府为某期水利工程建设投放的补助。

通过对财税补贴的种类介绍,具体分析一下财税补贴对农业上市公司的优惠以及所带来的影响。

我国的财税补贴政策开始于1993年,恰逢政府倡导以市场为导向的农业产业化经营战略。1996年,农业产业化开始起步。1999年国家开始扶持农业龙头企业,补贴政策开始实行,农业上市公司开始在补贴中受益。到目前为止,已有几十家农业上市公司得到了国家的财政支持。如2001年,对农业产业化国家重点龙头企业及其直接控股比例逾50%的子公司,暂免征企业所得税。受益的农业上市公司有顺鑫农业、草原兴发、伊利股份、丰乐种业、九发股份、双汇集团、莲花味精、金健米业、正虹科技、农产品、贵糖股份、荣华实业等12家公司。2005年的禽流感等疫情,国家对福成五丰、新五丰等农业上市公司提供了专项补贴,2006年由于粮价下跌,国家采取了保护价收购措施,受益的有北大荒等。2009年东北地区新产玉米上市后,中央财政对南方饲料消费省份采购东北地区新产玉米并运到本地的,给予一次性定额费用补贴。新产大豆上市后,对东北地区收购并压榨加工国产大豆的指定企业,中央财政也将适当给予一次性定额费用补贴,受益的农业上市公司有新农开发、天宝股份、万向德农等。

表 5－1　农业上市公司的补贴覆盖率

年份	农业上市公司数量	享受到补贴的农业上市公司数量	补贴覆盖率
2000	40	24	60.00%
2004	59	39	66.10%
2007	65	44	67.69%

由表 5－1 可以看出，国家对农业上市公司的补贴覆盖率逐年增大。同时对农业的补贴数额也在连年增加，2008 年的农业补贴为1 029 亿元，2009 年的农业补贴增加至 1 230 亿元。随着农业进一步与国际接轨，农业补贴力度将再次加大，2010 年的补贴预算已增加到1 335亿元。国家为保证农业龙头企业在国际上的竞争地位，农业补贴数额将逐年增加，补贴的方式也会随 WTO 政策的要求有所变化。

第二节　财税补贴对农业上市公司各经营指标的影响

表 5－2　农业上市公司所得税优惠对税后利润的影响

年份	利润总额（元）	净利润（元）	所得税优惠（元）	所得税优惠对利润总额的比例	所得税优惠对净利润的比例
2006	2 983 558 498	2 234 619 485	486 344 346.5	16.300 8%	21.764 0%
2007	4 429 855 799	3 731 362 226	812 069 388.9	18.331 7%	21.763 3%
2008	3 807 885 494	3 044 010 005	774 152 375.7	20.330 2%	25.432 0%

由表 5－2 可以看出，所得税从 2006 年到 2008 年对利润总额的贡献率越来越高，而从 2008 年的利润总额来看，没有 2007 年的利润总额高，而所得税的优惠程度却增加很多，这说明国家在金融危机时期

为企业减轻了负担。从所得税与净利润的关系来看,所得税占净利润的比例同样在增加,尽管2007年稍有回落。

通过分析可以得出,所得税的优惠相当于在利润中增加了一部分额外收入,因此对利润总额及净利润起着正相关的作用。

表5-3　农业上市公司补贴水平

年份	财政补贴收入(元)	主营业务收入(元)	补贴水平
2006	108 348 373.8	55 114 168 735	0.196 59%
2007	287 206 337.1	75 372 431 081	0.381%
2008	356 315 376.3	71 133 951 304	0.500 9%

由表5-3可知,财政补贴收入同样占据着主营业务收入的一定比例。3年中,财政补贴收入连年增加,财政补贴收入占主营业务收入的比例同样连年增加。尽管2007年主营业务收入很高,但仍然没有财政补贴收入增加的幅度大,2008年补贴水平达到了0.500 9%。

相对于所得税收入,财政补贴收入对收益的贡献值很小。单纯从对主营业务收入的贡献来看,财政补贴收入同样对上市公司的绩效起着正相关作用。

表5-4　农业上市公司整体享受的财税补贴总额对净利润的影响

年份	补贴收入(元)	所得税优惠(元)	财税补贴总额(元)	净利润(元)	财税补贴对净利润的贡献率
2006	108 348 373.8	486 344 346.5	594 692 720.3	2 234 619 485	26.612 7%
2007	287 206 337.1	812 069 388.9	1 099 275 726	3 731 362 226	29.460 4%
2008	356 315 376.3	774 152 375.7	1 130 467 752	3 044 010 005	37.137 4%

由表5-4可知,财税补贴总额为补贴收入与所得税优惠的和,它们对农业上市公司净利润的贡献率连年增加,但其中所得税优惠对净

利润的贡献率更大一些。

第三节　财税补贴对农业上市公司绩效影响的实证分析

本节将通过实证分析对影响农业上市公司经营绩效的因素进行分析。按照本书的样本选取范围,在本书界定的农业上市公司概念的范畴内,除去数据不完整的、补贴收入不明确的、净利润为负值的农业上市公司,剩余企业为本节的研究范畴,2006—2008 年的原始数据和参与分析的样本名称见附录 3、4、5。

(1)建立 2006 年的回归分析

因变量为回归系数,即综合绩效。自变量为单位主营业务收入财税补贴、单位主营业务收入补贴、单位主营业务收入所得税优惠、每单位利润变动下的单位主营业务收入补贴、每单位利润变动下的单位主营业务收入所得税优惠、总资产、国有股比例。其中单位主营业务收入财税补贴 = 财税补贴总额/主营业务收入;财税补贴总额 = 补贴收入 + 所得税优惠;单位主营业务收入补贴 = 补贴收入/主营业务收入;单位主营业务收入所得税优惠 = 所得税优惠/主营业务收入;每单位利润变动下的单位主营业务收入补贴 =(补贴收入/主营业务收入)/总资产利润率;每单位利润变动下的单位主营业务收入所得税优惠 =(所得税优惠/主营业务收入)/总资产利润率。

$$y = \alpha + \beta_1 x_1 + \beta_2 x_2 + \beta_3 x_3 + \beta_4 x_4 + \beta_5 x_5 + \beta_6 x_6 + \beta_7 x_7$$

其中,y 表示回归系数,即综合绩效。x_1 表示单位主营业务收入财税补贴、x_2 表示单位主营业务收入补贴、x_3 表示单位主营业务收入所得税优惠、x_4 表示每单位利润变动下的单位主营业务收入补贴、x_5 表示每单位利润变动下的单位主营业务收入所得税优惠、x_6 表示总资产、x_7 表示国有股比例。

表 5 - 5 拟合过程

R	R^2	修正 R^2	估计标准误
0.456 142 957	0.208 066 397	-0.385 884	0.549 158

表 5 - 6 回归方程系数表

	非标准化回归系数		标准化回归系数	t	Sig.	共线性统计	
	B	Std. Error	Beta			容忍度	方差膨胀因子
常数项	-0.047 9	0.461 3	—	-0.103 8	0.919 9	—	—
单位主营业务收入财税补贴	6.812	13.852	7.654	0.132 4	0.912 3	0.368 7	23.456 7
单位主营业务收入补贴	-30.268 7	136.075 3	-0.320 2	-0.222 4	0.829 5	0.047 8	20.935 2
单位主营业务收入所得税优惠	0.577 5	16.278 9	0.019 9	0.035 5	0.972 6	0.315 9	3.165 8
每单位利润变动下的单位主营业务收入补贴	0.162 4	2.055 4	0.116 6	0.079 0	0.939 0	0.045 5	21.990 4
每单位利润变动下的单位主营业务收入所得税优惠	0.116 3	0.163 1	0.410 2	0.712 7	0.496 3	0.298 8	3.347 1
总资产	0.000 0	0.000 0	0.249 1	0.538 5	0.604 9	0.462 6	2.161 8
国家股比例	0.014 4	0.750 5	0.006 7	0.019 1	0.985 2	0.800 2	1.249 7

由表 5 - 5 和表 5 - 6 可知，通过检验值观测，没有显著相关性的项目，所有检验值均大于 0.1，从 2006 年的分析中可以得出财税补贴对公司绩效的影响不太明显。

(2)建立 2007 年的回归分析

表 5 - 7 拟合过程

R	R^2	修正 R^2	估计标准误
0.641 635 064	0.411 695 555	0.204 059	0.340 416 277

表5－8　回归方程系数表

	非标准化回归系数		标准化回归系数	t	Sig.	共线性统计	
	B	Std. Error	Beta			容忍度	方差膨胀因子
常数项	－0.142 7	0.222 7	—	－0.640 5	0.530 4	—	—
单位主营业务收入财税补贴	5.623	15.685	6.952	0.152 6	0.935 6	0.452 1	25.951
单位主营业务收入补贴	31.747 3	18.670 4	0.912 4	1.700 4	0.107 3	0.120 2	8.320 3
单位主营业务收入所得税优惠	3.075 1	3.226 4	0.272 6	0.953 1	0.353 9	0.423 0	2.364 2
每单位利润变动下的单位主营业务收入补贴	－0.702 7	0.395 4	－1.487 5	－1.777 4	0.093 4	0.049 4	20.237 7
每单位利润变动下的单位主营业务收入所得税优惠	0.133 4	0.091 6	0.903 6	1.456 2	0.163 5	0.089 9	11.124 9
总资产	0.000 0	0.000 0	0.019 6	0.100 1	0.921 4	0.902 1	1.108 6
国家股比例	－0.104 5	0.402 0	－0.055 4	－0.260 0	0.798 0	0.763 1	1.310 4

由表5－7和表5－8可知，从检验结果可以看出每单位利润变动下的单位主营业务收入补贴符合显著性检验结果，检验值是0.093 4，符合0.1水平下的显著性检验，但是回归系数为－1.487 5，与综合绩效成负相关关系。这与其他学者研究的结果相符合，即单位利润增加时，单位主营业务收入补贴的增加会引起综合绩效的减少。当补贴增加到一定程度时，会引起企业对补贴的依赖心理，忽略经营上的缺陷。因此，补贴的无限度提高是不利于农业上市公司的发展的。单位主营业务收入补贴的检验值接近0.1的显著性检验。系数为正说明当单位主营业务收入补贴增加时，对综合绩效的影响是正向的，但效果不显著。

(3)建立2008年的回归分析

表5-9 拟合过程

R	R^2	修正 R^2	估计标准误
0.641 635 064	0.411 695 555	0.204 059	0.340 416 277

表5-10 回归方程系数表

	非标准化回归系数		标准化回归系数	t	Sig.	共线性统计	
	B	Std. Error	Beta			容忍度	方差膨胀因子
常数项	0.130 1	0.129 1	—	1.007 2	0.333 7	—	—
单位主营业务收入财税补贴	-1.183 0	2.582 3	-0.257 9	-0.458 1	0.655 0	0.185 7	5.385 8
单位主营业务收入补贴	7.464 5	9.201 6	0.597 6	0.811 2	0.433 0	0.108 4	9.225 8
单位主营业务收入所得税优惠	3.452 1	3.698 0	39 809.632 1	1.561 7	0.146 7	0.000 0	12 371 311 147.438 2
每单位利润变动下的单位主营业务收入补贴	0.049 2	0.144 9	0.176 8	0.339 3	0.740 2	0.216 7	4.615 4
每单位利润变动下的单位主营业务收入所得税优惠	0.011 8	0.017 0	0.203 8	0.691 5	0.502 4	0.677 4	1.476 3
总资产	0.000 0	0.000 0	-0.222 4	-0.697 1	0.499 0	0.577 8	1.730 7
国家股比例	-0.064 2	0.398 8	-0.041 4	-0.160 9	0.874 8	0.890 4	1.123 1

由表5-9和表5-10可知,只有单位主营业务收入所得税优惠的检验值接近0.1以下的显著性检验,系数为正,这说明当单位主营业务收入所得税优惠变化时,综合绩效会受到相应的正向影响,但是效果不显著。

通过分析财税补贴水平对农业上市公司绩效的影响,我们可以得出以下结论:

①从表面上看财税补贴增加了农业上市公司的收入,使绩效得到了提高,然而随着补贴的不断增加,也增加了上市公司对补贴的依赖性。长此以往,会使公司忽略本身对经营、销售、人员的培训等各个方面能力的整体提高。一旦出现利润减少,马上会形成对国家财税补贴

的期望,这会助长农业上市公司的消极经营思想。

②我国加入WTO后,面临着激烈的世界范围内的竞争,各个国家均在投入大量资金补助农业,因此我国的农业补助只能继续增加。按照WTO“绿箱”、“黄箱”政策的规定,我们可以改进补贴方法,从对农业简单的成本摊薄的补贴,转移到对农业综合实力的补贴。可以加大科研开发的补贴、增加对农民培训的补贴、加大农业基础设施建设的补贴,对龙头企业和农业上市公司中经营效益好的企业采取奖励措施。

③国家区域性的致富政策已经有了明显的效果,也就是通过运用发展极理论,一部分区域已经富裕起来,国家开始强调富裕区域带动贫穷区域共同富裕。我们可以把这一经验移接到农业上市公司中,由从前的农补工转为现在的工补农。工业已经发展起来了,国家政策可以鼓励工业涉足农业。对投资农业上市公司的工业企业实行财税补贴政策,以激励工业企业开展农业多元化经营,把工业中积累的资金、科技、人力、资源带到农业上市公司中。这种对工业的补贴还符合WTO框架下的要求,必定对农业上市公司的发展有着深远意义。

第六章　股权结构对农业上市公司经营绩效的影响

股权结构对农业上市公司经营绩效的影响这一课题已经有很多学者作过研究，但是结果并不完全相同。本章也从股权结构方面对农业上市公司的绩效影响作分析。与以往研究不同的是，目前我国已处于上市公司股权分置改革（以下简称股改）进程中，股权性质已经出现了明显变化。在这种股权分置改革过程中，国家股、法人股持股比例渐渐降低，这对农业上市公司经营绩效也将产生新的影响。

第一节　股权集中度及股权分置改革的解释

一、股权结构及股权集中度的概念

了解股权集中度，首先从了解股权结构开始。股权结构就是股份制公司中各种性质的股权在所有股份中占有的比例。目前，从我国上市公司的股权结构来看，主要分国家股、法人股、流通股、外资股及其他股，这几种股权各自占的比例组成就是股权结构。股权集中度是指控股股东股权占据的比例程度。

随着国家股改的进一步深化，上市公司的股权性质将发生变化。从目前来看，国家股、法人股比例越来越低，2010 年以后，所有上市公司的股份均将成为流通股，所有股权结构对上市公司的绩效影响将被忽视，但股权集中度对上市公司的绩效影响仍然存在。

二、股权分置的概念及股权分置改革

股权分置是指上市公司股东所持有的能够在证券交易所上市交易的流通股以及不能交易的非流通股两种股份，这两种性质的股份存在状况就称为股权分置。这是我国证券市场上独有的特点。

目前，股权分置改革就是改变原有的这种分置状况，使所有股份均可以上市流通，包括以前不可以上市流通的国有股以及其他各种形式不能流通的股票，现在都拿到二级市场上流通。2005 年以前，不叫股权分置改革，而是称为国有股减持。2005 年以后，国家明确了股权分置改革方案，非流通股要逐步减持。2009 年，迎来了减持的高峰期，所有的非流通股将全部上市流通。

我国之所以没有一开始就将所有股份上市流通，主要是因为我国股市运营只有短短几十年，缺少经验，缺乏金融资本运作的基本能力，也没有完全掌控股市变化的能力。实行股权分置对于我国当时的市场来讲，有着重要的意义。股权分置一般采用流通上市 30% 的股份的方法，其余为国家持股及法人持股。国家持股及法人持股部分是不能上市流通的，这就避免了一种隐患的发生，即任何人想要非法收购该企业都是不可能的，因为即使全部购买了股票也才只有 30%。针对当时国家资金实力弱和上市公司资金实力弱无法承担被收购的风险，担心股份全部流通会被外资收购。并且，当时大部分上市公司都是国企，因此被收购就意味着国有资产流失，所以只公开发行 30% 的股份，其余部分不允许上市流通。只要外资收购的股份没达到半数以上，大股东就永远在我国。正因为这种原因，才留下了股权分置这一名词，这是当时我国股市不成熟时的明智选择。

第二节　股权结构的现状

我们要研究股权结构对农业上市公司绩效的影响，必须以股权分置改革为背景，因为 2010 年以后，股权中非流通成分已经彻底消除。

目前的国有股及法人股比例已经逐年缩减,因此这一变化对上市公司的影响是前所未有的。

股权分置改革应该追溯到2001年。2001年6月国家出台《国有股减持办法》后,上市公司开始进行国有股逐步减持,直到2005年国家真正提出股权分置改革方案。2001年提出国有股减持后,股市开始下跌,在减持国有股压力下,2002年股市总市值为18 560.33亿元,流通市值损失达6 666.16亿元,直到2006年,股市才重新恢复。2005年提出股权分置改革方案时,流通的股票市值为8 300亿元,不可流通的市值占到1.62亿,因此非流通股的减持是个缓慢的过程,非流通股占有的比例过大,一旦解禁对市场的冲击太大,对农业上市公司的影响更明显。农业上市公司国有股最初占据着较大的比例,一旦解禁,势必会造成股民抛售流通股,这将会影响到农业上市公司的股权融资,同时对业绩产生负面影响。

从农业上市公司的股权分置现状来看,农业上市公司国有股、法人持股比例一直很高。在2005年国家提出股权分置改革后,国有股及法人持股比例依旧很高,这一点从表6-1中的数据就可以看出。

表6-1　2006—2008年农业上市公司国有股及法人股比例

公司简称	2006年国有股比例	2006年法人股比例	2007年国有股比例	2007年法人股比例	2008年国有股比例	2008年法人股比例
昌九生化	46.30%	0.00%	45.44%	0.00%	45.44%	0.00%
赤天化	43.43%	0.98%	43.11%	0.01%	43.05%	0.00%
大成股份	30.54%	0.00%	30.54%	0.00%	30.54%	0.00%
北大荒	70.48%	0.00%	70.48%	0.00%	70.48%	0.00%
北海国发	6.90%	29.60%	1.93%	19.16%	0.00%	19.16%
大湖股份	11.92%	0.00%	2.70%	23.48%	0.00%	18.47%
大江股份	0.00%	2.53%	0.00%	41.25%	0.00%	41.25%
丹化科技	14.98%	0.00%	32.41%	23.96%	26.15%	12.61%
福成五丰	0.69%	37.11%	0.00%	0.00%	0.00%	0.00%
冠农股份	56.00%	0.00%	40.08%	0.00%	39.55%	3.07%

续表

公司简称	2006 年国有股比例	2006 年法人股比例	2007 年国有股比例	2007 年法人股比例	2008 年国有股比例	2008 年法人股比例
国投中鲁	41.20%	5.62%	32.67%	0.00%	39.58%	0.00%
好当家	0.00%	60.61%	0.00%	45.45%	0.00%	0.00%
禾嘉股份	0.00%	50.89%	0.00%	43.84%	0.00%	38.84%
湖南海利	36.49%	13.16%	36.36%	0.70%	36.38%	0.57%
华阳科技	38.97%	1.03%	38.31%	1.03%	38.31%	0.00%
吉林森工	45.89%	0.00%	40.89%	0.00%	0.00%	0.00%
江山股份	57.89%	6.11%	56.44%	0.81%	56.44%	0.00%
金健米业	26.82%	0.00%	26.82%	0.00%	20.62%	0.00%
金种子酒	35.18%	0.00%	30.18%	0.00%	25.18%	0.00%
景谷林业	24.93%	25.15%	0.00%	24.11%	24.42%	0.00%
莫高股份	44.84%	0.00%	25.80%	0.00%	10.00%	23.12%
钱江生化	37.68%	12.36%	32.86%	5.64%	27.86%	0.64%
荣华实业	0.00%	46.88%	0.00%	23.75%	0.00%	13.57%
通威股份	0.00%	59.86%	0.00%	50.06%	0.00%	55.06%
万向德农	0.00%	64.18%	0.00%	47.03%	0.00%	46.20%
新安股份	13.35%	30.18%	7.73%	23.67%	0.00%	0.00%
新农开发	50.79%	0.00%	50.79%	0.00%	40.79%	0.00%
新赛股份	56.00%	0.00%	49.29%	0.00%	44.51%	0.00%
新五丰	42.04%	0.00%	35.58%	0.00%	30.58%	0.00%
亚盛集团	14.65%	16.15%	14.85%	0.86%	14.85%	0.86%
扬农化工	59.80%	0.30%	44.30%	14.53%	36.67%	0.00%
云天化	60.81%	0.00%	60.81%	0.00%	60.81%	0.00%
光明乳业	25.17%	3.85%	25.17%	29.65%	35.18%	35.17%
恒顺醋业	55.91%	3.19%	51.00%	0.00%	53.19%	0.00%
华资实业	31.49%	22.93%	31.49%	22.93%	31.49%	22.93%
莲花味精	37.12%	21.70%	25.50%	10.23%	15.50%	7.22%

续表

公司简称	2006 年国有股比例	2006 年法人股比例	2007 年国有股比例	2007 年法人股比例	2008 年国有股比例	2008 年法人股比例
三元股份	17.28%	0.67%	12.28%	0.00%	7.28%	0.00%
中牧股份	58.46%	0.00%	58.46%	0.00%	58.46%	0.00%
贵糖股份	0.00%	39.57%	0.00%	52.05%	0.00%	23.78%
南宁糖业	52.07%	0.00%	49.44%	6.63%	38.55%	0.00%
登海种业	0.00%	58.75%	0.00%	42.93%	0.00%	0.00%
东方海洋	1.69%	66.24%	0.00%	39.31%	3.28%	52.59%
丰乐种业	37.76%	0.06%	32.76%	0.02%	32.76%	0.01%
丰原生化	20.29%	0.00%	20.29%	0.00%	15.28%	0.00%
红太阳	31.37%	3.76%	25.54%	3.94%	25.50%	1.56%
华星化工	0.00%	40.73%	7.76%	10.46%	0.00%	15.02%
隆平高科	0.00%	26.98%	7.94%	22.22%	7.94%	17.22%
罗牛山	2.01%	27.76%	0.00%	5.34%	0.00%	13.18%
农产品	25.09%	0.00%	25.09%	6.88%	2.95%	12.16%
顺鑫农业	51.82%	0.01%	47.00%	9.32%	47.00%	0.00%
天邦股份	0.00%	100.00%	0.00%	16.79%	0.00%	52.19%
新希望	0.00%	57.21%	0.00%	51.62%	0.00%	45.70%
新中基	31.06%	32.04%	11.79%	5.27%	5.58%	0.00%
永安林业	41.19%	12.12%	31.19%	2.46%	22.00%	1.69%
獐子岛	0.00%	74.98%	0.00%	53.32%	0.00%	53.32%
正虹科技	30.67%	5.61%	25.67%	0.01%	20.67%	0.01%

由表 6－1 的数据可知,大型国有农业上市公司在股改后,持股比例变化不明显。如北大荒在 2006—2008 年的国有股一直是 70.48%,中牧股份 3 年一直保持在 58.46%。显然,国有农业上市公司仍然保持着平稳态势,对风险持谨慎的态度。而一些民营农业上市公司从这 3 年的变化来看,有些已经减持了很多,有些只减持了一少部分。如好

当家2006年的法人持股比例为60.61%,2007年为45.45%,2008年率先全部转换为流通股。登海种业2006年的法人持股为58.75%,2007年为42.93%,2008年也全部转换成流通股。新希望2006年的法人持股比例为57.21%,2007年为51.62%,2008年为45.70%。獐子岛2006年的法人持股比例为74.98%,2007年为53.32%,2008年为53.32%,减持的比例很小。民营企业不愿意减持的原因一方面是控制风险,一方面可以得到丰厚的利润分配。

第三节　股权分置改革对农业上市公司经营绩效的影响

一、股权分置改革的原因分析

从分析上节论述的股权分置历史可知,股权分置是我国股市股权结构不合理的现象。国有股、法人股不上市流通意味着非流通股与流通股存在着同股不同酬的现象,即非流通股的成本是原始成本,只有一元钱,利润分配时却按股份的多少来划分利润;而流通股持有者付出成本多数超过非流通股持有者的几倍甚至几十倍,但是却与非流通股的股东同样以股份比例来分得利润,因此对流通股股东不公平。另外,流通股股东只占少部分股份,只有股东之名而无其实,所以国家为了改变这种不公平现象而实行股权分置改革,即进行非流通股上市改革。由股权分置改革的原因我们可以分析出,股权分置对农业上市公司的经营绩效注定要产生影响。

二、股权结构对农业上市公司经营绩效的影响

(1)股权分置使非流通股股东对股市的行情并不太关心,因为股东无法从活跃的股市中获取现金,只能从利润分配中获得收益,因此,公司的经营效益是关键。但是一旦非流通股可以上市流通,股东既可以从利润中得到收入,也可以从股市中获取现金。但是对于一个创办

企业的股东来讲，是不愿意将股份轻易卖出去的，因此股东会更在意企业的经营效益，这将有利于激发股东的积极参与性，对企业的经营更有利。

(2)国有非流通股的持股比例高对农业上市公司的经营绩效会产生负面的影响。因为所有者缺位，没有明确的所有者存在并利益驱使性地监督农业上市公司的运作，会使绩效下降。因此，国有股转变为流通股可以提高农业上市公司的经营绩效。但是对于国有大型的关系到民生的农业上市公司，国家需制定严格的收购制度，避免股东为既得利益随意易主影响农业上市公司的经营绩效。

(3)法人股上市流通，农业上市公司的业绩会受到影响。作为创办企业的法人无论股份是否可以上市流通，都不会轻易转让股份，反倒是股份可以上市流通时，法人的资产会随着股市一同涨落，这表明法人的利益随股市变化而变化。随之而来的就是融资能力增强，成本降低。因此，法人股解禁对农业上市公司的经营绩效会产生正面影响。

(4)股权分置改革以后使资本实现了全部流通，市场的资源配置功能越来越强，这也是国家经济改革的一部分。随着市场的调解，资本会逐渐向效益较好的企业集中，这也是刺激农业上市公司提高经营业绩的一个市场手段。股改以来，众多学者进行了相关的分析，刘玉敏和任广乾认为股改对上市公司的市场价值产生了积极的影响；胡成伟通过实证分析得出每股收益、净资产收益率的变化量与股改完成时间呈现正相关关系。总之，股改对提高农业上市公司的经营绩效有着重大意义。

第四节　农业上市公司股权结构对绩效影响的实证分析

我们以2006—2008年这3年的数据为基础，对国家股、法人股、第一大股东持股数、前五大股东持股数情况对每股收益的影响进行实证分析。

我们把每股收益作为公司经营绩效的代表指标，股权集中度的公式为前五大股东持股比例的平方和。

一、2006—2008 年农业上市公司数据分析

分别从 2006—2008 年选取 19 家、30 家、23 家指标完整的农业上市公司作经营绩效分析，选取的公司数量占整个农业上市公司的 1/3 以上，具有普遍代表性。

由附录 6 可知，2006 年，每股收益中最高的为南宁糖业(0.749 712 元/股)，其国家股比例达到了 52.07%，属于国家完全控股，股权集中度为 27.13%；每股收益排名第二的为新中基(0.420 437 元/股)，国家股比例为 0，而法人持股为 31.06%，从第一大股东持股比例能看出股权比例分布较分散，股权集中度为 4.47%；每股收益排名第三的是新希望(0.334 067 元/股)，国家股比例为 0，法人持股为 57.13%，第一大股东持股比例为 45.26%，股权较集中，集中度为 21.27%；每股收益最低的是登海种业(0.003 5 元/股)，法人持股比例较高，股权集中度达到了 28.77%。

表 6-2　2006 年农业上市公司描述性分析

	总股本	国家股比例	法人股比例	流通股比例	第一大股东持股数	第一大股东持股比例	股权集中程度	每股收益率	前五大股东的持股比例和
N	19	19	19	19	19	19	19	19	19
Minimum	1.27E+08	0	0	0.019 8	15 148 361	0.084 6	0.000 6	0.003 5	0.319 6
Maximum	1.04E+09	0.584 6	0.573 1	0.679 2	3.79E+08	0.584 6	0.342 831	0.749 712	0.774 6
Mean	3.7E+08	0.246 847	0.183 205	0.459 461	1.53E+08	0.381 521	0.182 501	0.182 02	0.546 184
Std. Deviation	2.48E+08	0.222 431	0.224 982	0.160 157	1.08E+08	0.135 244	0.093 142	0.183 551	0.130 969

由表 6-2 可知，经过统计分析，国家股比例、法人股比例的平均值均未达到控股程度，股权集中度为 18.250 1%。

由附录 7 可知，2007 年，每股收益中最高的为獐子岛(1.483 327

元/股),其国家股持股比例为0,法人持股比例为47.66%,股权集中度为24.62%;每股收益排名第二的为双汇发展(1.088 138元/股),国家股比例为0,而法人持股比例为30.26%,从第一大股东持股比例能看出股权比例分布分散,股权集中度为13.74%;每股收益排名第三的为芭田股份(0.81元/股),国家股比例为0,法人持股比例为0,全部上市流通,第一大股东持股比例为33.51%,按照全部流通情况总结,股权较集中,集中度为16.73%;每股收益最低的为莲花味精(0.026 2元/股),法人持股比例为10.23%,第一大股东持股比例为11.81%,股权集中度达到2.945 2%,股权分散。

表6-3　2007年农业上市公司描述性分析

	总股本	国家股比例	法人股比例	流通股比例	第一大股东持股数	第一大股东持股比例	股权集中程度	每股收益率	前五大股东的持股比例和
N	30	30	30	30	30	30	30	30	30
Minimum	50 000 000	0	0	0.270 1	16 500 000	0.084 6	0.013 4	0.026 2	0.188 8
Maximum	1.44E+09	0.584 6	0.703 5	1	3.99E+08	0.584 6	0.663 015	1.483 327	0.753 2
Mean	4.17E+08	0.192 03	0.186 504	0.572 112	1.35E+08	0.343 793	0.182 444	0.296 938	0.545 923
Std. Deviation	3.52E+08	0.205 464	0.195 496	0.200 808	1.11E+08	0.143 652	0.121 978	0.347 999	0.147 216

由表6-3可知,经过统计分析,国家股比例、法人股比例的平均值均未达到控股程度,股权集中度为18.244 4%。

由附录8可知,2008年,每股收益最高的为双汇发展(1.153 298元/股),其国家股持股比例为0,法人持股比例约为30.27%,股权集中度为14.8%;每股收益排名第二的为华星化工(1.115 598元/股),国家股比例为0,法人持股比例为0,全部上市流通,从第一大股东持股比例能看出股权比例分布分散,股权集中度为3.31%;每股收益排名第三的为天邦股份(约0.68元/股),国家股比例为0,法人持股比例为52.19%,法人完全控股,股权较集中,集中度为11.45%;每股收益最低的为光明乳业(-0.27元/股),国家股持股比例约为35.2%,法人股比例为0,第一大股东持股比例约为35.3%,股权集中度达到

24.976 9%，股权较集中。

表 6－4　2008 年农业上市公司描述性分析

	总股本	国家股比例	法人股比例	流通股比例	第一大股东持股数	第一大股东持股比例	股权集中程度	每股收益率	前五大股东的持股比例和
N	23	23	23	23	23	23	23	23	23
Minimum	1.22E+08	0	0	0.296 475	23 617 186	0.103 1	0.013 1	−0.27	0.188 1
Maximum	1.06E+09	0.584 6	0.555 9	1	5.99E+08	0.596	0.357 64	1.153 298	0.760 38
Mean	4.86E+08	0.090 975	0.184 192	0.629 09	1.64E+08	0.348 637	0.165 241	0.293 272	0.532 771
Std. Deviation	3.32E+08	0.166 063	0.205 855	0.202 237	1.36E+08	0.146 622	0.100 502	0.344 89	0.176 04

由表 6－4 可知，经过统计分析，国家股持股比例、法人股持股比例的平均值均未达到控股程度，股权集中度为 16.524 1%。

二、回归对比性分析

（1）2006 年数据回归分析

被解释变量为每股收益率，解释变量为国有股比例、法人股比例、流通股比例、第一大股东持股比例、前五大股东的持股比例和、总资产、公司员工人数、主营业务收入占总资产的比例。

$$y=\alpha+\beta_1x_1+\beta_2x_2+\beta_3x_3+\beta_4x_4+\beta_5x_5+\beta_6x_6+\beta_7x_7$$

其中，y 表示每股收益率、x_1 表示国有股比例、x_2 表示法人股比例、x_3 表示流通股比例、x_4 表示第一大股东持股比例、x_5 表示前五大股东的持股比例和、x_6 表示总资产、x_7 表示公司员工人数，x_8 表示主营业务收入占总资产的比例。

表 6－5　拟合过程

R	R^2	修正 R^2	估计标准误
0.603 416	0.364 111	−0.144 6	0.196 374

表 6-6 回归方程系数表

	非标准化回归系数		标准化回归系数	t	Sig.	共线性统计	
	B	Std. Error	Beta			容忍度	方差膨胀因子
Constant	0.656 6	0.390 0	—	1.683 5	0.123 2	—	—
国有股比例	0.288 1	0.389 9	0.349 2	0.738 9	0.477 0	0.284 8	3.511 6
法人股比例	-0.050 0	0.385 7	-0.061 3	-0.129 6	0.899 5	0.284 5	3.515 0
流通股比例	-0.540 7	0.392 0	-0.471 8	-1.379 3	0.197 9	0.543 4	1.840 3
第一大股东持股比例	0.113 8	0.582 7	0.083 8	0.195 3	0.849 1	0.344 9	2.899 1
前五大股东的持股比例和	-0.720 9	0.659 4	-0.514 4	-1.093 3	0.299 9	0.287 3	3.481 0
总资产	0.000 0	0.000 0	0.149 0	0.393 1	0.702 5	0.442 8	2.258 3
公司员工人数	0.000 0	0.000 0	0.205 1	0.366 5	0.721 6	0.203 1	4.924 8
主营业务收入占总资产的比例	-0.031 6	0.093 6	-0.159 2	-0.338 0	0.742 4	0.286 7	3.488 4

由表 6-5 和表 6-6 可知，各变量对每股收益没有产生显著性影响。国有股、法人股持股比例均值较分散，对每股收益的影响不显著。

(2)2007 年数据回归分析

表 6-7 拟合过程

R	R^2	修正 R^2	估计标准误
0.654 054	0.427 787	0.209 801	0.309 347

表 6-8 回归方程系数表

	非标准化回归系数		标准化回归系数	t	Sig.	共线性统计	
	B	Std. Error	Beta			容忍度	方差膨胀因子
Constant	-0.288 8	0.565 9	—	-0.510 3	0.615 2	—	—
国有股比例	-0.638 6	0.482 0	-0.377 0	-1.324 7	0.199 5	0.336 4	2.972 7
法人股比例	-0.303 4	0.544 5	-0.170 4	-0.557 1	0.583 3	0.291 2	3.433 9
流通股比例	-0.093 4	0.519 6	-0.053 9	-0.179 7	0.859 1	0.303 1	3.298 7

续表

	非标准化回归系数		标准化回归系数	t	Sig.	共线性统计	
	B	Std. Error	Beta			容忍度	方差膨胀因子
第一大股东持股比例	-0.529 2	0.614 3	-0.218 4	-0.861 4	0.398 8	0.423 7	2.360 0
前五大股东的持股比例和	1.488 4	0.720 9	0.629 6	2.064 6	0.051 5	0.293 0	3.413 1
总资产	0.000 0	0.000 0	0.090 6	0.349 9	0.729 9	0.406 4	2.460 9
公司员工人数	0.000 0	0.000 0	0.316 8	1.055 2	0.303 3	0.302 2	3.308 5
主营业务收入占总资产的比例	0.018 3	0.079 8	0.053 2	0.229 6	0.820 7	0.507 6	1.970 2

由表6－7和表6－8可知，前五大股东的持股比例和在0.1下显著，且系数为正，与每股收益成正相关关系，其他因素对每股收益的影响均未表现出显著效果。相对来说，国有股持股比例对每股收益的影响更强一些，国家股持股比例与绩效成负相关。这一结论与许小年和王燕（1999）认为的国有股持股比例与公司绩效成负相关一致。

（3）2008年数据回归分析

表6－9　拟合过程

R	R^2	修正 R^2	估计标准误
0.751 442 3	0.564 665 6	0.315 903	0.285 259

表6－10　回归方程系数表

	非标准化回归系数		标准化回归系数	t	Sig.	共线性统计	
	B	Std. Error	Beta			容忍度	方差膨胀因子
Constant	-0.233 3	0.629 9	-0.370 4	0.716 6	—	—	—
国有股比例	0.583 4	0.564 8	0.280 9	1.033 0	0.319 1	0.420 5	2.377 9
法人股比例	1.168 0	0.454 2	0.697 2	2.571 6	0.022 2	0.423 1	2.363 6
流通股比例	0.460 9	0.511 9	0.270 3	0.900 5	0.383 1	0.345 2	2.897 1
第一大股东持股比例	-0.287 1	0.789 8	-0.122 0	-0.363 4	0.721 7	0.275 8	3.626 0

续表

	非标准化回归系数		标准化回归系数	t	Sig.	共线性统计	
	B	Std. Error	Beta			容忍度	方差膨胀因子
前五大股东的持股比例和	-0.183 7	0.764 4	-0.093 8	-0.240 4	0.813 5	0.204 3	4.895 3
总资产	0.000 0	0.000 0	0.156 8	0.374 3	0.713 8	0.177 2	5.643 0
公司员工人数	0.000 0	0.000 0	-0.344 1	-0.731 0	0.476 9	0.140 3	7.126 9
主营业务收入占总资产的比例	0.226 3	0.091 0	0.785 4	2.487 1	0.026 1	0.311 8	3.207 2

由表6-9和表6-10可知,法人股持股比例在0.05下显著,主营业务收入占总资产的比例在0.05下显著。对每股收益的影响因素很多,表中出现了两项显著因素,从股权结构的因素来讲,法人股持股比例对每股收益的影响更强,且系数为正,与每股收益成正相关关系。

从以上分析我们可以得出以下结论:

从股权结构来讲,对农业上市公司绩效影响较大的因素为国家股持股比例、法人持股比例、前五大股东的持股比例和。从这3年的数据回归对比分析来看,国家股持股比例对绩效的影响较小。2006、2008年成正相关关系,2007年出现负相关。我们可以设想两个极端,当国家100%持股时,公司成为国家垄断企业,可以获得超额利润;当国家0持股时,类似大多数业绩优良的民营企业,在这两种情况下公司的业绩都很好。这说明企业的业绩与国家持股的比例区段有关系,不完全是单纯的正相关或负相关关系,但是对绩效的影响较法人持股比例及前五大股东的持股比例和小,法人持股比例及前五大股东的持股比例和对业绩影响均为正相关。

从上述股改变化可以看出,国家、法人持股比例基本上越来越小。随着国有股及法人股的上市流通,前五大股东的持股比例和对绩效的影响越来越突出。回归分析中,第一大股东对业绩影响很小。增大前五大股东的持股比例和,实行股权的制衡、监督、约束机制,将更有利于农业上市公司的发展。

第七章　影响农业上市公司经营绩效的其他因素

影响农业上市公司经营绩效的因素很多,公司内部的人力资源管理、财务管理、运营管理、营销管理对农业上市公司的绩效都有影响,这与其他上市公司的绩效管理有着类似的特点。本章论述的内容着重从企业管理的决策者激励、企业存在的宏观环境出发,对影响农业上市公司经营绩效的因素加以剖析,从而提出相关建议。目的是使整个农业上市公司的绩效得到全面提高,提高农业上市公司的整体竞争力。以下针对领导激励、资产重组、区域性贸易壁垒对农业上市公司绩效的影响分别加以阐述。

第一节　高管激励对农业上市公司绩效的影响

高管激励是领导激励的一部分。领导激励包括领导对员工的激励,也包括对领导自身的激励。我们在本节研究的是领导自身的激励对农业上市公司经营绩效的影响。

一、领导激励与企业绩效的关系

人的潜力是巨大的。据研究,一个员工平时工作中发挥的能力只占全部能力的30%,而一个企业高管所发挥出来的能力最多占到全部能力的60%,没有发挥出来的能力要靠激励来激发。同时企业中80%的效益是由企业中20%的高级管理者创造的,因此高管激励是提高农业上市公司绩效中必不可少的部分。

所谓激励就是对人的需求不断满足的过程，只有满足了需求，人才会有动力朝着新的需求前进。无论人的学历多高，道德水平如何，激励的原理对人来说都是相同的，这就是激励的客观性。同时激励具有动力性和多样性。激励的方式不一定是物质刺激，精神上的激励同样能激发动力，但是对于高管激励有效的方式是奖金及股权激励，职位激励的作用很小，因为上升的空间有限。

高管激励能够提高高管的生产力，为企业创造更大的效益，但是激励的程度过大，不仅不会对提高效益有利，反而会助长高管的贪腐心理。激励的动因是激励高管为企业创造更多的效益，但激励程度过高会使高管把个人的收益寄希望于提高待遇上，而没有放在提高企业的绩效上。

二、农业上市公司的激励状况分析

1. 奖金激励状况分析

农业上市公司的奖金激励很普遍，但是奖金激励也存在着问题。首先是激励效应短。当奖金首次提高到一定的数额时，对高管的激励作用很明显，对公司绩效的提高是有利的。而随着奖金发放次数的增加，激励作用越来越小，甚至消失，除非奖金数额每次都有较大幅度的提高。随着时间的延长，一定数额的奖金还会产生副作用。最后形成了高管看股东脸色工作的状态，也就是股东同意高年薪支付高管，高管的工作热情就会高，否则就会消沉，这与我们所追求的效果刚好相反。问题的解决办法就在于高管的奖金一定要与绩效挂钩，绩效是决定奖金数额的主要因素。

目前，在农业上市公司中普遍存在着一种现象，高管在研究年薪水平的时候，总是把眼光落在与其他行业上市公司的比较上，如某些公司的董事、监事、总经理等年薪过千万。这种心态对公司的经营是有害的。农业上市公司整体业绩与高利润的行业没有可比性。从表4-1、表4-2、表4-3中我们可以看出，农业上市公司的绩效完全低于非农业上市公司，与非农业上市公司中业绩高的企业无法相比。非农业上市公司高管的年薪普遍在 50 万—100 万之间,绩效高的公司高管年薪达到 1 000 多万,格力电器董事长年薪为 4 000 多万,再如金融类高管年薪均很高。农业上市公司的高管年薪普遍在 30 万 — 60 万之间,也有一部分在 20 万 — 40 万之间,这样的数额也是近几年才提起来的。农业上市公司高管的年薪虽然低于非农业上市公司的,但是从农业上市公司的整体绩效上来看,其年薪已经很高了。年薪占企业总薪酬的比例已经超过了业绩优良的非农业上市公司中的高管薪酬比例。

表 7－1 2008 年各行业高管薪酬对比

行业	平均年度薪酬总额(万元)	前三名高管薪酬总额(万元)	合计净利润同比增长(%)	2008 年合计净利润(万元)	2007 年合计净利润(万元)
家用电器	432.73	1 915.09	－15.14	241 035.73	284 023.66
房地产	544.72	6 254.51	15.33	1 669 774.88	1 447 849.05
金融服务	625.04	774.66	27.52	2 934 445.87	2 301 163.31
医药生物	323.59	3 982.42	15.07	352 446.68	306 294.35
商业贸易	332.09	1 870.37	33.84	358 699.47	268 008.34
交通运输	333.95	1 838.76	5.95	1 116 790.64	1 054 031.73
交运设备	300.00	2 205.63	－8.77	345 550.59	378 762.61
信息服务	341.44	1 956.71	25.58	187 419.08	149 237.37
采掘	367.39	965.55	144.45	912 619.52	373 333.91
建筑建材	337.7	2 217.66	32.95	390 500.16	293 718.78
化工	246.66	3 997.06	－18.59	699 930.64	859 779.84
有色金属	237.22	1 054.95	－31.32	347 659.47	506 182.45
轻工制造	198.65	959.86	－5.82	101 262.25	107 520.43
信息设备	234.14	1 127.38	－79.62	24 656.63	120 986.45
机械设备	237.2	3 365.21	14.51	502 594.25	438 912.7
纺织服装	128.96	617.01	9.87	109 753.45	99 889.79
餐饮旅游	157.06	291.6	11.19	36 165	32 525.99
农、林、牧、渔	120.9	232.62	－22.55	33 338.06	43 042.78
总额	5 199.44	35 627.05	—	5 714 641.2	8 134 291.83
农、林、牧、渔占比	2.33%	0.65%	—	0.58%	0.53%

资料来源:开来资讯《各行业上市公司高管年度薪酬总额水平对比表》

由表7-1可知,农、林、牧、渔行业高管的薪酬总额最低。在全部统计行业中,前三名高管薪酬总额占比为0.65%。我们从绝对值上分析,薪酬水平过低,对高管的激励作用不够。然而,从2007、2008年的净利润占比来看,2007年占比0.53%,2008年占比0.58%。这与高管激励的占比相近,因此整体激励水平是合理的,所以通过高管的薪酬激励方式来提高农业上市公司的经营绩效,空间很小。

2. 股权激励状况分析

农业上市公司中对高管的股权激励是激励的一个重要组成部分。有比较性的年薪激励制度不易控制高管的心态,而且年薪又不可能总是保持增长,激励的效果会弱化,如果降低的话,会出现负作用。而股权激励不会出现这种情况,它直接与公司的绩效挂钩,分得的剩余利润一定是通过所有人的努力共同创造的。当期的绩效差,高管的收益就少,在收益划分时,没有任何人为因素,因此股权激励更适合农业上市公司的高管激励,这对提高公司的绩效有着正向支持作用。

目前,农业上市公司中,高管0持股现象很普遍,原因为农业上市公司最初上市时多数是国有农业企业或大型民营企业。国有的农业上市公司,除流通股外均由国家持有,高管都是国家干部。而民营企业均是发起人完全持有非流通股,外聘的高管只有年薪的激励,因此股权激励没有发挥作用。股权激励会使高管产生企业经营的责任感,不仅会激励高管在企业业绩的提高上作出努力,同时对成本控制做到高效率,这样剩余的利润才会增加,股东分得的部分才会增加,股权激励是一种与公司绩效紧密结合的有效激励措施。2009年5月,青岛海尔董事会通过首次股权激励计划草案,公司以10.88元/股的价格向高管、子公司负责人以及核心技术骨干出售股权,在未来四年内通过定向增发的方式对上述人员进行总计1 771万股的股权激励。结果受股权激励计划的刺激,青岛海尔二级市场表现活跃,连续几天投资者都很多。股权激励不仅激励高管,预示着高管将为公司的经营目标而共同努力,同时也会使高管关注公司经营绩效的提高,有利于提高企业经营绩效。

三、高管激励对农业上市公司绩效的影响

(1)国有的农业上市公司存在所有者缺位现象,导致经营业绩较差。股权激励刚好能够解决这一问题,高管可以占有一部分公司股份,肩负着大股东的责任及使命。同时高管又是企业的管理者,有动力将企业的整体绩效提高。

(2)企业的所有者与管理者之间存在的目标不一致,导致代理关系错位。民营农业上市公司可以通过高管股权激励的方式使股东目标与管理者目标一致,当管理者拥有一定比例的股份时,会把股东的经营目标当做自己的目标去经营,因为经营绩效的高低、剩余利润的多少直接影响着管理者的收益。

(3)薪酬激励对农业上市公司的经营绩效影响不大。农业上市公司本身比较利益低下,先天弱质性决定了农业上市公司的发展需要一定的时间,依靠科技的发展、依靠劳动者素质的提高、依靠国家政策的支持才会逐渐转变,因此,农业上市公司中高管年薪的升降幅度没有过大空间。根据彭熠(2006)的研究发现,高管薪酬与绩效成"U"形关系,即超过了低点值后,增加幅度越大,对绩效的贡献越大,但是农业上市公司中高管的年薪增速加快,对农业上市公司的财务压力同样会增加。农业上市公司本身的特点决定了业绩的提高不会很快,它总是滞后于工业,那么高管薪酬的增加幅度就不会很大,因此,高管薪酬的激励对农业上市公司的经营绩效影响不大。

(4)农业上市公司中普通员工的工资水平平均在1 000—2 500元之间,同样低于非农业上市公司中员工的平均工资水平。如果高管的工资过高,也会出现目前的因贫富差距过大而引起的仇富现象,这同样会影响农业上市公司的整体绩效。

第二节 资产重组对农业上市公司经营绩效的影响

资产重组在中国上市公司的发展历史中始终占据着重要位置。中国的股市经历时间短，上市公司发展不完善，无论是企业经营管理运作，还是资本运作都缺乏经验。这势必会使部分企业需要不断改变经营方式，不断寻求出路，于是出现了中国市场上特有的不断改组现象。有些上市公司在经营业绩较差的情况下，多次重组，剥离劣质资产以获取优质资产，提高企业业绩。

一、资产重组的解释

资产重组本身是寻求企业资源配置最优的过程。过大、过小都会导致企业资源浪费。企业重组就是在企业规模非最优时与其他企业在资产、负债、所有者权益间进行调整，从而达到资源最优配置的一种行为。资产、负债及所有者权益的重组是企业重组的三种基本形式，主要方式包括资产的出售、置换、托管，债务的重组，股权的变更及增减等。从中国上市公司经历的资产重组实践来讲，资产、债务重组一般在公司内部进行，涉及股权变化的需要经过证监会的审批。

资产重组与企业并购不是一个概念，现在提到企业并购的概念，主要是因为加入 WTO 以后，国际经济形势日趋复杂，企业并购将随着市场的开放程度而变得流行。

企业并购的概念包含着企业兼并、收购、合并的意思。兼并一般指两家或更多的企业合并成一家企业，通常由一家占优势的公司吸收一家或多家公司。从二者的概念区分上可以看出，资产重组着重于资产的优化组合，而并购着重于股权权益的转移，但在企业的资产重组中，二者常常相伴发生。

二、农业上市公司资产重组的现状及动因

农业上市公司本身占有的资源不如制造业丰富，制造业很容易采取横向及纵向的重组方式，因为上下游企业关系密切，激烈的竞争已使其形成了利益集团。而农业上市公司较分散，本身资源不丰富，不具备重组的吸引条件。农业企业若进行了资产重组，则可以实现资本增值，优化资本结构，同时提高经济效益。

(1)加入 WTO 以后，外资进入我国，使上市公司的重组行为渐成趋势，这就使国内的资产重组范围拓宽了。在能够达到控制风险目的的同时，也为上市公司的发展注入了新鲜的血液。农业上市公司的发展更需要这种优质资产进入企业，提高企业的市场竞争能力。例如，丰原生化与英国泰莱公司已进行合资合作。此次合作极大地促进了丰原生化技术的提升、人才的国际化和营销的全球化，对丰原生化后来的业绩提高产生了重要影响。

(2)重组现象已经由单个上市公司的重组演变成上市公司集体重组。各个行政区域本身的发达程度不同，较弱的行政区域使当地的农业上市公司先天营养不良，当与其他农业上市公司在同一市场上竞争时便显得力不从心。为了加强本地区上市公司的竞争能力，当地政府将上市公司进行资源重新组合。集体资产重新整合的区域多为经济不是很发达地区，如四川、云南、陕西等地。这种方式有利于当地农业上市公司的发展，资源互补、战略性合作能够提高农业上市公司的整体业绩。

(3)简单的借壳入主方式将渐渐成为历史。2008 年以前，中国的“壳”资源异常珍贵，很多企业通过借壳上市。有些企业上市是为了融资，可以更好地开展业务，而有些企业只是为了套现。不同的目的对上市公司的业绩影响是不同的，随着国家重组政策的细化及严密，目的不纯的做法将被渐渐禁止，只能靠优良的业绩申请上市发行股票。2008 年，很多农业上市公司成了借壳对象，如 ST 昌鱼被北京华普产业集团注资，使中地地产借壳；丰乐种业被合肥建投借壳等。

(4)行业内的资产重组现象增加。很多上市公司为了寻求产业链上的延伸,实现强强联合,进行了行业内的资产重组,如新疆屯河与天山股份进行了资产整合。民营企业新希望集团控股的农业上市公司——四川新希望农业股份有限公司与南通天成保健品有限公司强强联合,合资组建了江苏天成保健品有限公司。目前很多农业上市公司跃跃欲试,准备在产业链上寻求资产重组。

三、资产重组对农业上市公司绩效的影响

资产重组对农业上市公司的绩效影响已经有多位学者进行过研究。冷建飞和王凯根据2000—2004年农业上市公司的资产重组数据分析得出结论,资产重组前后的绩效变化不显著。孙芳城(2000)认为各种资产重组方式对绩效提高的影响是正面的。吴育平(2002)的研究同样认为资产重组对经营绩效的提高有利。赵元华与丁忠民(2003)的研究中对重组能够提高绩效持谨慎态度。彭熠(2006)认为,农业上市公司资产重组前后其经营绩效无显著差异。

关于重组对上市公司的绩效影响,我们参考一下美国的发展历史。美国历史上有五次大的重组浪潮,每次浪潮都是在美国经济低迷或高涨时期出现的。前三次重组出现在1900年左右、20世纪20年代、20世纪60年代,最显著的特征就是资产重组均发生在国家内部的企业间;后两次出现在20世纪70年代及90年代,特征是重组多数发生在不同国家的企业间。从重组的过程我们可以分析出,随着重组,美国的企业在逐渐壮大。最初表现在国内企业的重组,使国内的企业规模壮大,资源得到有效利用。随之又开始了国家间的企业重组,逐渐兼并更多的国外企业,使资产规模更庞大,实力进一步提高。从美国企业的成长历史来看,我国企业若要做大做强,同样要经历企业重组的过程,尤其是本身实力并不强大的农业上市公司。

在美国企业的发展壮大过程中伴随着重组并购的发生,这是企业做大做强的过程。非投机性并购重组尽管不能使农业上市公司的绩效在短期内得到提高,但在长期发展上会带来强大的市场竞争力,绩

效会随着企业在行业中竞争地位的上升而提高。

要保证绩效能够得到提高，必须具备的条件是：①重组并购并非为了短期利益；②重组后必须在新的资源配置下重新调整好经营模式，减少管理成本；③账面重组并购应受到严格的限制；④政府应鼓励产业链上下游农业上市公司的重组，提高产业整体实力；⑤完善重组过程的监督、透明机制。

第三节　区域性贸易壁垒对农业上市公司经营绩效的影响

区域性贸易壁垒不仅给农业的发展设置了障碍，作为龙头的农业上市公司同样也受到了影响。尽管国内各区域发展不平衡主要表现在农业资源、水力资源、技术资源等方面，但是若能消除各区域间的保护主义思想，从长远来看它是有力于各方利益的。只有互通，才能互知，最后互利。

一、区域性贸易壁垒的解释

区域性贸易壁垒即区域性的保护主义。其不按照市场的供求规律进行自由贸易，而是通过一定的行政手段、税收手段或技术手段加以干预，使本区域以外的产品难以在本地区畅销。区域性贸易壁垒短期内对当地的发展是有利的，但是从长远来看，既不利于当地经济的发展，也不利于整体的经济发展。

二、农业区域性贸易壁垒的形成原因及现状

(1)区域性贸易壁垒形成的最重要原因是区域的划分。在各地区的经济发展过程中，由于历史、自然、区域政策等的不同，使农业企业占有的资源不同，进而不同区域的发展速度也就不同，出现了发展不均衡的现象。这种不均衡性使一些处于弱势地位的区域采取地方保护主义，以便促进本地产业的发展。最为突出的是啤酒类生产企业，

其受到地方政府的严格保护。同时企业采购的原料也受到当地政府的限制,企业被要求最大量地采购当地的原料。

(2)食品的安全信任危机导致了保护主义的出现。从三鹿乳品出现毒奶粉之后,又相继出现了致癌大米、进口奶粉被污染、瘦肉精、结核奶、金华火腿添加敌敌畏等食品安全问题,这些问题的出现导致了食品安全信任危机,于是一些地方政府开始以此为借口采取贸易保护措施,不允许某些地方的食品进入本地区。

尽管党的十六届三中全会提出了区域协调、统筹发展计划,但区域间的不均衡在短期内不会消除,而且在较长一段时间内有加强的趋势。

表7-2　中国最严重的地方行政保护主义商品情况

最严重的十种商品	严重程度(频率)	排名
烟草	499.316	1
酒类	422.131	2
汽车	198.8	3
电信	132.25	4
农产品(棉花等农产品)	129.38	5
医药产品	123.11	6
电力	122.31	7
食品	92.22	8
化肥	63.6	9
农副产品	62.7	10

资料来源:国务院发展研究中心"中国统一市场建设"课题组

由表7-2可以看出中国农业产品受地方保护主义影响的排名情况,其中农产品与农副产品受到保护主义影响的严重频率挺高,那么对以上述农产品为主营业务的农业上市公司的绩效会产生更大的影响。

(3)国家间的贸易保护主义更加严重。国际金融危机出现以后,各国的经济都受到了影响。为了使本国经济快速复苏、发展,国际贸易保护主义开始抬头，特别是美国对中国的反倾销、绿色贸易壁垒等手段限制了中国农业产品的出口。近年来，中国有90%的农业及食品出口企业受国外技术性贸易壁垒的影响，造成每年约90亿美元的损失，技术性贸易壁垒给国际贸易造成的障碍占关税等各种壁垒总和的比重，已由原来的20%上升到目前的80%左右（2006年调查数据）。目前许多国家都隐藏了一些不合理的条款以保护本国的企业。

欧盟一些国家对中国出口的冻虾等水产品以及其他产品设限，日本对中国出口的蔬菜、蜂蜜等产品设限，美国则对禽肉、水产品、蜂蜜等产品设限。

对于中国的农业上市公司来讲，出口贸易额受到了严重影响。福成五丰2006年出口贸易额为14 054 225.44元，较2005年降低了19.51个百分点，2007年有所回升，但2008年又下降了50.05个百分点。新五丰2006年出口贸易额为371 352 177.78元，较2005年减少了5.92个百分点，2007年回升了12个百分点，2008年贸易额为386 648 672.77元，再次降低了7.26个百分点。化肥行业的农业上市公司状况较好，因产品多数出口到第三世界国家，受限少一些。

三、区域性贸易壁垒对农业上市公司绩效的影响

（1）区域性贸易壁垒会严重影响农业上市公司的经营绩效。农业上市公司数量较多的地区，本身产品同质化严重，在当地的竞争加剧，再受到贸易壁垒的限制，经营绩效会受到影响。例如，湖南、甘肃、新疆等地，农业上市公司数量较多，地方经济不发达，因此必须依靠发达区域进行消费。当企业产品走不出去的时候，经营绩效就会受到很大影响。

（2）由于融资壁垒，导致农业上市公司融资困难，进而影响了农业上市公司的绩效。为了获取更多及时的商业信息或者得到便捷的融资条件，部分农业上市公司将总部搬到了上海或北京等经济发达地区，但是当地的金融机构为了本地企业的发展，经常将贷款优先发放给本地公司。外来企业在当地的融资仍然受到限制，最后只能被迫又

回到原地融资。

(3)针对近几年的国际贸易壁垒情况来看,美国采取技术性贸易壁垒较多,从食品的检测指标上限制中国商品出口。不同国家的技术性贸易壁垒的形式不一样,应该有针对性地对各国技术性贸易壁垒状况加以研究,确定特定市场的标准,将我国的农产品分类纳入适合不同标准的国家,有针对性地打入市场。

另外,中国的食品生产确实存在问题,因为农产品的生产与自然环境有着密切的关系。中国环境污染严重,一是农药、化肥污染,另外是工业的三废污染。农药、化肥的大量使用,使土壤、水资源受到污染,影响到整个生物链,使农产品中有害物质超标。另外,三废的排放控制不严格,污染更严重。在此背景下,中国与发达国家的食品检测标准不同,从而导致中国的农产品无法出口,但反过来这恰恰又是个动力,可以督促政府修改食品检测标准,使中国的食品质量得到提高,污染得到有效控制。

无论是在区域壁垒还是在国际壁垒上,政府必须在这方面加大力度规范农业生产。同时农业上市公司在选择产品原材料时,必须把好质量关,使上游提供基础原料的种植、养殖企业加强质量控制,保持绿色安全耕种及养殖。

综合以上分析,贸易壁垒使农业上市公司的经营绩效受到了负面的影响,却对督促中国农业上市公司提高产品质量有积极意义。

第八章　农业上市公司在提高经营绩效过程中存在的问题

通过对财务指标的实证分析，各个指标因子对经营绩效分别有着不同显著性的影响。而财务指标反映出来的这些影响是由企业宏观状况导致的，因此企业的宏观现状对经营绩效有直接的影响。中国农业上市公司是在政策的支持下发展起来的，本身在产生之初就没经历过市场的激烈竞争，因此在发展过程中存在着各种问题。尽管众多农业上市公司已经意识到了公司在经营中存在的问题，但是在调整及提升过程中不可避免地受到外部竞争环境、国家政策、管理者态度、企业决策、企业自身实力等的影响，因此中国农业上市公司在提高经营绩效的过程中不可避免地会存在着一些问题。

第一节　企业自身在提高经营绩效过程中存在的问题

一、个别影响因素没有得到重视

对 58 家农业上市公司的 15 项财务指标按 2006—2008 年 3 个年度进行了数据综合分析，并通过对北大荒的个案分析，得出农业上市公司在经营中普遍存在的资金紧张问题，连续几年的资产负债率很高。尽管存货周转率及应收账款周转率较高，能够使资金紧张局面稍微得到缓解，但是净资产增长率、净利润增长率偏低又降低了企业的赢利能力，使企业资产负债率居高不下。因此如能大幅度提高净利润增长率和净资产增长率,将会使企业的经营绩效得到提高。

二、过度依赖非农化经营

中国农业上市公司非农化经营现象甚为严重,2008 年农业上市公司中非农化经营的企业达到 80%。众多农业上市公司把非农化经营当做企业发展的救命稻草,跟随着高利润、高收入产业进入盲目的非农化经营中,这一现象对农业上市公司经营绩效的影响已经引起了社会各界的关注。农业上市公司非农化经营主要从两个方面来理解:一方面是整个产业的非农化经营;另一方面是企业的非农化经营。对于整个产业的非农化经营主要是由于农业产业的比较利益低,国家政策的引导不准确。而企业的非农化经营主要是由于企业对短期利益的追逐,目前中国面临的现状是贫富差距过大,不光是地域之间的贫富差距、个人之间的贫富差距过大,行业的贫富差距也在扩大。从 2006 年年末开始,房地产市场开始启动,至 2009 年年末,房价已经翻了几番。而农业产业的利润收入几乎没有变化,一部分农业上市公司还出现了负增长。这种差距促使农业上市公司转营其他项目,60% 的农业上市公司增加了房地产经营项目,然而从第四章的分析中得知,增加房地产经营项目的企业并没有获得良好的经济效益;相反,那些向农业产业链上下游延伸的农业上市公司却得到了一定的发展,如福成五丰等。当农业企业过度依赖非农化经营时会陷入一种误区,对农业企业来说,不专心于本行业,而投放精力于其他不熟悉的行业,是根本不会提高经营绩效的。

群体效应容易使企业迷失自我。当本身比较利益低的企业面临经营窘境时,就会病急乱投医,而被其他行业的外在表象迷惑。

另外存在一部分企业,从上市之初就利用国家对农业企业的优惠政策从事着非农业产业的经营。尽管这种现象很少,但是也说明国家在这方面的监管力度不够。因此,非农化经营对企业的发展极为不利,因为它们不占有优势资源,不熟悉领域状况,但是这种过度依赖非农化经营的现象却是普遍存在的。

三、忽视了农业上市公司的规模成长

1. 经营规模没有做大

农业上市公司的经营规模普遍较小，北大荒的总资产在农业上市公司中较高，但也没有多少。在农业上市公司努力提高经营绩效的过程中，多数公司却忽视了扩大经营规模的做法。关于公司规模与公司业绩之间的关系，Dimson 和 Marsh(1997)研究发现：英国股票市场股票收益率随着公司规模的加大而提高。而我国学者魏良益(2005)等以每股收益作为解释变量分析公司绩效与规模的关系时，发现二者呈正相关关系。因此，扩大公司经营规模对提高农业上市公司的经营绩效有着重要作用。

通过中国农业上市公司的财务统计数据可知，每股收益超过一元的农业种植、养殖企业只有一两家。其中只有獐子岛属于纯粹的养殖企业，其余的都是农业化工企业。可见，农业上市公司的规模有待于扩大。

中国农业上市公司是在国家政策的扶持下成长起来的，并非是通过激烈的市场竞争与工业企业一样得到国家的统一审批才上市的，因此规模较小是农业上市公司普遍具有的特点。规模小就决定了农业上市公司缺乏市场竞争力，缺乏对风险的抵御能力。

2. 产业的深度经营中负担过重

中国农业产业化过程是通过引导农业区成立企业，进行食品及粮食的深加工，目的是使企业带动本区域农业的发展。因此大力鼓励发展劳动密集型的加工企业，推动乡镇企业的发展，推动农业信息、采购、运输、融资等服务行业的发展，使产业链得以延伸，但是农业上市公司的产业链条在各个环节上的延伸还远远不够。

农业上市公司作为农业的龙头企业肩负着重任，需要解决就业问题、带动农业产业发展、将农业与市场连接。然而在产业发展的政策支持下，反而出现了各自独立发展的企业，这使农业上市公司自身的产业延伸受到抑制，规模没有扩大。

3. 忽视了品牌建设

品牌建设在企业规模的扩大中占据着重要地位，是企业价值的主要增值部分。然而农业上市公司忽视了品牌在企业发展中的作用，品牌并非简单的指企业的名称，而是一系列组合因素的整合、提高。纵观农业上市公司，我们能够记得的名称少之又少，类似泰国的正大、美国的肯德基，中国一家都没有。在农业上市公司中，品牌影响力较好的行业算是乳制品行业，然而也出现了毒奶粉事件，这说明品牌建设被农业上市公司严重忽视。短期的利益追逐使其放弃了企业成长的基石，放弃了产品质量。

四、缺乏营销体系建设

农业上市公司秉承农业本身的土地耕种、养殖等产业，一直缺乏与市场的沟通，对于农业上市公司的营销体系建设同样缺乏有效的规划。农产品的销售一直采用大批发市场的形式，无论在种植业、畜牧养殖业，还是在渔业上都存在各种各样的问题。采购方集中到市场上批发选购，没有专业的营销队伍将产品推销出去，对信息的掌握也不及时，更不能提前预知市场的需求。

五、法人的股权比例过高

中国农业上市公司的国有股、法人股比例偏高。随着国有股减持、股权分置改革的深化，同股同酬的实现，国家股及法人股逐渐淡出中国市场，所有的股份性质均变为流通股。然而法人持有流通股的比例就成了农业上市公司提高经营绩效的重要影响因素。从目前的情况来看，法人持股比例多数超过 30%，一部分超过了 50%，当然其目的是更好地管理公司，使公司发展不偏离法人预期的方向，但是过高的持股比例结构对公司内部高层的激励作用会降低，这也是农业上市公司高管工作热情不高的主要原因。

六、农业上市公司的违规性操作降低了公司的经营绩效

经营绩效较差的农业上市公司为了保持上市公司的融资地位，便采取违规操作、财务造假、关联交易等方式，结果完全转移了公司经营的注意力，把非法做法纳入了公司的决策范围，转移了思路。比较典型的如银广夏，2002 年银广夏特大虚假利润案正式开庭审理，这一案件暴露出上市公司为了获取持续上市融资的机会，不惜利用非法手段做假账，利用市场信息的不对称欺骗投资者，这是一种投机行为。这对农业上市公司的经营极为不利，严重影响了公司的经营绩效。如果作假现象普遍存在，必将导致农业上市公司不专注于企业经营，而把更容易操作的假账当做正规业务去做，为了农业上市公司的规范经营与经营绩效的提高，强有力的市场监督必不可少。

第二节　国家政策在农业上市公司提高经营绩效过程中存在的问题

一、农业补贴政策对农业上市公司提高经营绩效的影响

1. 农业补贴政策的补贴方式存在问题

为了降低农业企业的经营成本，国家对农业生产所需要的原材料实施补贴。这种补贴不是在帮助企业发展，而是对农业企业的救济，如化肥补贴、农机补贴等，这会使农业企业过度依赖国家。在估算企业利润时，农业上市公司总会把国家的补贴计算在内。同时这也会使企业在补贴政策上下工夫，即如何创造条件使补贴额度更大一些。随着我国加入 WTO，农业全面开放，这种直补政策也受到了一定的限制，因此这种补贴方式对农业上市公司经营绩效的影响会渐渐减少。

2. 农业补贴政策的补贴方向存在问题

国家对农业企业进行补贴的原因是某些农业企业缺乏产业优势而需要进行补助，同时国家也在强调龙头企业对农业的带动作用，但

是作为龙头企业的农业上市公司却缺乏国家的特殊支持。

农业本身的弱质性导致农业上市公司继承了农业的本性,因此农业产业的发展必须依靠国家政策的支持。同时国家的补贴不仅需要投入到农业的生产当中,更要向农业上市公司倾斜,因为农业上市公司的发展必定会带动整个农业产业的发展。

二、农业科技研发投入不足

1. 高科技产品研发投入不足

我国对农业高科技的投入一直处于较低水平,农业高科技产品是企业竞争力的全面体现。之所以在金融危机爆发后,美国能够限制我国农产品出口,就是因为我国农产品质量标准低、科技含量低。我国的农业科研投入仅占 GDP 的 0.5%,而从世界的平均水平来看,农业科研投入占全球 GDP 的 1.07%,显然,我国的农业科研投入还不足世界平均水平的一半,相对于发达国家的比例就更低了。

尽管我国已经建立起了庞大的研发体系,但是国家的投入不足,导致大部分的科研人员流失,以及为了迎合市场而作的低科技含量产品的重复研发现象严重。更多的科研院所为了生存,与企业合作进行低水平的增产不增质的研发。农业上市公司在迫切需要提高经营绩效的时候,却找不到高质量的研发成果,从而导致国际竞争力得不到提高,无法创建自己的品牌。对农业科技投入不足将导致农业上市公司生产效率低、农产品科技含量低,缺乏国际竞争力。

2. 农业人才教育投入不足

2000 年的数据显示,农业高等院校的国家拨款之和仅为清华大学拨款的 56%。这种现象在近几年有了很大程度的改善,农村学校免除了九年义务教育的学杂费,这对培养农业人才有一定的帮助。但是没有对农业教育采取特殊的政策,因此与其他产业的差距没有缩小,同样农业院校也没有得到应有的重视,科研经费远没有其他学科充足。从农业上市公司的长远发展来看,农业人才的培养使企业发展具有保障。而目前更多的农业人才改行进入了非农业企业,这与国家对农业人才的重视程度有一定的关系。虽然农业教育对农业产出的影响小，但是对整体农业上市公司的管理、绩效的提高有着重要的作用。人才是企业发展的基础，农业上市公司经营绩效的提高，也离不开人才。

三、公共性设施投入不够

1. 市场基础设施建设缺乏

中国的公共基础设施建设不具备公益性，没有免费给农业上市公司使用，而是以企业投入建设的方式开展，即谁建设谁受益。其他农业企业使用，就会收取使用费，因此造成公共设施收费高、服务差的状况，这给农业上市公司的经营增加了成本。例如，农产品的运输、储藏费用在整体费用中占有很高的比例，尤其是果蔬产品、养殖类产品。农业产品的运输、储藏有不同于其他产业的本身特点，怕压，易腐烂，因此运输、储藏的费用很高。如果国家不能提供公益服务性设施，那么对农业上市公司的经营绩效会产生很大的影响。

2. 市场规范管理与市场信息服务缺乏

农产品的卫生检疫、市场信息服务均属于公共服务的范畴，而国家在这方面的投入很少，造成了卫生检疫体系的不健全。为了降低农产品的生产成本，很多企业不经过检疫就直接将产品投放市场，使企业受到损失。同时农业市场信息的高质量无偿性服务更是缺乏，无法建立起企业对市场信息的可信度。国家相关权威部门的统计数据信息也采取收费原则，甚至出版成书出售，导致信息延时。这不但提高了农业上市公司获取信息的成本，也使信息不可靠，影响了农业上市公司的发展。

四、区域性贸易壁垒阻碍公司成长

中国行政区的划分导致地方经济的出现。为繁荣地方经济，刺激本地农业上市公司的发展，各地政府采取地方保护政策，以高成本方式限制其他地区的企业进入，这对农业上市公司提高经营绩效极为不利，因为农业上市公司的业务发展是面向全国、全球的。如果各地区限制产品在本地的销售，对企业规模的扩大是一种障碍，同时对农业上市公司的整合、结构调整、跨区域融资都带来不利的影响，进而阻碍农业上市公司的发展。

第三节 国家间贸易壁垒对农业上市公司经营绩效的影响

一、贸易壁垒的含义

贸易壁垒(Barrier to Trade)又称贸易障碍，主要是指一国政府对外国商品劳务进口所实行的各种限制措施，是对国与国之间商品劳务交换所设置的人为限制。就广义而言，凡使正常贸易受到阻碍、市场竞争机制作用受到干扰的各种人为措施，均属贸易壁垒的范畴。如进口税或起同等作用的其他税；商品流通的各种数量限制；在生产者之间、购买者之间或使用者之间实行的各种歧视措施(特别是关于价格或交易条件和运费方面)；国家给予的各种补贴或强加的各种特殊负担；为划分市场范围或谋取额外利润而实行的各种限制性措施等等。现实中较为常见的贸易壁垒主要包括：违反承诺的关税措施；缺乏规则依据的进口管理限制(包括通关限制、国内税费、进口禁令、进口许可等)；缺乏科学依据的技术法规、产品标准、合格评定程序；不合理的反倾销、反补贴、保障措施等贸易救济措施；政府采购中违反有关规则限制进口产品的做法；出口限制；服务贸易准入和经营限制；不合理的与贸易有关的知识产权措施；其他贸易壁垒等。

二、贸易壁垒对中国农业上市公司的影响

随着 WTO 等国际贸易组织成员的不断增加以及各地区组织的建立，如北美自由贸易区等，对这两类组织的非成员方关税壁垒还在起着作用。但值得注意的是，国际上非关税壁垒的作用正在上升，或有上升的趋势。一些发达国家利用自身的技术优势对来自其他国家的

产品认证要求进行苛责,极大地阻碍了发展中国家制成品的出口,发展中国家只能出口些资源性的初级产品,加大了南北经济及贸易差距。

有研究显示全球56个国家和地区采取的99项保护主义措施中包含着损害我国商业利益的内容;在134项尚未实施的措施中,有77项影响我国利益。2009年1月至8月,共有17个国家和地区对中国发起了79起贸易救济调查。其中,反倾销案件50起、反补贴案件9起、保障措施案件13起、特别保障措施案件7起。

对于出口型农业上市公司,其经营绩效会受到更大的影响。国家贸易壁垒的出现意在保护对本国产品的需求,避免受到外来商品的冲击。国际金融危机出现以后,欧美国家对中国商品采取大量的反倾销策略,同时提高对中国产品的关税水平,对食品以达不到美国的食品标准为依据采取绿色壁垒制度,这些国家间的贸易壁垒使农业上市公司的经营绩效受到了影响。

第九章　国外农业上市公司提高经营绩效的经验借鉴

中国农业上市公司在发展过程中,由于自身的管理及国家政策的影响,经营绩效的提高受到了阻碍,出现了若干问题。发达国家的农业政策是经历了漫长的时间而逐步完善的,无论是国外农业上市公司的规模发展,还是国家对农业的各种支持政策,都是值得发展中国家借鉴的。我们找出了发达国家对农业实施的各种支持政策,包括农业上市公司本身的管理模式、运营方式等,这些对我国实施有效的农业支持政策,提高农业上市公司的经营绩效具有重要意义。本章将对国外农业上市公司的发展作介绍,以便找到可以借鉴的管理措施或农业支持策略,这对于中国农业上市公司经营绩效的提高有重要作用。

第一节　国外农业上市公司的规模对经营绩效的影响

一、经营规模对经营绩效的影响

2006 年美国农业总产值占 GDP 的 1% 左右,美国的一个农民可以养活 98 个本国人和 34 个外国人。美国是世界上第一大农产品出口国,2006 年农产品出口额在 770 亿美元左右,2007 年美国农户的平均家庭收入为 8.4 万美元,连续 11 年超过全美平均家庭收入。农业生产完全实现了机械化,生物工程发展迅速,农产品的商品化程度高达 90% 以上。

以美国农业上市公司ADM为例，ADM公司是粮食等生产、加工、销售的农业上市公司。2002年该公司的净销售额为235亿美元，每股收益0.78美元，而同期我国国内农业上市公司的平均值还不到2美分。ADM公司2009年的净利润是690亿美元，远远超过同期我国全部农业上市公司的净利润。ADM公司整合各种经济资源，在全球设置了230条生产线、330个加工厂，拥有2.8万名员工，业务遍及60个国家，占据着市场的垄断地位。

二、产业深度状况对经营绩效的影响

美国农业产业的发展是一个由浅入深、由粗到细的过程，最初的农业上市公司是农作物种植及加工、销售类公司，之后焙烤食品等深加工产品的农业类上市公司开始出现，最后是肉类食品精加工、食品添加剂、特色食品的农业上市公司开始上市，这刚好体现了美国农业上市公司的发展过程是由农作物种植到食品的粗加工，再到食品的精加工，是一个逐步精细化的过程，同时产品中的科技含量也越来越高，使美国的农业产业向纵深发展。因此，在美国出现了大量业绩优良的农业上市公司，这使美国成为了最大的农业产品出口国。

三、农业上市公司品牌建设程度对经营绩效的影响

品牌效应给美国上市公司带来了巨大的优势。美国工业化起步早，企业管理已很成熟，因此农业上市公司从诞生开始就重视品牌的建设。品牌是一种资产，当我们看到公司的视觉形象标志时，立刻会对公司产生印象，预测到公司的产品质量、服务及品牌价值，例如，大家熟悉的麦当劳、肯德基、ADM公司等。而国内的农业上市公司很少被大多数人熟悉，尤其是乳制品行业不重视自身质量，几乎失去了公众信任。

四、国外农业上市公司规模现状对我们的启示

只有把农业上市公司的规模做大，才能有能力面对激烈的国际竞

争环境。做大需要从产业链上延伸业务范围,并且遵循从种植养殖到粗加工,再到精加工逐步发展的过程。同时要重视公司的品牌建设,注重质量、服务,将无形资产的价值体现出来,从根本上提高农业上市公司的整体实力。

第二节　国外各项补贴政策对农业上市公司经营绩效的影响

一、国外各项农业补贴政策的特点

1. 补贴数额大

很多国家对本国农业补贴的数额相当巨大,以美国为例,自美国政府实施《农业调整法》以后,其农业补贴又创造了新纪录,使美国的农业补贴人均数额长期保持较高水平,是我国农业补贴人均数额的数倍。况且我国的部分农业补贴经常被占用、挪用,实际收益数额很小。而美国的农业补贴主要采取直接补贴的方式,防止了补贴资金的流失。这种补贴政策可以使直接参与农业耕种的劳动者得到优惠,对提高农业生产率有着直接的益处。

2. 农业补贴中"绿箱"政策比例大

在 WTO 的农业协议框架中,农业补贴被分成"黄箱"政策及"绿箱"政策。所谓"黄箱"政策是指国家保护性的补贴政策,而"绿箱"政策则是对农业的支持性的补贴政策。大多数国家更多采取的是"绿箱"政策,主要集中在政府对农业在科技、水利等公共性投资方面。这类补贴只会提高农业的基础实力,不会对农产品结构、农产品市场供求等产生扭曲作用。而"黄箱"政策是政府对粮食等主要农产品提供价格等其他形式的补贴,这类补贴会对农产品结构、价格和贸易产生直接明显的扭曲作用。如美国大部分采用的就是"绿箱"政策,这也是 WTO 框架下允许采用的补贴政策。直接收入补贴覆盖的农产品包括小麦、饲料、大米、陆地棉、油籽和花生,享受直接补贴的农民有权自主决定种植何种作物。补贴与农民的种植计划无关,每个农场每年最多可获得4万美元的补贴。价格支持制度仅适用于糖、烟草、奶制品等少数农产品,这属于“黄箱”政策的范畴。

3. 农业补贴主要依据法律执行

在一些国家,为了保证农业补贴政策顺利实施,政府建立了完善的法律体系。美国的农业立法主要分为永久性立法和临时性立法。临时性立法主要是针对随时出现的事件加以法律规范,在执行期内有效。当临时性立法到期,新的法案还没有通过或没有及时作出修改时,永久性立法会自动生效,这就保证了农业补贴政策的连续性。同时以法律的形式规定农业补贴政策的实施,有利于保证补贴的实施力度,使补贴获取者的利益得到保障。

4. 国外经验对我们的启示

国外农业补贴政策一方面提高了从事农业生产者的收入,通过法律手段直接将补贴发放到位;另一方面“绿箱”政策对农业发展支持不改变农业产业结构、市场状况,符合WTO协议的要求。因此作为龙头企业的农业上市公司实实在在地降低了生产成本,并且获得了基础设施、科研的补贴,补贴政策对农业上市公司的做大做强提供了外力支持。而我国补贴多是通过行政手段,缺乏执行力度,部分补贴经常被占用,同时国家以流通环节补贴为主,农业上市公司得不到真正意义上的补贴,没有增强农业上市公司的竞争力。

二、国外科技投入政策对农业上市公司经营绩效的影响

1. 国外农业科技投入强度

(1)美国对农业科技的投入自1958年以来以8%的年增长率逐年增加,私人投资的重点在于研发具有市场潜力和高利润的产品,而没有直接产生经济效益,但具有未来科技发展前途的基础性研究主要依赖政府投资,这与美国在其他领域的科技投入是一样的。美国的农业研究投入是按照法律要求来保证政府投入的,美国联邦政府农业研究的投入包括对农业研究机构的直接投入;对各州的拨款,主要用于

各州农业研究以及合作推广的重点项目；竞争项目拨款，主要用于国家研究计划；特殊项目拨款。

（2）20 世纪 90 年代中期，日本的总科研政府投资强度保持在 2.8%—2.9%，农业科技的公共投资强度则高达 3.4%；英国的农业科技公共投资强度在 1995 年为 2.29%，也高于全国整体科技总投资强度（2.05%）；而我国的农业科技投入仅为总科研投资的 1/3（崔传斌，2008）。近年来，我国农业科研总投资强度有所提高，但还是低于一些发展中国家。我国对农业科技投入不足导致生产率低，农业上市公司缺乏整体竞争力，科技研发水平与世界发达国家存在较大差距。

2. 国外农业科技投入对我们的启示

农业高技术引领农业的未来，现代农业和过去农业最大的不同在于技术水平。我国的农业科技水平在部分领域已跃居世界先进行列，科技进步对农业增长的贡献率已从 20 世纪 70 年代末的 27% 提高到现在的 43%。但是，与世界先进水平相比（发达国家的科技进步贡献率均在 60% 以上，有的甚至高达 80%），我国的农业科技水平与其他发达国家相比还存在较大差距，远远不能适应农业现代化的需求。农业科研投入是加快农业科技进步的重要措施，是增强农业上市公司产品竞争力的后盾。中国农业的科技投入强度低决定了其在国际竞争中的不利地位，同时也成了美国绿色贸易壁垒的借口，限制了我国农产品出口。因此，加大农业科技投入强度是提高农业上市公司经营绩效的关键。

三、国外农业教育投入政策对农业上市公司经营绩效的影响

1. 美国的农业教育状况

为了普及农业知识，美国在幼儿园和小学开展农业知识教育活动，让公民从小就懂得珍惜和保护人类赖以生存的自然环境；在一些普通中学设置农业课，也有独立的农业中学；同时还有一些职业学校为不在学校学习的社会人群提供培训，针对农村的成年人进行短期的农业知识教育，包括农业经济管理、环境保护、农业基础、市场营销、家

政服务、饮食营养、环境美化等多种课程。目的就是提高农民的劳动生产率,增强农民的环境保护意识。

2. 日本的农业教育状况

日本在普通中小学就进行有关农业知识的教学,使学生从小了解农业、热爱环境、保护环境。而日本正规的农业教育层次分明、目的明确:本科院校培养高水平的科研及教育人员;专科院校培养技术指导及技术传播人员;而职业培训学校专门培养一线农业操作人员。另外,也有一些农民短期学习的短训班,政府十分重视农民的再教育工作。

3. 丹麦的农业教育状况

丹麦同样重视农业教育的投入,在九年基础教育中布置了大量的农业课程。在完成基础教育后,进入农业院校的学生还要进行 12 个月的农场实习,然后进行农场管理教育。每一个环节结束时都进行测试。丹麦也同样重视农民的再教育,以农民获得再教育的程度来确定农民可以耕种的土地面积。

4. 国外农业教育状况对我国的启示

美国、日本、丹麦等国家对农业教育的重视不仅为农业上市公司储备了高素质的管理人才,也储备了高素质的基层操作人才,这些人才是农业上市公司提高经营绩效的基础。企业的竞争优势来自核心竞争产品,而核心的竞争产品依靠的是高端研发人才,因此中国政府需要借鉴发达国家的经验来提高农业教育水平。

四、国外农业公共基础设施建设对农业上市公司经营绩效的影响

1. 国外农业公共基础设施建设投入状况

发达国家均对农产品的市场流通公共基础设施建设给予了各种各样的补贴和支持,包括对批发市场的建设、农民合作社的农产品加工设备的建设、储藏和运输设施建设。尤其是美国,为促进农业的可

持续发展,美国政府每年都出资兴建大型水利等基础设施。对于水利水电工程的投资一般由联邦政府负担,不要求偿还。灌溉部分投资只要求收回本金,发电和城市供水部分投资则要收回本金和利息。

2. 国外农业公共基础设施建设投入对我国的启示

随着新农村建设步伐的加快,各地围绕着新农村建设,加大了对新农村建设的资金投入,特别是加强了农村公共基础设施的建设。在一些农村修建了水泥路,铺设了管网,摆放了垃圾箱,兴建了下水道和垃圾池等,为广大农民的生产生活带来了便利,也调动了广大群众参与新农村建设的积极性。加大农业公共基础设施建设也为农业上市公司的发展提供了强大的后盾,为农业产品的运输、灌溉、储存节省了成本。我国各地区的粮库大多是用作国家粮食战略储备的,而真正用于农业企业的食品储备设施却很少有国家的投入,这在无形中加大了农业上市公司的经营成本。

第三节 国外农业贸易保护措施对农业上市公司经营绩效的影响

一、美国农业贸易保护政策现状

从美国的政策层面来看,美国的贸易保护措施是通过法律手段来实现的,主要是对农业的各种政策立法。同时还有农业保险制度、反倾销补贴制度,以及技术壁垒限制等。

美国农业贸易保护政策一方面宣传本国的产品优势,同时通过技术标准限制其他国家农产品的出口。为扩大农产品出口,提高农民收入,美国还实施了关于出口的积极宣传计划。美国通过说教式的促销,改变了许多国家的饮食习惯和食品需求。如美国开发日本市场时,为了使美国的小麦、玉米在日本得以畅销,而宣传日本以大米为食的习惯对健康不利,影响人的智力发育,食用以面粉为原料的面包及各种肉类有益于健康。美国通过宣传改变了部分日本民众的饮食习惯,从而使美国的农产品打入了日本市场。在扩大出口方面,美国的对外宣传起了重要的作用,美国的农产品在国际市场上的占有率是非常高的。而在控制进口方面,美国主要以技术标准制定的绿色壁垒为手段,同时采用一贯的反倾销策略抵制其他国家农产品的进口,一面通过法律诉讼,一面对本国农民实行反倾销补贴。

二、日本农业贸易保护政策现状

日本是一个农业贸易极端保护主义国家,严格限制国外农产品进入本国市场,但随着 WTO 贸易政策的约束,日本已经渐渐开放了本国的市场。2008 年日本的 1 800 种农产品的平均关税率为 17.1%。具体来看,日本对玉米等产品已实现了零关税,而乳制品等仍为 30% 以上的关税率。从日本设定的配额外产品的关税率来看,大米为 490%、小麦为 210%,关税率仍保持在非常高的水平。日本实施的各种关税措施,直接阻碍了国外农产品的进口。

三、国外农业贸易保护措施对我国的启示

为了保护本国农产品的销售,发达国家也采取了积极的保护措施。这对我国以出口为主的农业上市公司的经营绩效产生了不利影响。在此前提下,中国更需要借鉴国外先进经验,采取相应的符合 WTO 框架下的合法保护措施,对农产品加以保护,扩大国内农产品的需求,提高农业上市公司的经营绩效。

1. 政策目标清晰、指向明确

发达国家在实行农业补贴政策的初期,为防止政策目标泛化,大多根据具体的政策目标采取相应的措施,要求各种补贴支持措施目标清晰、指向明确、分工合理,避免各类补贴措施出现整合一体、边际效应下降等问题。如欧洲联盟(以下简称欧盟)早期农业补贴政策目标主要针对共同体市场的农产品短缺、保障粮食安全等问题,因此采取了“目标价格”、“门槛价格”和“干预价格”等严密的价格干预机制。随着农产品供给问题的解决,农产品过剩、财政负担沉重和国际竞争

加剧等问题日益严重,欧盟将政策目标调整为稳定农民收入、增强农产品竞争力,并相应改革政策机制,在减少价格支持的同时,向农民提供直接收入补贴。

2. 价格支持始终是基础性措施

尽管各国农业资源条件差异较大、政策目标也不尽相同,但价格支持始终是发达国家农业补贴政策中的基础性措施。其中,最低保护价是各国使用比较多的价格支持措施。如美国采取与信贷支持相结合的最低保护价制度,虽然多年来对操作方式进行了多次调整,但目前它仍然是农业补贴政策的基石。欧盟的干预价格制度、日本稻米价格支持和韩国稻米政府收购计划等都具有最低保护价性质,据 OECD(经济合作与发展组织)估计,OECD 国家 1986—1988 年的价格支持占整个农业补贴的 77.1%,尽管近年来各国减少了价格支持,但 2005—2007 年仍然达到了 51.5%。发达国家的经验表明,价格支持政策指向明确,操作相对简单,作用直接,见效较快,对那些补贴能力不强、保障农产品供给压力较大的国家是一项首选措施。其缺点是扭曲市场信号,若长期实施将导致农产品过剩,使政府财政负担过重。

3. 价格支持逐步向收入补贴转型

为减少农产品过剩、缓解居高不下的财政支出压力、适应 WTO 规则,发达国家逐步调减价格支持,转向收入直接补贴。如美国自 1996 年就用与价格不挂钩的“生产灵活性合同补贴”代替了实施多年的“差价补贴”;2002 年又用与农产品生产、价格不挂钩的“固定直接补贴”代替了“生产灵活性合同补贴”。欧盟自 21 世纪以来,在减少价格支持的同时,向农民提供直接收入补贴以替代对农民的各类价格补贴。日本自 2004 年开始改革稻米管理价格制度,实行“水稻生产收入稳定计划”,对种植水稻的农户实行差价补贴政策。

4. 以挂钩直接补贴为主

发达国家近年实行的直接补贴政策,大多以农产品价格、产量、种植面积(动物数量)、投入品以及农户收入水平等为依据。如美国的“贷款差额补贴”、日本的“水稻生产收入稳定计划”、韩国的“稻米差价补贴”等与产量和价格挂钩;美国的“反周期补贴”、日本的“稻米差价补贴”与现行市场价格挂钩,欧盟的“补偿性补贴”以作物种植面积、牲畜数量为依据。这些挂钩直接补贴既能有效稳定农民收入,又对市场机制扭曲相对较小,逐步成为发达国家农业补贴的主要方式。相反,WTO 鼓励实行的与产量、面积或价格不挂钩的直接补贴政策却并不普遍,如只有美国采取“固定直接补贴”措施。

5. 农业补贴易增难减

受国内政治、经济等因素的影响,发达国家农业补贴具有典型的政治经济学特征,增加容易、削减困难。近年来,各国迫于 WTO 减让压力而对农业补贴政策进行改革,但实际上大多以调整补贴结构为主,把受 WTO 约束的“黄箱补贴”转移到 WTO 允许的“绿箱补贴”范围内,并没有对农业补贴进行实质性的削减。如欧盟 2007 年采取“强制性调整机制”削减农业补贴,但节约出来的资金只能继续用于支持农业、农村发展。

6. 注重政策措施的衔接配套

如欧盟设计的“目标价格”、“门槛价格”和“干预价格”,互为一体、相辅相成、缺一不可,形成严密、精致、灵敏的农产品价格支持机制;美国建立的由“销售贷款支持”(最低保护价)、“固定直接补贴”和“反周期补贴”组成的“三级收入安全网”,具有价格支持与直接补贴相互配套的政策合力与综合效能。与此同时,还注重协调国内补贴与边境保护措施之间的关系。如日本、韩国多年来能够保持国内稻米的高价,关键是其在采取价格支持的同时,也采取了严格的进口保护措施。与此相反,我国对大豆等实行的临时收储政策,由于产需缺口大,进口依存度高,临时收储政策的托市保价效果并不理想。

第十章　农业上市公司提高经营绩效的对策

农业上市公司经营绩效的提高既离不开自身的经营管理水平，也离不开国家对农业及农业上市公司的支持。本章结合前几章提出了针对中国农业上市公司提高经营绩效的政策性建议。

农业上市公司自身要加强业绩领先意识，仅依靠外部力量是无法提高公司经营绩效的，因此农业上市公司首先要摒弃依赖性心理，通过加强自身管理，培养优秀人才，寻找融资渠道，优化资源配置，加强资产、存货管理，不以农业本身比较利益低为借口索要优惠。

第一节　扩大农业上市公司经营规模的对策

一、扩大农业上市公司的总体规模

农业上市公司的规模扩大，将会增强农业上市公司的竞争力、风险抵御能力，同时能够增强对各种资源的整合能力、优化配置能力，使农业上市公司的经营绩效得到提高。

（1）政府引导区域性农业上市公司的并购重组，实现本地资源的优势互补，兼并小型农业企业，将规模做大，以适应未来的全球性竞争。

（2）引导农业上市公司开展相关多元化经营。对非相关多元化的农业上市公司减少甚至取消优惠政策，一方面可以起到政策引导作用，提高公司经营绩效；另一方面可以有效打击农业企业的舞弊行为。有些农业上市公司在上市之初就打着农业的幌子进行非农化经营，国家的某些优惠政策没有实施到位，造成了浪费，因此需要减少甚至取消给予某些农业上市公司的优惠政策。鼓励农业上市公司的相关多元化发展，扩大企业规模。我国加入 WTO 之后，经济环境复杂多变，为提高业绩，同时规避风险，多元化刚好适应用这一状况。非相关多元化分散资金、人力、精力，会削弱企业的整体竞争力。进行资源共享型的相关多元化发展，可以共享资源，在熟悉的领域里更容易创造好的业绩。相关多元化在产业链上的延伸发展，是农业上市公司提高业绩、增强整体实力的关键。

二、农业上市公司的品牌建设

(1)将先进的科学技术应用到生产及加工中，提高产品的质量。质量是保持品牌生命力的基础，任何不注重产品质量的企业都不会得到长足发展。

(2)建立完备的营销宣传体系。将企业的核心竞争力及企业名称凝化成企业标志，设计出能够体现农业上市公司特点的形象符号，建立企业的形象识别系统。

(3)建立员工的持续培训体系。

(4)强化企业员工的社会责任感，以社会责任为己任。农业上市公司作为农业的龙头企业，有责任带动整体农业产业的发展。

(5)延伸农业上市公司产品供应链。农业上市公司的产品由粗加工产品过渡到精加工产品，产品可以覆盖到大多数目标消费群体。产品供应链的延伸，意味着品牌影响范围的扩大。如果能保证产业链上所有产品的优良品质，公司的品牌影响力就很容易被迅速扩大。品牌就是企业的价值，企业的无形资产，它对提高农业上市公司的经营绩效起到了重要作用。

第二节 建立农业上市公司的营销体系

农业生产本身最早源自家庭式作业，产品的出售依靠批发市场及国家的收购。目前我国的部分农业企业仍然通过这种方式销售产品，这种方式使生产者对市场的信息把握不准，从而失去了市场的主动性，同时也不利于品牌的宣传，因此需要建立农业上市公司完备的营销体系。

(1)建立连锁加盟模式

对适宜储存的精加工农产品在产品的销售地选择有实力的合作者建立连锁加盟店。加盟店的管理与店面设计由农业企业统一设计，定期对加盟店的产品需求信息进行数据分析，了解当地市场的需求变化。加盟店经营的优点就是将销售外包，减少推销成本，同时又能提高加盟者的积极性，提高农业企业的经营绩效。

(2)本地市场推销模式

对不适宜储存的粗加工产品采取本地区推销模式，建立营销队伍，向批发市场、超市采取主动推销模式。

(3)核心产品采取专卖店模式或采取公司直销模式

核心产品是使农业上市公司具有市场竞争力的基础，采用上述方式可以避免受到假冒伪劣产品的冲击。公司专卖或直销可以保证产品质量从而增强消费者对产品的信任度，对经营绩效的提高有着重要作用。

(4)提高消费观念引导能力

为了应对国际间的竞争，农业上市公司要打造核心竞争优势，应借鉴美国面粉进入日本市场的经验，通过产品之间的差异化，突破并抢占新市场。

第三节　恰当的股权结构有利于农业上市公司提高经营绩效

股权结构是指股份公司总股本中，不同性质的股份所占的比例及其相互关系。股权结构是公司治理结构的基础，公司治理结构则是股权结构的具体运行形式。不同的股权结构决定了不同的企业组织结构,从而决定了不同的企业治理结构,最终决定了企业的行为和绩效。股权结构的形成决定了企业的类型,股权结构中资本、自然资源、技术和知识、市场、管理经验等所占的比重,受科技等因素的影响。随着全球网络的形成和新型企业的出现,技术和知识在企业股权结构中所占的比重越来越大。社会的发展最终会由“资本雇佣劳动”走向“劳动雇佣资本”。人力资本在企业中以其独特的身份享有经营成果,与资本拥有者共享剩余索取权。这就是科技力量的巨大威力,它使知识资本成为决定企业命运的最重要的资本。企业股权结构的这种变化反映出一个问题:在所有的股权资源中,最稀缺、最不容易获得的股权资源必然是在企业中占统治地位的资源,企业的利益分享模式和组织结构模式由企业中占统治地位的资源来决定。

随着国家股权分置改革的进程,同股同酬的实现,国家股及法人股的名称逐渐淡出中国市场。股东持股比例对农业上市公司的影响越来越受到重视。从 Shleifer 和 Vishny(1986)对《财富》杂志 1980 年列出的 500 强企业的研究发现,456 家公司第一大股东的平均持股量为 15.4%,前五大股东的平均持股量为 28.8%。尽管研究的年代距今已很远,但是国外的上市公司一上市就不存在国家股及法人股的概念,而我们刚好处在结束国家股及法人股的时代,因此可以借鉴当时 500 强企业的经验,建议农业上市公司前五大股东持股比例保持在 28.8%左右。由第六章的研究结果可知,前五大股东的持股比例对农业上市公司经营绩效的影响是显著的。所以,调整前五大股东恰当的持股比例对提高农业上市公司的经营绩效有着重要作用。

农业上市公司的高管激励对绩效具有正向作用,但是农业上市公司的激励程度与企业获得的利润比较,薪酬激励的空间很小,也就是说当薪酬的增长率提高,才能对绩效有正向作用。农业上市公司薪酬的提升空间有限,因此对高管的激励需要采取股权激励措施。股权激励能够使公司与高管个人的目标趋于一致,有助于公司整体绩效的提高。

第四节 提高农业补贴力度，改变补贴方式

一、加大农业补贴力度

从全国的情况来看，国家财政支农支出自 1990 年以来保持了较快增长速度，年平均增速达到 16.33%，虽然与同期国家财政收入平均增速 17.15% 相比差距不大，略低于国家财政收入平均增速，但仍没有达到《中华人民共和国农业法》规定的对农业总投入的增长幅度应当高于国家财政经常性收入的增长幅度的目标要求，而且国家财政支农支出增长率与国家财政收入增长率相比，在不同年份之间波动幅度偏大，这说明我国财政支农支出规模的增长并没有保持足够的稳定性。

从全国财政支农支出占财政支出的比重来看，自 1978 年以来整体呈下降趋势，自 1978 年的 13.43% 下降到 2006 年的 7.85%。具体可划分为三个阶段：一是自 1978—1985 年的下降阶段，从 1978 年的 13.43% 下降到 1985 年的 7.66%；二是自 1986—1994 年的缓慢提高阶段，从 8 个百分点以上到 10 个百分点以上；三是自 1995 年以后的相对稳定阶段，自 1995—2006 年财政支农支出占财政支出的比重稳定在 7 到 8 个百分点之间。因此，可以看出我国农业的财政补贴力度仍然不够。

2007 年的 GDP 数据显示，农业的全年生产总值已经达到了 GDP 的 10%，这是个危险数据。农业的年生产总值水平低意味着农业创造的利润低、农业从业人员的收入低、农业的高科技产出低。在农补工的发展历程中，农业严重透支。为使农业企业绩效真正得到提高，国家必须加大财税优惠政策扶持力度。尤其是目前处于农业全面开放阶段，外来竞争加剧、经济形势恶化、贸易保护主义色彩加重，国家的扶持政策就显得更加重要。

二、改变农业补贴的投入方向

我国加入WTO，农业面临着激烈的世界范围内的竞争，各个国家均投入大量资金来补助农业，中国也不例外。按照WTO“绿箱”、“黄箱”政策的规定，中国可以改进补贴方法，从对农业的简单的成本摊薄的补贴转移到对农业综合实力的补贴；可以加大科研开发的补贴、增加农民培训的补贴、加大农业基础设施建设的补贴；对农业上市公司中经营效益好的企业采取鼓励补助等。这样，既使补贴政策符合国际贸易政策要求，又能从根本上解决农业上市公司中存在的基础薄弱问题。

三、政策引导使工业向农业多元化发展

对向农业领域投资的工业企业实行引导性优惠政策。发达国家的农业都是在发达的资本主义工业化基础上发展起来的，农业借助工业中先进的科学技术及研发力量，把农业变成规模生产，效率得到提高，实现了农业的现代化。2009年山西省政府实施政策引导了大批煤企入股到农业企业中，为农业企业提供了强大的资金支持，使其实力和规模得以壮大。农业本身基础薄弱，工业发展的速度较快，占据了高科技领域的技术优势、管理优势、资金优势。如果工业能够将技术、资金投入到农业领域，对农业产业的发展将是巨大的支持，同时也解决了国家对农业补贴不足的现状。

四、采取应对区域性贸易壁垒的政策措施

1. 针对国内的地方性贸易壁垒现象，国家应通过法律加以严格限制。为保证商品市场化流通，技术、资源市场化配置，需要政策性限制区域性贸易壁垒。地方性贸易壁垒对农业产业的发展不利，不利于市场公平竞争机制的形成，不利于技术的进步。因此，国家需要建立相关的法律制度，对地方性贸易壁垒的保护主义给予惩治。

2. 针对国际间的保护主义，应采取相关的应对措施保护农业上市

公司的正常发展。首先,农业出口应由关注贸易额转向关注提高生产率,使传统的贸易战略向促进国际竞争力的贸易导向战略转变,以产品质量、科技含量取胜。其次,根据国内的农业产品结构,对过剩的产品加大直接补贴力度,减少因降价引起的损失,增强出口竞争力。同时建立农业保险机制,对遭受损失的农业企业给予补偿,这种补偿符合 WTO 协议的规定。再次,建立、完善国际贸易摩擦预警机制,学习 WTO 争端解决机制。

五、提高公共基础设施建设支出,提高农业企业的经营效率

政府加大水利系统、批发市场、仓储等公共基础设施的建设,增加农业上市公司的运输补贴;取消企业投资建设项目,将其统一纳入国家计划。公共设施的使用应由国家统一制定使用标准及费用,避免中间环节出现多收费现象,尽量减少农业上市公司的经营成本,并提高对农业企业的公共服务水平。

这种建设项目的支出,符合 WTO 协议中"绿箱"政策的规定。为农业的发展提供了方便,减少了农业上市公司的费用支出,也为农业上市公司节省了部分管理费用,有利于经营绩效的提高。

六、加大政府对科研及教育的投入力度

1. 加大科技研发的投入与支持力度,提高研发实力

自出现了世界性金融危机之后,各个国家为了扩大本国内需,实施了绿色壁垒办法,通过技术条件限制进口。我国生产力水平较低,对商品的质量标准要求低,因此,国家必须加大对科技研发的投入力度,提高产品质量,加强对食品的监管力度,提高农业上市公司的竞争力。

(1)加大科研院所的科研补贴力度。调整农业科研院所经营的目的,把精力集中在科研上而非获利上。在农业上市公司内部建立研究机构,有针对性地对市场需求产品加以开发。

(2)农业上市公司与高校合作,定向培养本公司的研发人员。研

发人员在读期间应承担科研任务，由上市公司上报国家后，通过政府给予相应的研究补助。

2. 建立人才培养机制

建立农业人才培养机制是解决农业人才缺乏问题的关键。农业上市公司应与高等院校建立专业人才培养机制；与国外的优秀企业合作，建立人才进修机制。

（1）从小学至高中开设农业、环境保护课程。

（2）大学的农科学生增加一年的农业实践课，到农村实践一年。由于农业本身的基础较差，农科的学生多数来自农村，因此国家应对农科的学生免除部分学费等。

（3）开放农业大学的教学课堂，为从事农业研究、农业一线的工作人员打开学习之门。从事农业工作的所有人员均可以申请进入课堂免费听课，加强与农业专家的沟通，以利于农业工作者提高素质，进而提高工作效率。

七、提供免费的市场公共信息服务

任何领域的市场信息对于企业的发展都是必不可少的，农业企业更需要及时的市场信息。

1. 国家需要开放各统计部门的统计信息，包括各种农产品的需求等统计信息。开放信息有利于农业科研工作的开展与企业决策的制定。目前，农业企业需要的大部分信息均需要网上购买或到书店购买，这不仅增加了购买成本，也增加了时间成本。

2. 政府需要建立农业市场信息服务体系，将市场变动的信息，包括国际贸易信息的定期发布，以便农业上市公司随时查询。

3. 建立市场的食品检疫信息报告制度。定期对市场农产品进行标准检测，对检测不合格的商品及指标降低的商品实行报告制度，提醒居民及企业对商品质量的共同监督。免除国家免检产品的优惠政策，所有商品都需要进行检测，使农业上市公司重视产品质量，提高公司的竞争力。

第五节　规范证券市场运行

让证券市场回归理性。一支股票价格的高,不是因为炒的人多、资金量大,而是因为企业本身的业绩好才吸引众多资金流入该股,这是市场调节资源配置的表现。而中国股市的暗箱操作情况严重,更多的是企业依靠消息炒作,因此导致了众多的农业上市公司大范围地盲目地进行多元化经营。其目的就是让经营范围包含所有项目,在题材炒作时容易被包含在内。同时,经营业绩差的农业上市公司喜欢进行资产重组,通过重组上市、轮番炒作达到增加市值的目的,它们这种短期逐利行为是由证券市场错误的引导而导致的。如果股市能够回归理性,重视市场的价值投资,公司的经营理念就不会被扭曲。

一、加大力度查处非正常发展行业的违规操作行为

对其他产业的不正常发展行为要加大力度查处,并制定相关的法律来严格控制。这个建议表面上与农业上市公司无关,但实际上与其息息相关。其他产业的不正常发展已经严重影响了农业上市公司对经营方向的选择,如房地产行业,从表 7－1 中可以看出,房地产行业的高管薪酬较其他行业高出许多。这种影响民生的行业限制了国内需求的扩大,影响了产业的公平竞争,这也正是近年来大部分农业上市公司进行房地产经营的原因,从而影响了农业上市公司的经营绩效。因此,控制产业的非正常发展,不仅对国家的各个产业的均衡发展有利,对自身比较利益低的农业企业更有利。

二、强化国家法律监督机制

(1)建立国家财税补贴法律监督机制。国家的很多补贴资金没有完全投入到农业生产中,而是在补贴的发放环节中被占用或挪用,这与农业企业非农化经营的情况是一样的,国家的补贴没有全部投入到目标产业中。因此国家应该出台法律法规对影响农业产业发展的行

为予以严惩。

(2)加强公共基础设施建设,建立法律监督机制。对擅自挪用建设款项,对设施、信息提供服务不按规定收取费用的各环节的违规情况,按法律规定进行严格处罚。

(3)建立农业科研、教育法律监督机制。对擅自挪用科研补贴费用、剥夺农业从业人员参加培训权利的行为,按法律规定给予制裁。

(4)建立农业上市公司违规操作监督机制。为避免农业上市公司的关联交易、假收购、财务作假等都需要建立农业上市公司违规监督机制。作假掩盖了公司真实的经营绩效,对国家的各项优惠政策造成了浪费,严格的监督机制能够保障农业上市公司的规范操作,也使国家的优惠政策有的放矢。

(5)将国家的各项优惠政策、补贴金额明文写入法律条文中。将原来靠行政手段执行政策改为靠法律手段执行各项农业优惠政策,以便保证农业优惠政策真正落到实处,使农业上市公司的经营绩效真正得到提高。

农业是立国之本,农业上市公司作为农业的龙头企业对国民生产总值的贡献需要不断加大。我国加入 WTO 后,竞争加剧,我国目前面临的紧要问题就是在最短的时间内提高农业上市公司的经营绩效。因此,政策性建议只有以法律的形式保障实施,才能对提高农业上市公司的经营绩效有实质性作用。

结 语

我国农业上市公司作为农业的龙头企业，在我国经济发展中起着重要的作用，尤其是在我国加入WTO、农业全面开放以后，农业上市公司面临着巨大的压力，因此研究影响农业上市公司经营绩效的因素具有非常重要的现实意义。2009年，从大农业的角度来看，农业上市公司的数量已经达到了65家，它们对中国农业发展的影响越来越大。如何发挥农业的基础性作用，如何使中国的农业发展壮大，如何让龙头企业带动整体农业行业发挥出国家基础产业对国家经济的支持作用，如何真正提高农业上市公司的经营绩效，是我们研究农业上市公司经营绩效影响因素的主要目的。

本书主要运用了2006—2008年3年的农业上市公司财务数据作实证分析，从中找出了影响农业上市公司经营绩效的因素，并提出了相应的建议。2006年是过渡的一年，从经济的平稳发展到2007年的高度膨胀，2008年是由经济高度发展到金融危机出现的一年，以这3年的数据作分析，可以获知在不同经济形势下中国农业上市公司的经营状况，具有极强的代表性。

本书通过数据及文字性分析描述，总结出了中国农业上市公司存在的若干问题，其中普遍存在的问题就是净资产增长率、净利润增长率偏低，企业的赢利能力偏低、资产负债率居高不下，因此应该努力提高净利润增长率和净资产增长率。同时农业上市公司过度地依赖非农化经营，使主营业务偏离了方向；忽视了规模成长，整体竞争实力较弱；缺乏营销体系建设，没有将其他产业成熟的营销模式移接到自身的营销活动中；法人的股权比例过高，对公司的高管缺乏股权激励；违规性操作降低了公司的经营绩效。除此之外,还存在农业补贴的方向只集中在农业本身,没有引导其他产业进入农业产业。在农业科技研发方面,人才教育投入不足,缺乏市场基础设施建设等。本书对上述问题进行了分析和阐述。此外,又从宏观影响因素层面出发,借鉴了国外农业企业发展的经验,从而提出了相应的建议。

中国农业上市公司的经营绩效受国家政策的影响是巨大的,农业本身的弱质性无法通过农业产业化消除掉,也无法通过公司上市消除掉。它根植于农业上市公司的内部,因此需要国家给予农业上市公司大力扶持,而在扶持政策的制定和执行中,只有通过立法才能保证政策制定的有效性和执行的准确性。

此外,本书在附录中还提供了2009—2011年农业上市公司的部分数据。本书的不足之处在于,在个案研究中,鉴于公司要求对某些数据进行保密,所以一些数据在书中没有体现出来。

在本书的研究基础上可以作以下研究展望:随着国家统计能力的提高,如果能够获取某一发达国家农业上市公司及全部上市公司的相关数据,我们就可以采取实证分析的方法对数据进行处理,找出发达国家农业上市公司经营绩效的影响因素,进而与我国农业上市公司经营绩效的影响因素进行对比分析,找出二者的区别,分析不同的政府政策对农业上市公司的影响。此外,进行相似性分析,还能从中找出适合中国国情的各项政策措施,以利于中国农业上市公司经营绩效的提高。

附　录

附录 1　2003—2009 年北大荒股份有限公司财务报表

项目 / 年度	主营业务利润率	总资产利润率	净资产收益率	每股收益率	资产负债率	流动比率	速动比率	总资产周转率	存货周转率	应收账款周转率	总资产增长率	主营业务收入增长率	净利润增长率	每股净资产	每股公积金	每股未分配利润	主营业务鲜明率	总资产（万元）	国家股比例	法人股比例	流通股比例
2003	0.484 1	0.055 4	0.098 7	0.26	0.488 5	1.398	1.041	0.270	1.078	3.159	0.232 5	0.268 4	0.007 3	2.64	0.190	0.363	0.948 5	764 020	0.795 9	0	0.204 1
2004	0.411 8	0.054 8	0.111 4	0.3	0.522 1	1.216	0.795	0.393	1.239	5.858	0.132 6	0.717 3	0.164 1	2.73	0.236	0.401	0.989 0	865 360	0.795 9	0	0.204 1
2005	0.336 2	0.054 2	0.112 2	0.28	0.529 6	1.177	0.609	0.442	1.175	8.834	0.119 0	0.264 1	0.113 8	2.51	0.239	0.532	0.949 3	968 377	0.726 5	0	0.273 5
2006	0.309 8	0.055 3	0.139 3	0.33	0.588 7	0.960	0.463	0.484	1.19	8.298	−0.003 9	0.154 3	0.075 2	2.35	0.307	0.408	0.941 2	964 611	0.704 8	0	0.295 2
2007	0.319 7	0.053 3	0.128 5	0.33	0.589 5	1.193	0.686	0.540	1.469	7.253	0.088 8	0.103 7	0.004 3	2.56	0.356	0.414	0.928 4	1 049 838	0.704 8	0	0.295 2
2008	0.318 4	0.056 3	0.124 3	0.36	0.516 0	1.147	0.570	0.537	1.547	6.779	−0.048 5	0.021 2	0.095 5	2.82	0.402	0.434	0.787 4	1 019 321	0.686 4	0	0.313 6
2009	0.263 8	0.045 5	0.100 0	0.3	0.562 0	1.044	0.505	0.610	1.727	8.333	0.204 2	0.223 1	−0.130 3	2.98	0.393	0.451	0.911 1	1 227 496	0.665 1	0	0.334 9

附录2　指标数据变量的标准化处理

项目/年度	主营业务利润率	总资产利润率	净资产收益率	每股收益率	资产负债率	流动比率	速动比率	总资产周转率	存货周转率	应收账款周转率	总资产增长率	主营业务收入增长率	净利润增长率	每股净资产	每股公积金	每股未分配利润	主营业务鲜明率	总资产（万元）	国家股比例	法人股比例	流通股比例
2003	1.82	0.51	-1.17	-1.43	-1.40	1.71	1.88	-1.76	-1.14	-1.93	1.26	0.08	-0.41	-0.08	-1.35	-1.24	0.41	-1.48	1.36	—	-1.36
2004	0.85	0.34	-0.33	-0.25	-0.52	0.39	0.64	-0.67	-0.46	-0.55	0.28	2.08	1.21	0.36	-0.80	-0.53	1.04	-0.78	1.36	—	-1.36
2005	-0.17	0.18	-0.28	-0.84	-0.33	0.11	-0.29	-0.23	-0.73	0.97	0.15	0.06	0.69	-0.70	-0.77	1.94	0.42	-0.08	0.02	—	-0.02
2006	-0.53	0.48	1.53	0.63	1.20	-1.46	-1.03	0.14	-0.64	0.70	-1.05	-0.43	0.29	-1.46	0.04	-0.40	0.30	-0.10	-0.40	—	0.40
2007	-0.40	-0.07	0.81	0.63	1.22	0.22	0.10	0.64	0.51	0.16	-0.14	-0.65	-0.44	-0.46	0.63	-0.28	0.10	0.48	-0.40	—	0.40
2008	-0.41	0.75	0.53	1.52	-0.68	-0.11	-0.49	0.61	0.84	-0.08	-1.49	-1.02	0.50	0.79	1.18	0.09	-2.10	0.27	-0.76	—	0.76
2009	-1.15	-2.19	-1.09	-0.25	0.51	-0.85	-0.81	1.26	1.61	0.72	0.98	-0.12	-1.83	1.55	1.07	0.41	-0.17	1.70	-1.17	—	-1.17

附录3　2006年农业上市公司原始数据

公司简称	补贴收入（元）	主营业务收入（元）	补贴水平	净利润（元）	利润总额（元）	税收优惠（元）	补贴收入对净利润的贡献率	财税补贴对净利润的贡献率	财税补贴占利润总额的比例	单位主营业务财税补贴	单位主营业务收入补贴	单位主营业务收入所得税优惠
赤天化	2 660 000.00	1 148 163 743.59	0.002 317	168 387 741.90	221 870 077.00	67 867 767.87	0.015 797	0.418 841	0.061 427	0.061 427	0.002 317	0.059 110
福成五丰	560 000.00	471 970 623.32	0.001 187	19 393 069.51	22 059 065.82	4 613 495.41	0.028 876	0.266 770	0.010 961	0.010 961	0.001 187	0.009 775
江山股份	5 316 233.37	3 186 567 525.33	0.001 668	321 196 855.12	369 986 073.82	73 306 185.66	0.016 551	0.244 780	0.024 673	0.024 673	0.001 668	0.023 005
通威股份	7 208 400.88	10 196 112 463.34	0.000 707	149 963 803.75	205 294 885.26	12 416 228.39	0.048 068	0.130 862	0.001 925	0.001 925	0.000 707	0.001 218
新五丰	200 000.00	771 296 692.98	0.000 259	8 840 472.20	11 055 182.12	1 433 500.18	0.022 623	0.184 775	0.002 118	0.002 118	0.000 259	0.001 859
光明乳业	6 450 976.00	7 212 707 130.00	0.000 894	152 840 090.00	223 311 259.00	8 993 881.47	0.042 207 355 413	0.101 052	0.101 052	0.002 141	0.000 894	0.001 247
恒顺醋业	4 434 800.00	670 926 969.80	0.006 610	43 178 103.24	66 492 251.75	4 662 282.89	0.102 709 467 7	0.210 687	0.210 687	0.013 559	0.006 610	0.006 949
华资实业	534 814.00	502 518 647.17	0.001 064	14 174 398.32	21 618 349.14	15 173 957.78	0.037 730 984 267	1.108 250	1.108 250	0.031 260	0.001 064	0.030 196
三元股份	1 332 309.42	993 644 506.77	0.001 341	14 779 800.57	10 022 023.67	2 950 720.46	0.090 143 937 578	0.289 789	0.289 789	0.004 310	0.001 341	0.002 970
中粮屯河	804 807.08	1 784 592 077.53	0.000 451	95 815 005.82	101 354 932.27	28 862 568.66	0.008 399 593 290 3	0.309 632	0.309 632	0.016 624	0.000 451	0.016 173
中牧股份	2 349 745.89	1 824 839 419.22	0.001 288	186 256 586.25	165 848 754.64	22 115 564.37	0.012 615 639 196	0.131 353	0.131 353	0.013 407	0.001 288	0.012 119
登海种业	8 945.74	183 402 320.29	0.000 049	6 079 972.84	21 831 506.90	7 204 397.28	0.001 471	1.186 410	0.330 410	0.039 331	0.000 049	0.039 282
丰乐种业	336 189.03	348 852 895.21	0.000 964	27 153 841.28	38 762 446.24	7 986 969.60	0.012 381	0.306 519	0.214 722	0.023 859	0.000 964	0.022 895
隆平高科	404 900.00	948 305 665.07	0.000 427	37 183 943.09	58 811 458.04	18 041 562.93	0.010 889	0.496 087	0.313 654	0.019 452	0.000 427	0.019 025
南宁糖业	120 000.00	2 743 181 369.27	0.000 044	196 904 376.42	221 179 704.02	16 399 003.91	0.000 609	0.083 894	0.074 686	0.006 022	0.000 044	0.005 978
农产品	19 114 244.95	1 700 469 939.87	0.011 200	50 015 842.79	102 289 975.05	10 607 852.53	0.382 164	0.594 254	0.290 567	0.017 500	0.011 241	0.006 238
双汇发展	20 065 806.91	15 131 034 919.19	0.001 326	456 502 185.19	713 073 991.53	65 599 982.60	0.043 956	0.187 657	0.120 136	0.005 662	0.001 326	0.004 335
新希望	5 484 200.00	3 512 764 836.40	0.001 561	210 657 739.87	312 479 834.71	88 674 702.56	0.026 034	0.446 976	0.301 328	0.026 805	0.001 561	0.025 244
新中基	30 962 000.48	1 782 816 990.96	0.017 367	75 295 656.50	96 216 727.32	29 433 721.93	0.411 206	0.802 114	0.627 705	0.033 877	0.017 367	0.016 510

附录 4　2007 年农业上市公司原始数据

公司简称	补贴收入（元）	主营业务收入（元）	补贴水平	净利润（元）	利润总额（元）	税收优惠（元）	补贴收入对净利润的贡献率	财税补贴对净利润的贡献率	财税补贴占利润总额的比例	单位主营业务财税补贴	单位主营业务收入补贴	单位主营业务收入所得税优惠
丹化科技	1 317 668.14	436 377 570.91	0.003 020	96 090 461.39	107 945 205.95	23 767 173.40	0.013 713	0.261 054	0.232 385	0.057 484	0.003 020	0.054 465
冠农股份	4 640 000.00	478 687 800.00	0.009 693	20 135 908.70	20 449 092.56	6 435 016.68	0.230 434	0.550 013	0.541 590	0.023 136	0.009 693	0.013 443
吉林森工	40 091 808.48	1 567 674 262.67	0.025 574	48 783 716.08	45 188 678.56	11 317 226.40	0.821 828	1.053 815	1.137 653	0.032 793	0.025 574	0.007 219
江山股份	1 202 700.00	2 277 463 887.46	0.000 528	110 390 515.03	131 846 400.19	22 053 426.90	0.010 895	0.210 671	0.176 388	0.010 211	0.000 528	0.009 683
钱江生化	4 589 600.00	415 627 792.32	0.011 043	31 444 065.90	40 099 592.41	4 577 338.99	0.145 961	0.291 532	0.228 604	0.022 056	0.011 043	0.011 013
通威股份	1 000 000.00	6 749 444 707.07	0.000 148	149 587 452.45	177 699 114.77	30 529 045.55	0.006 685	0.210 773	0.177 429	0.004 671	0.000 148	0.004 523
新五丰	150 000.00	565 582 817.41	0.000 265	19 181 814.28	25 099 620.53	2 365 068.52	0.007 820	0.131 117	0.100 203	0.004 447	0.000 265	0.004 182
亚盛集团	43 055 000.00	1 146 030 390.17	0.037 569	62 151 765.48	62 495 898.07	20 279 513.77	0.692 740	1.019 030	1.013 419	0.055 264	0.037 569	0.017 695
扬农化工	16 719 900.00	1 303 107 062.11	0.012 831	94 543 145.19	118 557 239.93	15 109 794.44	0.176 849	0.336 668	0.268 475	0.024 426	0.012 831	0.011 595
光明乳业	11 589 709.00	8 206 011 404.00	0.001 412	200 854 738.00	273 285 760.00	17 753 278.80	0.057 702	0.107 371	0.107 371	0.003 576	0.001 412	0.002 163
恒顺醋业	7 191 768.17	828 496 708.31	0.008 681	41 990 456.98	56 578 826.04	4 082 643.53	0.171 271	0.199 269	0.199 269	0.013 608	0.008 681	0.004 928
华资实业	766 271.20	368 768 299.19	0.002 078	41 230 565.62	41 363 802.44	13 516 817.99	0.018 585	0.345 304	0.345 304	0.038 732	0.002 078	0.036 654
莲花味精	2 579 500.00	2 215 126 364.05	0.001 164	26 513 425.97	39 375 755.11	131 670.05	0.097 290	0.068 854	0.068 854	0.001 224	0.001 164	0.000 059
三元股份	1 317 752.39	1 102 260 066.30	0.001 196	15 978 165.59	16 060 314.96	5 217 754.57	0.082 472	0.406 935	0.406 935	0.005 929	0.001 196	0.004 734
维维股份	16 341 990.40	3 181 247 143.87	0.005 137	88 642 803.58	128 329 707.99	2 661 899.23	0.184 358	0.148 086	0.148 086	0.005 974	0.005 137	0.000 837

续表

公司简称	补贴收入（元）	主营业务收入(元)	补贴水平	净利润（元）	利润总额（元）	税收优惠（元）	补贴收入对净利润的贡献率	财税补贴对净利润的贡献率	财税补贴占利润总额的比例	单位主营业务财税补贴	单位主营业务收入补贴	单位主营业务收入所得税优惠
中粮屯河	2 640 599.88	2 976 684 768.24	0.000 887	246 472 869.01	241 949 283.96	84 366 848.76	0.010 714	0.359 610	0.359 610	0.029 230	0.000 887	0.028 343
中牧股份	2 297 334.15	1 704 862 967.61	0.001 348	174 267 121.77	212 067 599.28	32 181 570.25	0.013 183	0.162 584	0.162 584	0.020 224	0.001 348	0.018 876
芭田股份	2 979 600.00	1 641 482 382.90	0.001 815	6 385 0680.12	76 824 420.30	12 378 318.52	0.046 665	0.240 529	0.199 909	0.009 356	0.001 815	0.007 541
登海种业	3 678 034.00	146 347 291.43	0.025 132	7 187 058.21	41 423 978.53	13 669 505.33	0.511 758	2.413 719	0.418 780	0.118 537	0.025 132	0.093 405
华星化工	780 000.00	848 325 833.45	0.000 919	68 196 526.71	80 033 617.65	26 304 117.71	0.011 438	0.397 148	0.338 409	0.031 927	0.000 919	0.031 007
罗牛山	9 302 823.00	808 655 417.05	0.011 504	366 218 482.60	392 434 265.08	112 170 769.48	0.025 402	0.331 697	0.309 539	0.150 217	0.011 504	0.138 713
南宁糖业	9 815 837.55	3 135 942 466.92	0.003 130	129 835 994.89	151 753 239.45	49 389 986.96	0.075 602	0.456 005	0.390 145	0.018 880	0.003 130	0.015 750
农产品	30 810 632.44	1 380 494 530.72	0.022 319	243 448 022.40	298 547 299.66	43 421 331.63	0.126 559	0.304 919	0.248 644	0.053 772	0.022 319	0.031 453
双汇发展	8 312 021.47	21 478 773 279.04	0.000 387	659 406 175.33	890 674 820.52	62 654 045.58	0.000 387	0.107 621	0.079 677	0.003 304	0.000 387	0.002 917
天邦股份	10 397 484.40	557 208 488.06	0.018 660	26 657 340.97	28 537 447.79	7 537 250.95	0.390 042	0.672 788	0.628 463	0.032 187	0.018 660	0.013 527
新希望	6 480 306.50	4 745 619 887.23	0.001 366	381 959 263.39	397 143 900.48	115 872 850.10	0.016 966	0.320 330	0.308 083	0.025 782	0.001 366	0.024 417
新中基	19 880 805.60	2 378 395 181.10	0.008 359	78 357 698.67	81 995 746.16	3 242 897.92	0.253 719	0.295 104	0.282 011	0.009 722	0.008 359	0.001 363
永安林业	14 650 521.65	457 312 116.00	0.032 036	28 550 107.51	28 763 753.03	9 278 392.98	0.513 151	0.838 137	0.831 912	0.052 325	0.032 036	0.020 289
獐子岛	10 384 487.00	639 283 245.61	0.016 244	167 764 322.01	175 808 039.72	49 972 935.40	0.061 899	0.359 775	0.343 314	0.094 414	0.016 244	0.078 170
正邦科技	2 242 181.63	1 631 136 950.25	0.001 375	41 671 561.87	47 523 378.15	9 830 898.51	0.053 806	0.289 720	0.254 045	0.007 402	0.001 375	0.006 027

附录 5　2008 年农业上市公司原始数据

公司简称	补贴收入（元）	主营业务收入(元)	补贴水平	净利润（元）	利润总额（元）	税收优惠（元）	补贴收入对净利润的贡献率	财税补贴对净利润的贡献率	财税补贴占利润总额的比例	单位主营业务财税补贴	单位主营业务收入补贴	单位主营业务收入所得税优惠
光明乳业	18 547 922.00	267 558 411.00	0.069 323	267 558 411.00	319 543 911.00	53 463 990.63	0.069 323	0.269 145	0.225 358	0.269 145	0.069 323	0.199 822
莲花味精	6 274 000.00	2 051 068 385.44	0.003 059	12 405 265.84	10 851 308.08	5 134 889.43	0.505 753	0.919 681	1.051 384	0.005 562	0.003 059	0.002 504
三元股份	3 357 258.52	1 262 535 532.89	0.002 659	45 943 058.20	34 333 933.25	13 687 904.08	0.073 074	0.371 006	0.496 452	0.013 501	0.002 659	0.010 842
维维股份	19 665 921.14	2 833 812 863.51	0.006 940	50 673 232.02	61 094 158.19	20 161 072.20	0.388 093	0.785 957	0.651 895	0.014 054	0.006 940	0.007 114
中粮屯河	23 051 969.42	3 430 417 241.11	0.006 720	319 017 799.49	314 433 240.50	108 347 528.36	0.072 259	0.411 888	0.417 893	0.038 304	0.006 720	0.031 584
中牧股份	706 839.87	1 824 839 419.22	0.000 387	186 256 586.25	220 213 726.86	38 713 389.25	0.003 795	0.211 645	0.179 009	0.021 602	0.000 387	0.021 215
芭田股份	11 168 151.79	1 779 505 325.94	0.006 276	65 025 645.12	84 224 006.07	13 412 776.75	0.171 750	0.378 019	0.291 852	0.013 813	0.006 276	0.007 537
登海种业	638 104.48	416 934 462.39	0.001 530	2 601 951.26	61 753 069.60	20 378 512.97	0.245 241	8.077 253	0.340 333	0.050 407	0.001 530	0.048 877
东方海洋	6 076.88	551 632 473.85	0.000 011	45 880 876.51	47 015 827.21	15 515 222.98	0.000 132	0.338 296	0.330 129	0.028 137	0.000 011	0.028 126
丰乐种业	1 663 300.00	941 206 333.88	0.001 767	29 114 840.66	30 324 393.25	9 827 419.72	0.057 129	0.394 669	0.378 927	0.012 209	0.001 767	0.010 441
丰原生化	105 417 000.00	4 801 867 703.97	0.021 953	54 272 329.11	96 431 704.63	31 149 658.12	1.942 371	2.516 322	1.416 201	0.028 440	0.021 953	0.006 487
华星化工	1 421 000.00	1 382 332 764.87	0.001 028	182 125 914.41	207 388 352.29	68 338 185.22	0.007 802	0.383 027	0.336 370	0.050 465	0.001 028	0.049 437

续表

公司简称	补贴收入（元）	主营业务收入(元)	补贴水平	净利润（元）	利润总额（元）	税收优惠（元）	补贴收入对净利润的贡献率	财税补贴对净利润的贡献率	财税补贴占利润总额的比例	单位主营业务财税补贴	单位主营业务收入补贴	单位主营业务收入所得税优惠
隆平高科	2 055 000.00	1 081 301 739.71	0.001 900	43 769 329.55	71 717 810.55	22 970 220.80	0.046 951	0.571 752	0.348 940	0.023 144	0.001 900	0.021 243
罗牛山	7 552 020.00	802 095 480.85	0.009 415	81 383 496.67	88 517 972.03	28 451 986.54	0.092 795	0.442 399	0.406 742	0.044 887	0.009 415	0.035 472
南宁糖业	7 546 961.35	3 297 842 311.68	0.002 288	26 923 861.47	49 902 573.98	15 729 990.96	0.280 308	0.864 547	0.466 448	0.007 058	0.002 288	0.004 770
农产品	90 651 854.46	1 271 401 150.65	0.071 301	125 668 378.38	137 633 732.32	33 453 777.73	0.721 358	0.987 565	0.901 709	0.097 613	0.071 301	0.026 313
双汇发展	8 299 399.16	25 585 834 387.82	0.000 324	698 892 608.81	1 041 095 107.12	120 158 976.80	0.011 875	0.183 803	0.123 388	0.005 021	0.000 324	0.002 068
顺鑫农业	4 000 000.00	5 160 837 075.76	0.000 775	242 254 565.86	306 381 636.57	36 978 869.36	0.016 512	0.169 156	0.133 751	0.007 940	0.000 775	0.007 165
天邦股份	7 247 774.00	1 046 879 483.34	0.006 923	93 117 021.23	111 668 188.73	18 299 334.78	0.077 835	0.274 355	0.228 777	0.024 403	0.006 923	0.017 480
新希望	13 012 696.46	7 218 223 803.69	0.001 803	288 872 282.75	309 742 092.75	81 345 080.61	0.045 047	0.326 642	0.304 633	0.013 072	0.001 803	0.011 269
永安林业	14 208 726.76	425 500 605.41	0.033 393	8 247 904.56	8 337 456.68	2 661 808.58	0.172 271	0.204 543	0.202 346	0.039 649	0.033 393	0.006 256
獐子岛	6 280 200.00	1 003 949 869.34	0.006 255	125 173 564.48	141 727 693.03	3 021 610.15	0.050 172	0.074 311	0.065 632	0.009 265	0.006 255	0.003 010
正邦科技	3 543 199.96	2 696 374 478.06	0.001 314	48 831 080.99	53 553 598.96	12 950 169.69	0.072 560	0.337 764	0.307 979	0.006 117	0.001 314	0.004 803

附录6　2006年农业上市公司数据

公司简称	总股本(元)	国家股比例	法人股比例	流通股比例	第一大股东持股数	第一大股东持股比例	股权集中程度	每股收益(元)	前五大股东的持股比例和
赤天化	306 275 170.00	0.430 500	0	0.669 30	136 019 605.00	0.444 10	0.197 24	0.035 918	0.452 200
福成五丰	279 403 237.00	0	0	0.578 4	77 287 521.00	0.276 60	0.111 35	0.159 607	0.495 700
江山股份	198 000 000.00	0.564 400	0	0.36	57 789 418.00	0.291 90	0.166 41	0.299 440	0.605 500
通威股份	240 632 000.00	0	0.550 6	0.598 6	378 525 940.00	0.550 60	0.303 48	0.100 527	0.583 800
新五丰	180 227 020.00	0.305 800	0	0.471 8	68 759 385.00	0.381 40	0.148 73	0.019 877	0.454 900
光明乳业	1 041 892 600.00	0.251 700	0.038 5	0.296 50	262 257 616.00	0.251 70	0.168 24	0.146 000	0.744 900
恒顺醋业	127 150 000.00	0.559 100	0.031 9	0.409 00	67 335 000.00	0.529 60	0.282 685 58	0.339 600	0.631 100
华资实业	303 082 500.00	0.314 900	0.229 3	0.455 80	95 448 725.00	0.314 90	0.133 013 695	0.050 000	0.548 700
三元股份	635 000 000.00	0.172 790	0.006 7	0.335 40	303 840 000.00	0.478 50	0.258 920 021	0.023 300	0.667 7

续表

公司简称	总股本(元)	国家股比例	法人股比例	流通股比例	第一大股东持股数	第一大股东持股比例	股权集中程度	每股收益(元)	前五大股东的持股比例和
中粮屯河	805 604 200.00	0.000 000	0.495 7	0.504 20	299 738 880.00	0.372 10	0.146 623 49	0.120 000	0.511 700
中牧股份	390 000 000.00	0.584 600	0.000 0	0.465 40	228 000 000.00	0.584 60	0.342 831 495	0.046 800	0.774 600
登海种业	176 000 000.00	0.000 000	0.573 1	0.426 90	93 157 064.00	0.529 30	0.287 70	0.003 500	0.674 400
丰乐种业	225 000 000.00	0.377 560	0.000 0	0.622 40	84 951 000.00	0.377 50	0.142 50	0.120 684	0.388 100
隆平高科	157 500 000.00	0.000 000	0.355 6	0.644 45	35 000 000.00	0.222 20	0.057 20	0.236 089	0.358 700
南宁糖业	262 640 000.00	0.520 700	0.000 0	0.479 30	136 768 800.00	0.520 70	0.271 30	0.749 712	0.540 400
农产品	387 663 442.00	0.250 900	0.067 6	0.679 20	88 703 978.00	0.228 80	0.000 60	0.129 019	0.384 300
双汇发展	513 555 000.00	0.357 150	0.250 0	0.392 90	183 416 250.00	0.357 20	0.191 30	0.123 798	0.665 500
新希望	630 584 500.00	0.000 000	0.571 3	0.019 80	285 414 404.00	0.452 60	0.212 70	0.334 067	0.575 700
新中基	179 089 173.00	0.000 000	0.310 6	0.320 40	15 148 361.00	0.084 60	0.044 70	0.420 437	0.319 600

附录 7　2007 年农业上市公司数据

公司简称	总股本(元)	国家股比例	法人股比例	流通股比例	第一大股东持股数	第一大股东持股比例	股权集中程度	每股收益(元)	前五大股东的持股比例和
丹化科技	304 564 482	0.324 100	0.239 600	0.436 3	79 644 303.00	0.261 500	0.101 616	0.315 527	0.555 200
冠农股份	180 000 000	0.400 800	0.159 2	0.44	39 098 926.00	0.217 200	0.104 897	0.051 807	0.611 200
吉林森工	310 500 000	0.408 900	0.058 1	0.541 1	142 735 000.00	0.459 700	0.211 766	0.035 285	0.501 200
江山股份	198 000 000	0.564 400	0.008 100	0.427 5	56 304 000.00	0.284 400	0.161 613	0.142 443	0.639 000
钱江生化	274 001 949	0.328 600	0.056 400	0.615	98 411 974.00	0.359 200	0.129 574	0.054 271	0.397 600
通威股份	687 520 000	0	0.500 600	0.499 4	378 525 940.00	0.550 600	0.304 272	0.237 972	0.615 400
新五丰	180 227 020	0.355 800	0.172 4	0.471 8	73 157 306.00	0.405 800	0.171 176	0.040 587	0.542 500
亚盛集团	1 441 190 556	0.148 500	0.008 600	0.842 9	322 084 380.00	0.146 500	0.024 698	0.031 998	0.240 000
扬农化工	117 000 000	0.443 000	0.145 300	0.411 7	47 899 492.00	0.409 400	0.177 203	0.120 197	0.588 900
光明乳业	1 041 892 600	0.251 700	0.703 500	0.296 475	262 257 616.00	0.251 700	0.168 353	0.200 000	0.753 200
恒顺醋业	127 150 000	0.510 000	0.000 000	0.490 000	67 635 000.00	0.531 900	0.663 015	0.242 000	0.615 100
华资实业	303 082 500	0.314 900	0.229 300	0.455 777	95 448 725.00	0.314 900	0.133 142	0.140 000	0.560 800
莲花味精	1 062 064 300	0.255 000	0.102 300	0.642 616	125 409 414.00	0.118 100	0.029 452	0.026 200	0.357 300
三元股份	635 000 000	0.122 790	0.000 000	0.448 724	272 090 000.00	0.428 500	0.201 345	0.030 000	0.568 600
维维股份	660 000 000	0.000 000	0.344 500	0.395 467	227 386 783.00	0.344 500	0.168 119	0.130 000	0.617 000

续表

公司简称	总股本(元)	国家股比例	法人股比例	流通股比例	第一大股东持股数	第一大股东持股比例	股权集中程度	每股收益(元)	前五大股东的持股比例和
中粮屯河	805 604 200	0.000 000	0.495 700	0.504 323	399 319 200.00	0.495 700	0.246 421	0.310 000	0.545 600
中牧股份	390 000 000	0.584 600	0.000 000	0.415 385	228 000 000.00	0.584 600	0.343 963	0.400 000	0.676 200
芭田股份	94 000 000	0.000 000	0.000 000	1.000 000	31 500 000.00	0.335 100	0.167 300	0.810 000	0.734 800
登海种业	176 000 000	0.000 000	0.000 000	1.000 000	93 157 064.00	0.529 300	0.287 800	0.040 800	0.673 600
华星化工	125 580 000	0.000 000	0.182 190	0.817 810	18 167 066.00	0.144 700	0.035 600	0.040 800	0.343 300
罗牛山	880 132 000	0.000 000	0.053 030	0.946 970	90 705 000.00	0.103 100	0.013 400	0.040 800	0.188 800
南宁糖业	286 640 000	0.477 100	0.083 700	0.439 200	136 768 800.00	0.477 100	0.230 700	0.040 800	0.569 200
农产品	387 663 442	0.228 800	0.022 100	0.680 300	88 703 978.00	0.228 800	0.118 700	0.627 988	0.391 800
双汇发展	605 994 900	0.000 000	0.302 600	0.485 100	183 416 250.00	0.302 700	0.137 400	1.088 138	0.565 200
天邦股份	50 000 000	0.000 000	0.335 800	0.270 100	16 500 000.00	0.240 900	0.116 700	0.533 147	0.616 800
新希望	630 584 500	0.000 000	0.515 500	0.483 800	285 414 404.00	0.452 600	0.208 300	0.605 723	0.540 400
新中基	179 089 173	0.000 000	0.105 400	0.827 600	27 267 050.00	0.084 600	0.240 800	0.437 535	0.316 500
永安林业	202 760 300	0.041 900	0.294 600	0.663 500	64 884 600.00	0.320 000	0.118 700	0.140 807	0.555 400
獐子岛	113 100 000	0.000 000	0.476 600	0.466 800	53 904 800.00	0.476 600	0.246 200	1.483 327	0.749 400
正邦科技	75 296 785	0.000 000	0.000 000	0.747 700	34 189 602.00	0.454 100	0.211 100	0.510 000	0.747 700

附录8 2008年农业上市公司数据

公司简称	总股本(元)	国家股比例	法人股比例	流通股比例	第一大股东持股数	第一大股东持股比例	股权集中程度	每股收益(元)	前五大股东的持股比例和
光明乳业	1 041 892 600	0.351 786	0.000 000	0.296 475	367 498 967.00	0.352 720	0.249 769	−0.270 000	0.760 380
莲花味精	1 062 024 300	0.155 000	0.072 200	0.772 778	125 409 414.00	0.118 100	0.028 570	0.011 700	0.332 100
三元股份	635 000 000	0.072 790	0.000 000	0.548 724	265 790 000.00	0.418 570	0.193 156	0.060 000	0.576 000
维维股份	760 000 000	0.000 000	0.000 000	0.343 432	242 967 484.00	0.319 700	0.144 826	0.070 000	0.643 900
中粮屯河	1 005 604 200	0.000 000	0.555 900	0.444 077	599 319 200.00	0.596 000	0.357 640	0.330 000	0.686 700
中牧股份	390 000 000	0.584 600	0.000 000	0.465 385	228 000 000.00	0.584 600	0.343 583	0.415 000	0.669 300
芭田股份	169 200 000	0.000 000	0.224 100	0.775 900	56 700 000.00	0.335 100	0.167 300	0.384 312	0.735 860
登海种业	176 000 000	0.000 000	0.000 000	1.000 000	93 185 064.00	0.529 500	0.289 800	0.014 784	0.712 700
东方海洋	121 925 000	0.000 000	0.421 800	0.578 200	30 500 000.00	0.250 200	0.078 800	0.376 304	0.402 500
丰乐种业	225 000 000	0.327 560	0.000 000	0.672 440	84 951 000.00	0.377 560	0.142 900	0.129 399	0.403 590
丰原生化	964 411 115	0.000 000	0.152 970	0.847 030	200 000 000.00	0.207 400	0.043 100	0.056 275	0.225 000

续表

公司简称	总股本(元)	国家股比例	法人股比例	流通股比例	第一大股东持股数	第一大股东持股比例	股权集中程度	每股收益(元)	前五大股东的持股比例和
华星化工	163 254 000	0.000 000	0.000 000	1.000 000	23 617 186.00	0.144 700	0.033 100	1.115 598	0.333 000
隆平高科	252 000 000	0.000 000	0.251 600	0.748 400	56 000 000.00	0.222 200	0.056 000	0.173 688	0.326 500
罗牛山	880 132 000	0.000 000	0.013 180	0.986 820	90 705 000.00	0.103 100	0.013 100	0.092 467	0.188 100
南宁糖业	286 640 000	0.385 500	0.000 000	0.614 500	136 768 800.00	0.477 100	0.229 600	0.093 929	0.565 400
农产品	452 063 442	0.215 200	0.079 600	0.583 600	97 269 424.00	0.215 200	0.104 300	0.277 988	0.368 300
双汇发展	605 994 900	0.000 000	0.302 675	0.485 300	183 416 250.00	0.302 700	0.148 000	1.153 298	0.569 600
顺鑫农业	438 540 000	0.000 000	0.470 000	0.529 900	226 094 000.00	0.515 600	0.267 500	0.552 412	0.596 000
天邦股份	137 000 000	0.000 000	0.521 900	0.425 800	33 000 000.00	0.240 900	0.114 500	0.679 686	0.599 400
新希望	756 701 400	0.000 000	0.457 000	0.542 300	345 777 120.00	0.457 000	0.211 500	0.381 752	0.547 100
永安林业	202 760 280	0.000 000	0.236 900	0.763 100	64 884 600.00	0.320 000	0.115 200	0.040 678	0.518 800
獐子岛	226 200 000	0.000 000	0.476 600	0.466 800	107 809 600.00	0.476 600	0.227 200	0.553 376	0.749 400
正邦科技	225 890 355	0.000 000	0.000 000	0.578 100	102 568 806.00	0.454 100	0.241 100	0.052 617	0.744 100

附录9 农业上市公司2009年每股收益状况

序号	股票名称	主营业务	每股收益(元)				地域
			年度	三季	中期	一季	
1	昌九生化	尿素等	-0.350 0	-0.205	-0.122	-0.052	江西
2	赤天化	化工产品	0.200 0	0.414 0	0.327 0	0.133 0	贵州
3	大成股份	化工产品	0.010 0	0.020 0	0.020 0	0.010 0	山东
4	北大荒	种植业	0.210 0	0.236 0	0.172 0	0.085 0	黑龙江
5	北海国发	藻类、贝类、甲壳类等海洋生物系列产品的生产和销售	-0.500 0	-0.300 0	-0.190 0	-0.080 0	广西
6	大湖股份	生物制药等	0.045 8	0.042 0	0.028 2	0.012 1	湖南
7	大江股份	食品业、饲料	-0.070 6	-0.023 0	-0.030 0	-0.016 0	上海
8	丹化科技	化工业	-0.126 8	-0.100 2	-0.059 9	-0.053 0	上海
9	敦煌种业	农业生产服务、农业科学研究	0.161 0	-0.297 0	-0.161 0	0.059 0	甘肃
10	福成五丰	畜牧养殖	0.020 0	-0.005 9	-0.020 0	-0.010 0	河北
11	冠农股份	棉花、水稻等种植、加工与销售	0.100 0	-0.036 5	-0.011 0	0.002 0	新疆
12	国投中鲁	浓缩果蔬汁的生产和销售	0.035 0	0.035 0	0.055 0	0.030 0	北京
13	好当家	海水养殖	0.120 0	0.110 0	0.090 0	0.030 0	山东
14	禾嘉股份	金属材料、化工原料、化工产品的进出口	0.008 0	0.051 0	0.052 0	0.005 0	四川
15	湖南海利	化工高新技术及农药、化肥等	0.010 0	0.014 0	0.010 4	0.005 0	湖南
16	华阳科技	化工原料的生产、销售	0.030 0	0.001 0	-0.001 0	-0.140 0	山东
17	吉林森工	林业及人造板	0.040 0	-0.040 0	-0.080 0	-0.050 0	吉林

续表

序号	股票名称	主营业务	每股收益(元)				地域
			年度	三季	中期	一季	
18	江山股份	农药	-0.394 9	-0.327 6	0.007 1	0.033 2	江苏
19	金健米业	粮油制品、粮食包装品等	0.007 0	0.002 1	-0.001 0	-0.002 0	湖南
20	金种子酒	白酒生产、销售	0.270 0	0.170 0	0.120 0	0.065 0	安徽
21	景谷林业	脂松香、脂松节油等	-0.710 0	-0.270 0	-0.130 0	-0.083 0	云南
22	莫高股份	葡萄酒制造	0.110 0	0.080 0	0.104 6	0.049 5	甘肃
23	钱江生化	生物农药、酶制剂	0.100 0	0.091 0	0.067 0	0.037 0	浙江
24	荣华实业	以玉米为原料的农产品加工	-0.174 3	-0.110 0	-0.081 0	-0.040 0	甘肃
25	通威股份	养殖及养殖技术开发	0.213 2	0.290 0	0.121 2	-0.008 5	四川
26	万向德农	种子、化肥等农产品的零售	0.240 0	0.154 0	0.170 0	0.075 0	黑龙江
27	新安股份	化工原料等	0.433 9	0.843 3	0.570 6	0.210 3	浙江
28	新农开发	棉花种植等	0.180 0	0.059 0	0.026 0	0.010 0	新疆
29	新赛股份	农作物种植等	0.049 1	0.028 1	0.012 3	0.008 7	新疆
30	新五丰	生猪养殖及出口	0.120 0	0.076 0	0.034 0	0.020 0	湖南
31	亚盛集团	高科技农业新技术、新品种	0.072 4	0.018 0	0.010 0	0.005 7	甘肃
32	扬农化工	化工类产品的制造、加工和销售	1.003 0	1.194 0	1.025 0	0.385 0	江苏
33	云天化	化工原料及产品的生产、销售	0.133 1	-0.099 9	-0.200 9	-0.094 8	云南

续表

序号	股票名称	主营业务	每股收益(元)				地域
			年度	三季	中期	一季	
34	芭田股份	复合肥产品的研发、生产和销售	0.039 0	-0.000 7	-0.100 0	-0.030 0	广东
35	登海种业	农作物生产、销售	0.528 8	0.247 8	0.368 4	0.274 1	山东
36	东方海洋	水产新技术、新成果的推广、研究	0.226 8	0.130 0	0.080 0	0.030 0	山东
37	丰乐种业	农作物、专用肥	0.299 8	0.198 7	0.139 1	0.052 6	安徽
38	丰原生化	生物工程的科研开发	0.261 2	0.195 0	0.127 0	0.022 0	安徽
39	红太阳	农药化学原料及化学制品的制造	0.013 8	0.055 8	0.053 7	0.003 7	江苏
40	建峰化工	化肥及其他化工产品	0.330 0	0.590 0	0.503 9	0.297 3	重庆
41	隆平高科	农副产品深加工	0.175 0	0.022 0	0.120 0	0.062 0	湖南
42	罗牛山	农业开发、农副产品销售	0.070 0	0.015 2	0.018 8	0.008 6	海南
43	农产品	开发、经营、管理农产品批发市场	0.130 0	0.200 0	0.178 3	0.068 0	广东
44	沙隆达	化学原料及化工产品的制造和销售	0.032 5	0.077 6	0.074 3	0.052 7	湖北
45	顺鑫农业	种植业、养殖业及其产品的加工和销售	0.370 0	0.300 0	0.177 8	0.110 0	北京
46	天邦股份	饲料的研发、生产、销售与服务	0.260 0	0.297 0	-0.065 0	-0.050 0	浙江

续表

序号	股票名称	主营业务	每股收益(元)				地域
			年度	三季	中期	一季	
47	新希望	生态资源开发、农副产品等	0.490 0	0.520 0	0.350 0	0.108 0	四川
48	新中基	浓缩番茄酱、番茄制品、番茄红素胶囊	0.040 0	0.040 6	0.078 4	0.056 2	新疆
49	永安林业	木(竹)林采伐、加工,水果种植	−0.040 0	0.006 7	0.009 2	0.004 2	福建
50	獐子岛	海珍品的育苗、养殖	0.460 0	0.550 0	0.180 0	0.080 0	辽宁
51	正邦科技	农业、化工业、食品业、畜牧业	0.240 0	0.210 0	0.130 0	0.050 0	江西
52	正虹科技	饲料的研制、生产、销售	0.030 0	0.030 0	0.020 0	0.010 0	湖南
53	中水渔业	水产品捕捞、加工	0.080 0	0.043 2	0.023 7	−0.005 0	北京
54	光明乳业	乳制品的生产、加工、销售	0.120 0	0.111 0	0.043 5	0.008 0	上海
55	恒顺醋业	食醋、酱菜、酱油等	0.245 7	0.118 0	0.106 0	0.061 0	江苏
56	华资实业	制糖业、乳业和金融业	0.108 7	0.120 0	0.090 0	0.090 0	内蒙古
57	莲花味精	味精	0.180 0	0.009 9	0.008 1	0.005 9	河南
58	三元股份	农牧业为主,农工商多元化经营	−0.196 3	0.025 3	0.057 8	0.051 0	北京
59	维维股份	豆奶系列产品、非酒精饮料	0.130 0	0.210 0	0.100 0	0.100 0	江苏

续表

序号	股票名称	主营业务	每股收益(元)				地域
			年度	三季	中期	一季	
60	中粮屯河	粮食收购、境外期货业务	0.270 0	0.235 0	0.160 0	0.025 0	新疆
61	中牧股份	动物保健品、疫苗等	0.580 0	0.510 1	0.388 9	0.248 2	北京
62	贵糖股份	食糖、纸、酒精及轻质碳酸钙的制造和销售	0.101 3	0.030 0	-0.020 0	-0.010 0	广西
63	南宁糖业	制糖业、纸浆制造业	0.430 0	0.260 0	0.130 0	-0.200 0	广西
64	双汇发展	食品加工,生猪、活牛屠宰	1.502 7	1.036 0	0.601 5	0.286 8	河南

附录10　农业上市公司2010年每股收益状况

序号	股票名称	主营业务	每股收益(元)				地域
			年度	三季	中期	一季	
1	昌九生化	尿素等	-0.580 0	-0.246 0	-0.175 0	-0.050 0	江西
2	赤天化	化工产品	0.136 0	0.096 0	0.077 0	0.121 0	贵州
3	大成股份	化工产品	-0.330 0	-0.170 0	-0.020 0	-0.040 0	山东
4	北大荒	种植业	0.200 0	0.166 0	0.131 0	0.061 0	黑龙江
5	北海国发	藻类、贝类、甲壳类等海洋生物系列产品的生产和销售	0.060 0	-0.090 0	-0.070 0	0.030 0	广西
6	大湖股份	生物制药等	0.166 6	0.035 2	0.034 1	0.016 1	湖南
7	大江股份	食品业、饲料	0.019 0	-0.020 0	-0.046 0	-0.024 0	上海
8	丹化科技	化工业	0.017 5	0.011 5	0.022 6	-0.017 4	上海
9	敦煌种业	农业生产服务、农业科学研究	0.434 0	-0.122 6	0.006 3	0.116 0	甘肃

续表

序号	股票名称	主营业务	每股收益(元)				地域
			年度	三季	中期	一季	
10	福成五丰	畜牧养殖	-0.120 0	-0.004 6	-0.018 3	-0.000 4	河北
11	冠农股份	棉花、水稻等种植、加工与销售	0.020 0	0.059 7	0.056 8	0.016 3	新疆
12	国投中鲁	浓缩果蔬汁的生产和销售	-0.288 0	-0.179 0	-0.118 0	-0.020 0	北京
13	好当家	海水养殖	0.230 0	0.120 0	0.100 0	0.040 0	山东
14	禾嘉股份	金属材料、化工原料、化工产品的进出口	0.008 0	0.055 0	0.048 0	0.006 0	四川
15	湖南海利	化工高新技术及农药、化肥等	0.016 0	0.014 6	0.011 1	0.007 0	湖南
16	华阳科技	化工原料的生产、销售	-0.400 0	-0.110 0	0.002 0	-0.030 0	山东
17	吉林森工	林业及人造板	0.170 0	0.100 0	0.090 0	0.020 0	吉林
18	江山股份	农药	0.155 4	-0.293 2	-0.027 7	-0.049 2	江苏
19	金健米业	粮油制品、粮食包装品等	0.010 4	0.007 5	0.005 1	0.002 5	湖南
20	金种子酒	白酒生产、销售	0.320 0	0.220 0	0.164 6	0.160 0	安徽
21	景谷林业	脂松香、脂松节油等	0.060 0	-0.190 0	-0.160 0	-0.070 0	云南
22	莫高股份	葡萄酒制造	0.130 0	0.084 5	0.063 0	0.036 1	甘肃
23	钱江生化	生物农药、酶制剂	0.180 0	0.142 0	0.098 0	0.042 0	浙江
24	荣华实业	以玉米为原料的农产品加工	0.008 8	0.011 0	0.001 8	0.003 0	甘肃

续表

序号	股票名称	主营业务	每股收益(元)				地域
			年度	三季	中期	一季	
25	通威股份	养殖及养殖技术开发	0.233 9	0.320 0	0.033 6	−0.051 2	四川
26	万向德农	种子、化肥等农产品的零售	0.240 0	0.140 0	0.160 0	0.078 0	黑龙江
27	新安股份	化工原料等	0.246 9	0.183 9	0.152 0	0.171 3	浙江
28	新农开发	棉花种植等	−0.031 0	0.042 0	0.036 0	0.026 0	新疆
29	新赛股份	农作物种植等	0.267 3	−0.037 7	−0.008 9	0.027 9	新疆
30	新五丰	生猪养殖及出口	0.080 0	0.005 0	0.020 0	0.003 0	湖南
31	亚盛集团	高科技农业新技术、新品种	0.074 9	0.024 0	0.019 9	0.012 8	甘肃
32	扬农化工	化工类产品的制造、加工和销售	0.779 0	0.733 0	0.657 0	0.338 0	江苏
33	云天化	化工原料及产品的生产、销售	0.308 2	0.352 4	0.321 4	0.118 2	云南
34	芭田股份	复合肥产品的研发、生产和销售	0.265 0	0.233 0	0.115 0	0.064 0	广东
35	登海种业	农作物生产、销售	0.593 0	0.690 8	0.840 0	0.625 1	山东
36	东方海洋	水产新技术、新成果的推广、研究	0.300 8	0.174 6	0.101 9	0.019 1	山东
37	丰乐种业	农作物、专用肥	0.333 6	0.331 9	0.308 4	0.135 3	安徽
38	丰原生化	生物工程的科研开发	0.305 0	0.214 0	0.129 0	0.048 0	安徽

续表

序号	股票名称	主营业务	每股收益(元)				地域
			年度	三季	中期	一季	
39	红太阳	农药化学原料及化学制品的制造	-0.042 0	0.003 8	0.010 4	0.002 7	江苏
40	建峰化工	化肥及其他化工产品	0.220 0	0.150 0	0.095 5	0.006 0	重庆
41	隆平高科	农副产品深加工	0.269 0	0.030 0	0.074 0	0.100 0	湖南
42	罗牛山	农业开发、农副产品销售	0.033 0	0.004 9	0.005 0	0.004 4	海南
43	农产品	开发、经营、管理农产品批发市场	0.360 0	0.420 0	0.395 0	0.040 0	广东
44	沙隆达	化学原料及化工产品的制造和销售	0.039 9	0.027 0	0.020 9	0.012 0	湖北
45	顺鑫农业	种植业、养殖业及其产品的加工和销售	0.605 1	0.530 0	0.361 2	0.230 0	北京
46	天邦股份	饲料的研发、生产、销售与服务	0.190 0	0.174 0	0.121 0	0.010 0	浙江
47	新希望	生态资源开发、农副产品等	0.830 0	0.500 0	0.340 0	0.150 0	四川
48	新中基	浓缩番茄酱、番茄制品、番茄红素胶囊	-0.680 0	-0.549 9	-0.493 8	-0.062 8	新疆
49	永安林业	木(竹)林采伐、加工,水果种植	0.040 0	0.005 3	-0.061 5	-0.004 6	福建
50	獐子岛	海珍品的育苗、养殖	0.620 0	0.640 0	0.370 0	0.210 0	辽宁

续表

序号	股票名称	主营业务	每股收益(元)				地域
			年度	三季	中期	一季	
51	正邦科技	农业、化工业、食品业、畜牧业	0.140 0	0.200 0	0.130 0	0.060 0	江西
52	正虹科技	饲料的研制、生产、销售	0.030 0	-0.020 0	-0.020 0	0.010 0	湖南
53	中水渔业	水产品捕捞、加工	0.160 0	0.058 9	0.035 3	0.028 1	北京
54	光明乳业	乳制品的生产、加工、销售等	0.190 0	0.127 0	0.058 6	0.024 0	上海
55	恒顺醋业	食醋、酱菜、酱油等	0.250 4	0.119 0	0.102 0	0.062 0	江苏
56	华资实业	制糖业、乳业和金融业	-0.149 5	-0.030 0	0.010 0	0.020 0	内蒙古
57	莲花味精	味精	0.016 6	0.130 6	0.169 7	0.006 6	河南
58	三元股份	农牧业为主,农工商多元化经营	0.058 2	-0.086 1	-0.058 3	-0.015 0	北京
59	维维股份	豆奶系列产品,非酒精饮料	0.090 0	0.080 0	0.050 0	0.020 0	江苏
60	中粮屯河	粮食收购、境外期货业务	-0.060 0	0.171 0	0.081 0	0.038 0	新疆
61	中牧股份	动物保健品、疫苗等	0.800 0	0.635 1	0.479 6	0.299 0	北京
62	贵糖股份	食糖、纸、酒精及轻质碳酸钙的制造和销售	0.310 0	0.230 0	0.190 0	0.110 0	广西
63	南宁糖业	制糖业、纸浆制造业	0.640 0	0.300 0	0.250 0	0.240 0	广西
64	双汇发展	食品加工,生猪、活牛屠宰	1.912 9	1.244 9	0.767 1	0.363 1	河南

附录11　农业上市公司2011年每股收益状况

序号	股票名称	主营业务	每股收益(元)				地域
			年度	三季	中期	一季	
1	昌九生化	尿素等	0.060 0	-0.362 0	-0.290 0	-0.093 0	江西
2	赤天化	化工产品	0.098 0	0.079 0	0.047 0	0.009 0	贵州
3	大成股份	化工产品	-1.780 0	-1.350 0	-1.210 0	-0.120 0	山东
4	北大荒	种植业	0.250 0	0.176 0	0.135 0	0.065 0	黑龙江
5	北海国发	藻类、贝类、甲壳类等海洋生物系列产品的生产和销售	-0.140 0	-0.080 0	-0.060 0	-0.030 0	广西
6	大湖股份	生物制药等	0.041 7	0.040 2	0.041 3	0.021 0	湖南
7	大江股份	食品业、饲料	0.077 0	0.060 0	0.080 0	-0.018 0	上海
8	丹化科技	化工业	-0.378 1	-0.063 3	-0.039 2	-0.021 5	上海
9	敦煌种业	农业生产服务、农业科学研究	0.077 0	-0.440 5	-0.140 0	0.100 0	甘肃
10	福成五丰	畜牧养殖	0.050 0	0.038 9	0.025 5	0.006 4	河北
11	冠农股份	棉花、水稻等种植、加工、销售	0.450 0	0.492 0	0.343 6	0.202 6	新疆
12	国投中鲁	浓缩果蔬汁的生产和销售	0.222 0	0.259 0	0.103 0	0.007 0	北京
13	好当家	海水养殖	0.320 0	0.170 0	0.130 0	0.040 0	山东
14	禾嘉股份	金属材料、化工原料、化工产品的进出口	0.067 0	0.076 0	0.054 0	0.028 0	四川
15	湖南海利	化工高新技术及农药、化肥等	0.017 0	0.012 4	0.008 5	0.004 0	湖南
16	华阳科技	化工原料的生产、销售	-0.400 0	-0.030 0	0.010 0	-0.060 0	山东
17	吉林森工	林业及人造板	0.250 0	0.080 0	0.090 0	-0.030 0	吉林

续表

序号	股票名称	主营业务	每股收益(元)				地域
			年度	三季	中期	一季	
18	江山股份	农药	0.025 5	-0.156 9	-0.118 3	-0.172 7	江苏
19	金健米业	粮油制品、粮食包装品等	-0.123 1	-0.028 9	0.006 8	0.005 2	湖南
20	金种子酒	白酒生产、销售	0.660 0	0.510 0	0.362 0	0.220 0	安徽
21	景谷林业	脂松香、脂松节油等	-1.040 0	-0.190 0	-0.040 0	0.003 0	云南
22	莫高股份	葡萄酒制造	0.150 0	0.107 5	0.081 4	0.045 9	甘肃
23	钱江生化	生物农药、酶制剂	0.030 0	0.113 0	0.102 0	0.050 0	浙江
24	荣华实业	以玉米为原料的农产品加工	0.025 8	0.041 0	0.026 0	0.006 0	甘肃
25	通威股份	养殖及养殖技术开发	0.121 8	0.170 0	0.017 9	-0.085 5	四川
26	万向德农	种子、化肥等农产品的零售	0.470 0	0.369 0	0.230 0	0.072 0	黑龙江
27	新安股份	化工原料等	0.025 5	0.038 0	0.082 6	0.040 9	浙江
28	新农开发	棉花种植等	-2.000 0	-0.567 0	-0.336 0	0.060 0	新疆
29	新赛股份	农作物种植等	-0.794 6	-0.289 2	-0.130 8	0.026 8	新疆
30	新五丰	生猪养殖及出口	0.400 0	0.198 0	0.080 0	0.020 0	湖南
31	亚盛集团	高科技农业新技术、新品种	0.063 7	0.041 8	0.046 5	0.017 2	甘肃
32	扬农化工	化工类产品的制造、加工和销售	0.893 0	0.627 0	0.495 0	0.216 0	江苏
33	云天化	化肥、化工原料及产品的生产、销售	0.259 4	0.301 8	0.155 6	0.027 0	云南

续表

序号	股票名称	主营业务	每股收益(元)				地域
			年度	三季	中期	一季	
34	芭田股份	复合肥产品的研发、生产和销售	0.160 0	0.135 0	0.090 0	0.066 0	广东
35	登海种业	农作物生产、销售	0.659 7	0.246 0	0.272 3	0.412 1	山东
36	东方海洋	水产新技术、新成果的推广、研究	0.391 6	0.228 4	0.133 8	0.024 7	山东
37	丰乐种业	农作物、专用肥	0.183 2	0.091 2	0.168 9	0.106 6	安徽
38	丰原生化	生物工程的科研开发	0.368 0	0.280 0	0.187 0	0.089 0	安徽
39	红太阳	农药化学原料及化学制品的制造	0.204 0	0.002 7	0.006 8	0.002 4	江苏
40	建峰化工	化肥及其他化工产品	0.150 0	0.060 0	-0.053 5	-0.064 7	重庆
41	隆平高科	农副产品深加工	0.481 0	0.092 0	0.190 0	0.197 0	湖南
42	罗牛山	农业开发、农副产品销售	0.068 0	0.020 3	0.012 1	0.005 7	海南
43	农产品	开发、经营、管理农产品批发市场	0.269 1	0.270 0	0.200 0	0.020 0	广东
44	沙隆达	化学原料及化工产品的制造和销售	0.089 0	0.060 9	0.033 1	0.013 9	湖北
45	顺鑫农业	种植业、养殖业及其产品的加工和销售	0.699 7	0.660 0	0.625 1	0.220 0	北京
46	天邦股份	饲料的研发、生产、销售与服务	0.150 0	0.085 0	-0.057 0	-0.080 0	浙江

续表

序号	股票名称	主营业务	每股收益(元)				地域
			年度	三季	中期	一季	
47	新希望	生态资源开发、农副产品等	1.520 0	1.030 0	0.600 0	0.230 0	四川
48	新中基	浓缩番茄酱、番茄制品、番茄红素胶囊	-2.430 0	-0.628 2	-0.359 5	-0.113 6	新疆
49	永安林业	木(竹)林采伐、加工,水果种植	-0.230 0	-0.060 0	-0.070 0	-0.008 6	福建
50	獐子岛	海珍品的育苗、养殖	0.710 0	0.430 0	0.310 0	0.230 0	辽宁
51	正邦科技	农业、化工业、食品业、畜牧业	0.280 0	0.250 0	0.120 0	0.060 0	江西
52	正虹科技	饲料的研制、生产、销售	0.020 0	0.020 0	0.010 0	0.010 0	湖南
53	中水渔业	水产品捕捞、加工	0.190 0	0.051 7	0.065 5	0.016 1	北京
54	光明乳业	乳制品的生产、加工、销售	0.230 0	0.152 8	0.069 9	0.026 0	上海
55	恒顺醋业	食醋、酱菜、酱油等	0.079 0	0.012 9	0.106 0	0.066 0	江苏
56	华资实业	制糖业、乳业和金融业	0.078 9	0.060 0	0.139 1	0.060 0	内蒙古
57	莲花味精	味精	-0.432 2	-0.219 1	-0.140 0	-0.036 0	河南
58	三元股份	农牧业为主,农工商多元化经营	0.055 0	0.064 6	0.032 1	0.021 3	北京
59	维维股份	豆奶系列产品、非酒精饮料	0.090 0	0.080 0	0.060 0	0.030 0	江苏

续表

序号	股票名称	主营业务	每股收益(元)				地域
			年度	三季	中期	一季	
60	中粮屯河	粮食收购、境外期货业务	0.030 0	-0.047 0	-0.054 0	-0.106 0	新疆
61	中牧股份	动物保健品、疫苗等	1.160 0	0.737 3	0.494 9	0.310 6	北京
62	贵糖股份	食糖、纸、酒精及轻质碳酸钙的制造和销售	0.360 0	0.330 0	0.210 0	0.080 0	广西
63	南宁糖业	制糖业、纸浆制造业	0.300 0	0.550 0	0.500 0	0.160 0	广西
64	双汇发展	食品加工,生猪、活牛屠宰	0.932 2	0.459 2	0.125 4	0.437 5	河南

参考文献

[1]阿里·德赫斯.长寿公司——商业“竞争风暴”中的生存方式[M].王晓霞,刘昊译.北京:经济日报出版社,1998.

[2]卢纹岱.SPSS for Windows 统计分析(第2版)[M].北京:电子工业出版社,2002.

[3]陆正飞等.中国上市公司融资行为与融资结构研究[M].北京:北京大学出版社,2005.

[4]伊查克·爱迪思.企业生命周期[M].赵睿译.北京:华夏出版社,2004.

[5]张玉利,任学锋.小企业成长的管理障碍[M].天津:天津大学出版社,2001.

[6]中国会计学会组,孟建民.企业经营业绩评估问题研究——中国企业绩效评价方法研究[M].北京:中国财政经济出版社,2002.

[7]林乐芬.中国上市公司股权集中度研究[M].北京:经济管理出版社,2005.

[8]陈超,唐琰,李敏.农业上市公司盈余管理研究[J].安徽农业科学,2007(6).

[9]陈东平,张敬明.农业上市公司股利影响因素分析[J].南京农业大学学报:社会科学版,2006(2).

[10]崔传斌,王开盛.农村劳动力转移与农业规模化经营——以陕西省铜川市烟叶生产农场化为例[J].农业经济问题,2008(4).

[11]崔传斌,段利民,王开盛,等.我国农业科技投入不足原因的比较分析——基于利益集团理论的视角[J].未来与发展,2010(2).

[12]顾文炯.用因子分析法对农业上市公司进行财务评价[J].安徽大学学报:哲学社会科学版,2005(3).

[13]管军,李文华.企业综合财务状况评价的模糊数学方法研究[J].石家庄经济学院学报,2002(4).

[14]国务院发展研究中心"中国统一市场建设"课题组.中国国内地方保护的调查报告——非企业抽样调查结果的初步分析[J].经济研究参考,2004(18).

[15]韩锁昌,王兵,侯军岐.农业上市公司财务绩效分析[J].安徽农业科学,2007(24).

[16]韩太祥.企业成长理论综述[J].经济学动态,2002(5).

[17]郝爱民,胡沛枫.上市公司可持续发展综合评价体系及实证研究[J].经济管理,2005(8).

[18]何慧婷,柳建民.中国上市公司财务指标的主因素分析[J].科技管理研究,2005(5).

[19]胡季英,冯英浚.企业绩效评价理论研究述评与展望[J].现代管理科学,2005(9).

[20]胡豫明.我国农业上市公司存在的问题及对策[J].黄石理工学院学报:人文社会科学版,2007(4).

[21]黄桐城,杨健.高科技上市公司盈利能力影响因素的定量分析[J].中国管理科学,2002 (4).

[22]贾生华,陈宏辉,田传浩.基于利益相关者理论的企业绩效评价——一个分析框架和应用研究[J].科研管理,2003(4).

[23]姜凌.我国农业类上市公司经营业绩探析[J].农业经济,2003(7).

[24]姜艳,杨学兵.上市公司成长模式分析[J].商业研究,2001(2).

[25]孔祥建.地权稳定性与农业绩效、农户经营行为分析[J].开发研究,2009(2).

[26]冷建飞,王凯.补贴对农业上市公司盈利的影响研究——基

于面板数据模型的分析[J]. 江西农业学报,2007(2).

[27]李宝仁,王振蓉. 我国上市公司盈利能力与资本结构的实证分析[J]. 数量经济技术经济研究,2003(4).

[28]李轶男,刘赟青. 我国上市公司股权融资偏好影响因素分析[J]. 农业经济问题,2007(S1).

[29]林海明,林敏子. 主成分分析法与因子分析法应用辨析[J]. 数量经济技术经济研究,2004(9).

[30]林乐芬. 中国农业上市公司经营绩效的实证分析[J]. 中国农村观察,2004(6).

[31]刘伟,杨印生. 我国农业上市公司业绩评价与分析[J]. 农业技术经济,2006(4).

[32]毛世平,吴敬学. 投资项目财务评价参数测度方法及其应用——以种植业行业为例[J]. 农业技术经济,2005(4).

[33]梅国平. 论上市公司绩效评价体系[J]. 企业经济,2003(10).

[34]孟丽荣. 中国农业上市公司的发展探析[J]. 商业研究,2003(11).

[35]孟令杰,丁竹. 基于 DEA 的农业上市公司效率分析[J]. 南京农业大学学报:社会科学版,2005(2).

[36]彭熠,胡剑锋. 财税补贴优惠政策与农业上市公司经营绩效——实施方式分析与政策启示[J]. 四川大学学报:哲学社会科学版,2009(3).

[37]芮世春. 农业上市公司股权结构与经营绩效关系的实证研究[J]. 中国农村经济,2006(10).

[38]申嫦娥,王晓强. 企业绩效评价方法的改进:模糊综合绩效评价法[J]. 经济管理,2003(22).

[39]沈晓明,谭再刚,伍朝晖. 补贴政策对农业上市公司的影响与调整[J]. 中国农村经济,2002(6).

[40]沈晓明. 论农业产业化政策的市场性目标与公益性目标的冲突——兼析农业上市公司的竞争力减弱现象[J]. 农业经济问题,2002

(5).

[41]孙蓓蓓,仲健心. 提高我国农业上市公司融资能力的对策[J]. 安徽农业科学,2007(35).

[42]田国强,王莉. 贸易因素和非贸易因素对发展中国家农业生产力的影响[J]. 国际贸易问题,2009(8).

[43]王爱东. 我国农业上市公司价值管理研究[J]. 中国农机化,2007(5).

[44]王怀明,卞琳琳,刘爱军. 流动资产营运与盈利性、成长性关系分析——对中国农业上市公司的实证研究[J]. 中国农学通报,2007(9).

[45]王怀明,闫新峰. 农业上市公司资产结构与公司绩效的研究[J]. 华东经济管理,2007(2).

[46]王琴,张锦华. 中国农业上市公司的基本状况及其发展策略[J]. 湖南农业大学学报:社会科学版,2004(1).

[47]王喜平. 中国农业上市公司的绩效评价[J]. 中国农学通报,2008(1).

[48]王莹,施锐敏. 农业上市公司多元化经营程度与经营绩效关系的实证分析[J]. 金融经济,2006(1).

[49]王玉春,花贵如. 中国农业上市公司可持续增长实证分析[J]. 中国农村经济,2006(10).

[50]温素彬,薛恒新. 基于科学发展观的企业三重绩效评价模型[J]. 会计研究,2005(4).

[51]邬爱其,贾生华. 国外企业成长理论研究框架探析[J]. 外国经济与管理,2002(12).

[52]吴虹雁. 中国农业上市公司资本创值能力分析[J]. 南京农业大学学报:社会科学版,2008(3).

[53]夏兵,马珩,赵亮. 我国农业上市公司投资行为研究[J]. 农村经济与科技,2009(8).

[54]熊风华,彭珏. 农业上市公司多元化经营对其绩效影响的实证研究[J]. 财会月刊,2009(27).

[55]徐国祥,檀向球,胡穗华.上市公司经营业绩综合评价及其实证研究[J].统计研究,2000(9).

[56]徐向艺.股权结构与公司治理绩效实证分析[J].中国工业经济,2005(6).

[57]徐雪高.农业上市公司"弃农"行为及其成因分析[J].新疆农垦经济,2007(11).

[58]徐勇,任一萍.应用因子分析对农业上市公司进行效绩评价[J].统计教育,2007(3).

[59]薛云帆,阿孜古丽,刘威.上市公司经营业绩评价指标选择的实证分析[J].上海立信会计学院学报,2006(1).

[60]余勃.某农业上市公司绩效考核体系诊断[J].农业经济,2007(4).

[61]岳香.农业上市公司绩效与经营者激励研究[J].技术经济,2007(3).

[62]张国艳.我国农业上市公司"背农"问题探析[J].北方经济,2006(1).

[63]张建萍,钟玉.试论农业上市公司经营中的"离农"行为[J].新疆农垦经济,2006(4).

[64]张煜.浅析上市公司盈利能力分析指标[J].商业经济,2007(1).

[65]朱丽莉,王怀明.农业上市公司经营绩效的因子分析[J].南京农业大学学报:社会科学版,2004(4).

[66]邹彩芬,谢琼.政策支持对农业上市公司资本结构的影响[J].财会月刊,2007(12).

[67]邹伟,刘敬.农业税费结构与农地利用绩效研究[J].南京社会科学,2009(7).

[68]中国证券监督管理委员会.上交所信息披露[EB/OL].[2012-05-18] http://www.csrc.gov.cn/pub/newsite/xxpl/sjspl/.

[69]中国证券监督管理委员会.深交所信息披露[EB/OL].[2012-05-28] http://www.csrc.gov.cn/pub/newsite/xxpl/shjspl/.

[70] 中国证券业协会. 证券公司年报披露 [EB/OL]. [2010 - 06 - 28] http://cx.sac.net.cn/huiyuan/g/cn/cx/n.jsp.

后　记

自从我们选择在东北农业大学攻读博士学位，就与“三农”问题结下了不解之缘。在导师王吉恒教授的指导下，我们一直非常关注农业、农村、农民问题，经过长期的研究，农业上市公司进入了我们的视野。农业上市公司是农业产业化的支柱，它的发展规模及发展水平，决定着整个农业产业链的规模和水平。通过发展农业上市公司可以提高农业产业的组织化程度，对农业生产具有市场引导作用；通过农业上市公司，可以连接国内与国际市场，提高信息的利用水平和效率。本书的研究目标是通过对农业上市公司基础数据的分析，找出影响农业上市公司经营绩效的各种因素，并提出相应的政策性建议，从而提高农业上市公司的整体绩效。

本书是我们攻读博士学位时研究成果的总结。在本书即将付梓之时，我们首先要感谢导师王吉恒教授多年以来对我们的悉心指导，他敏锐的洞察力和深厚的学术功底使我们受益匪浅。王老师在农业上市公司经营绩效方面的独到见解，对本书的完成起到了至关重要的作用。此外，还要感谢东北农业大学的其他老师，他们为我们的研究提供了诸多帮助。各位老师的知遇之恩，我们将永远铭记。

感谢我们的同门师兄师弟，在学术研究、学位攻读等方面为我们提供了巨大的帮助。

感谢黑龙江省教育厅对本书的重视，以及所提供的资助，正是因为有了这样的重视与资助，才使我们有机会与大家共同交流探讨。

感谢我们的家人，没有他们的支持，我们是很难完成此项研究工作的。

在本书的撰写过程中，我们参考了国内外专家、学者出版的书籍和发表的文章，限于篇幅，未能一一注明，敬请谅解并致以深深的感谢。

作者

2012年3月于哈尔滨